聖 [聖書人名録] 經

旧約・新約の物語
別人物ガイド

人物誌

草野 巧 ——著　　　400位聖經名人故事集　　　譯——李道道

專文推薦

深刻體會讀聖經的樂趣

葉榮福

讀過聖經的人一定都知道，聖經中最吸引人的就是耶穌講過的比喻，最經典的當然就是「浪子回頭」的比喻了，比喻之所以吸引人，除了淺顯易懂之外，最特別的就是充滿了「故事性」。人人都喜歡聽故事，好的故事不分男女老幼，人人百聽不厭、越聽越有味，如果可以將看聖經變成是聽故事，那就再好不過了！

《聖經人物誌》是作者以聖經中四百個不同人物的故事，舊約三百三十八個人物故事，新約六十二個人物故事，以講故事的方式引領讀者來認識聖經，這些人物故事有大家耳熟能詳的摩西（梅瑟）、大衛王（達味）、和保羅（保祿）等，也有令大家很驚奇的賽特（他是亞當和夏娃的第三個兒子），和蓋斯柏（他是從東方來尋找耶穌聖嬰的三名占星學博士之一）；每一個人物故事都依循年代順序一一鋪陳，幫助讀者在聽故事的同時，不需要刻意強記聖經中各個時代所發生事件的歷史背景，也能同時瞭解猶太人的歷史。

作者在介紹這 400 個人物故事時，提供了許多很實際、也很詳細的補充資料，這些資料不但豐富了故事的內容，也讓故事有了一幅幅生動的畫面；有了畫面的故事就不再只是死板板的文字，反能帶領人走進故事中，尤其是在主日學的教學中，老師可藉著這些生動的畫面引領兒童親自進入

故事,更深地瞭解每一個故事人物的喜怒哀樂,從中學習隱藏在故事中的人生意涵。這些資料的特點可簡單說明如下:

一、每一個故事人物的名字加註了希伯來語的意涵

　　由於文化上的差異,在讀聖經時因不瞭解聖經人物名字的本意,常造成記憶上的困擾,作者很貼心地在每個故事人物的名字加註了其希伯來語的意涵,例如:舊約中的摩西(梅瑟)希伯來語是「引領出」、大衛(達味)希伯來語是「英雄」,新約中的馬大(瑪爾大)希伯來語是「女主人」、拉撒路(拉匝祿)希伯來語是「神所救助」,藉著希伯來語意涵的說明來記憶聖經人物的名字,不再是一件硬梆梆的事,反成了輕鬆、且有助於記取故事重點的一個指標。

二、為每一個故事人物加註了特寫

　　四百個故事人物要一一記得並不容易,為幫助記憶、也增添故事的獨特性,作者細心地為每個故事人物加註了特寫,例如:舊約中的約瑟(若瑟):從奴隸晉升到埃及宰相出人頭地;約書亞(若蘇厄):召喚奇蹟的軍事天才;新約中的約翰(若翰):偉大的施洗者;馬提亞(瑪弟亞):新的使徒。透過這簡單的人物特寫,可以幫助讀者立即瞭解這位故事人物的生命軌跡,也從中更認識這位人物的生命典範。

三、故事人物包羅萬象:好人、壞人、男人、女人

　　不一定好人的故事才值得學習,壞人的故事更值得我們借鏡;生命中

也不一定每個故事都是圓滿的結局，一時貪念所做的錯誤選擇常造成人生不可彌補的缺憾，所以不同題材的故事都值得講給孩子聽，學習不同面向的省思。作者選用了約書亞書（若蘇厄書）中兩位小人物作了絕佳的對比，一位是幫助以色列人奪取耶利哥城的妓女喇合（辣哈布）的故事，她不因個人職業因素貶低自己，反而勇敢機警地多次冒生命危險幫助以色列人；反觀另一位故事人物亞甘（阿甘），卻因個人貪念暗中偷藏了不可佔有的敵軍戰敗所遺留的物品，不但造成以色列人慘敗，最後也全家喪亡。

四、別出心裁的「聖經小百科」

穿插在故事中、不經意地會出現作者特別添加的小甜點──「聖經小百科」，小百科雖不是應有盡有，但也無其不有，例如：「所羅門（撒羅滿）王的魔法書」、「耶穌下冥府」，有了這些小甜點，更豐富了本書的可讀性。

期盼藉由本書四百個人物的精彩故事，能夠引領每一位讀者，更深刻地體會到讀聖經的樂趣，並從中領悟許多受益無窮的人生哲理。

（本文作者為輔大全人教育中心兼任講師）

目 次

自序

　　本書乃是從聖經當中，選出較具代表性的人物，分別用故事加以介紹。最大的特點是以故事（事件發生的時間順序）來排列，有別於一般介紹人物的辭典，流水式地依姓名筆劃或者發音來整理聖經中的登場人物。聖經裡面有各種不同的記載，其中出現的人物繁多，他們相愛、憎惡、絕望、背叛……許多故事元素可能比小說還精彩。而這本書，則僅從聖經中擷取一些故事最精彩的部分，沿著故事發生的經緯來介紹出場人物。

　　當然，當初著手寫這樣一本書，是有理由的。

　　一般人若隨手翻閱聖經，可以在字裡行間找到一些精彩有趣的片段，但若要認真地從頭到尾逐字閱讀，聖經就會變成一種酷刑。不信的話嘗試看看，《創世記》或許還能順利讀完，但是《出埃及記》讀到一半大概就會開始頭暈了，因為這裡開始嘮嘮叨叨地詳述古代猶太教的律法規定，而且一路不停地延伸下去，一直到《利未記》、《民數記》、《申命記》。例如關於食物的條例中，有這樣的規定：「凡有翅膀用四足爬行的物，你們都當以為可憎。只是有翅膀用四足爬行的物中，有足有腿，在地上蹦跳的，你們還可以喫。」（譯注：《利未記》第十一章廿、廿一節）諸如此類的規定一直沒完沒了地延續得很冗長。恐怕有很多人初次嘗試從頭開始閱讀聖經，到了這裡就會受挫不前吧？

　　但是，若因此完全放棄閱讀聖經的話，未免也太可惜了！雖然其中也有些無聊或不易理解的部分，但是也有許多令人讀來興味盎然的部分。是否能找到兩全其美的方法，只取精彩有趣的部分來讀呢？

　　就是在這樣的想法之下，我選擇了介紹聖經中重要登場人物的方式，而且是以個別的故事為單位來介紹這些人物。

　　而這本書也省略了絕大部分跟「故事」無關的要素，把重點集中在故事性上，可以說聖經中最精彩的故事，幾乎都毫無遺漏地收進本書中了。

草野 巧於一九九八年五月

第一章

創世神話
與族長的時代

從最初的人類亞當，到民族的名祖雅各與其十二個兒子

創世神話與族長的時代

　　本章主要在介紹舊約聖經《創世記》中登場的人物。《創世記》是聖經中最初的一章，以西元前十六世紀之前的太古時代做為舞台。因為遠古時代還沒有寫歷史書的習慣，所以內容上也大多是古代以色列民族之間口頭傳承下來的故事，經過後人加以整理，才成為《創世記》。《創世記》的開頭，是唯一的真神創造天地的故事。神在這時候創造了最初的人類亞當和夏娃，人類的故事就是從這裡開始的。關於神造人類這個部分，當然是屬於想像的故事，但之後內容就逐漸轉移到古代以色列民族傳承下來的祖先故事。《創世記》的故事就從最初的人類開始，一直到以色列民族的誕生和形成為止。若依內容將這些故事和主要登場人物加以分類，可以分成以下四個部分：

●原初史 --

聖經中最具神話色彩的故事，處理人類共同面對的大問題。
人類的誕生……亞當、夏娃／最早的殺人事件……亞伯、該隱
大洪水……挪亞的家族／巴別塔……寧錄

●族長故事 --

以色列民族傳承的祖先（這時代稱為族長時代）故事。
以色列民族創始者的活躍事蹟……亞伯拉罕／邪惡都市所多瑪的滅亡……羅得
亞伯拉罕家族的故事……以撒、利百加／以色列名祖的活躍事蹟……雅各

●約瑟故事 --

從西元前十六世紀到前十三世紀前後，以色列人民居住在埃及。約瑟（雅各之子）以及其兄弟發生的故事，是他們移居到埃及的契機。
被賣到埃及的約瑟……約瑟、便雅憫
約瑟在埃及的活躍事蹟……波提乏、亞西納
約瑟的兄弟猶大的故事……猶大、俄南

●約伯故事 --

約伯是《約伯記》的主人翁，並不是在《創世記》登場的人物，但因為傳說中他是族長時代的人，所以也收錄在此章裡。

古代的巴勒斯坦和美索不達米亞

黑海

大洪水後，
挪亞的船漂流
於此

亞拉臘山

亞伯拉罕之旅

哈蘭

底格里斯河

幼發拉底河

巴比倫王國

大海（地中海）

迦南

示劍

希伯崙

吾珥

西奈

巴比倫

推測伊甸園
所在之地。
亞當和夏
娃、人類誕
生之地。

亞伯拉罕
誕生之地

埃及

古代的迦南

大海
（地中海）

約旦河

示劍

耶路撒冷

死海

希伯崙

基拉耳

以東

推測所多瑪和蛾
摩拉的所在地

亞當 Adam
希伯來語「男人」、「人」

無法單獨過活，害怕孤單寂寞的「人」

　　亞當是第一個誕生在這個世界上的人類。舊約聖經中的神在創造天地萬物的第六天，用地上的塵土造人，將生氣吹在他的鼻孔裡，他便有了靈。在創造亞當之前，神已經完成了世界上的萬物。然後神將亞當放置在稱為「伊甸」的園中，讓他居住於這個綠意盎然的樂園。

　　這時候的亞當，由神的角度來看，或許只是個類似立體模型一樣的人。然而，雖然僅是粗具雛形，但亞當卻毫無疑問的已經是個擁有心靈的人類，因此對於這個世界上只有他自己一個人孤單的存在，感到非常寂寞。亞當赤足漫步於樂園中，呼喚空中飛鳥、原野走獸，他呼喚的言語就自然成了鳥獸的名稱。但是，無論亞當如何呼喚，仍然找不到可以作為伴侶的生物，亞當因此垂頭喪氣。這樣了無生氣的亞當，連神都看不下去，開始覺得讓人類單獨過活是件不智的事，因此不久之後，亞當就獲得了神賜與的伴侶，也得以留下子孫，成為人類的祖先了。

夏娃 Eve
希伯來語「命」

受蛇誘惑的「女人」

　　夏娃是神在亞當之後接著創造的人，也是最早的女性。創造了亞當的神，趁寂寞的亞當沉睡後，從他身上取下一條肋骨，造成夏娃，如此一來，人類就有了男女兩性的存在。

　　夏娃跟亞當一樣純潔而忠實，雖然兩人都赤身裸體，但一點也不覺得羞恥，然而，這兩個純潔的人抵抗誘惑的能力卻很薄弱。當時在伊甸園中央有一株特別的樹稱為智慧樹，神明令禁止人類吃食這棵樹的果實。但某天出現了一隻蛇，慫恿夏娃嘗試吃這棵樹的果實，告訴她吃了那果實就能跟神一樣分辨善惡。於是夏娃和亞當兩人就吃了那果實。一瞬間，他們兩人的眼睛似乎明亮了起來，感覺到自己身無片縷的羞恥，就將無花果的葉子編織起來遮掩腰間。神看見他們倆的作為，知道人類違背了諾言而大為震怒，給了他們皮做的衣服以後，就把他們趕出了伊甸園。

亞伯 *Abel*

受上天垂愛，卻被長兄妒嫉的「弟弟」

亞伯是亞當和夏娃所生的次子，也是聖經中首次殺人事件的被害人。被趕出伊甸園的亞當和夏娃，結為夫婦後開始共同生活，生下了長子該隱和次子亞伯。兩兄弟成長以後，哥哥該隱成為農人，弟弟亞伯則是牧羊人。有一天，哥哥將田地的收穫拿去供神，弟弟則供上了羊群中頭生的肥羔羊。這時候神對哥哥該隱的供品不屑一顧，卻選取了亞伯的供品。如此一來，亞伯因神的眷顧而獲得無上的幸運，卻在現實中為他帶來了不幸。該隱對亞伯產生了強烈的嫉妒，將弟弟引誘到野外而加以殺害。

亞伯這個名字在希伯來語當中除了「氣息」之外，還有「虛空」、「無價值」的意思。看起來似乎亞伯跟兄長該隱相比，是比較瘦小、柔弱的形象，可以想像他應該是一個優柔的青年吧？也有些人認為，也許正因為如此，神才會愛亞伯勝過該隱。

該隱　*Cain*

🎵 希伯來語「槍」

人類最早的殺人者

　　該隱是亞當和夏娃的長子，因為殺死受神喜愛的弟弟亞伯而成為聖經中的第一個殺人者。因為名字的意思是「槍」，可以想見他是個勇敢強壯的英雄式人物，而英雄人物同時也容易成為嫉妒心重的人，恐怕該隱正是陷入了嫉妒心的陷阱而無法脫身。

　　但是無論古今，殺人都屬重大的罪行，因此該隱也成為被神詛咒的對象，他得被驅逐出境、離鄉背井，並對此感到非常恐懼。因為如果在家鄉無他容身之處，勢必要流離失所，他害怕自己會在陌生的地方被殺害，於是神在該隱身上做了特殊的記號，雖然我們無法得知那到底是什麼樣的記號，但那記號的確具有讓該隱不被殺害的特殊力量。該隱被驅逐之後來到伊甸園東邊，居住於一個稱作「挪得（漂泊）」的地方。該隱在此定居並娶妻生子。他的子孫中，出了各行各業的始祖，其中雅八是住帳棚、牧養羊群的牧民始祖；猶八是所有豎琴演奏者的祖先；土八·該隱則是個有名的金屬工藝匠。

賽特　*Seth*

🎵 希伯來語「始祖」

長壽的人類始祖

　　賽特是亞當和夏娃的第三個兒子，長子該隱因為殺死次子亞伯而被驅逐離鄉，亞當和夏娃這時等於失去了子嗣。不過不久之後，他們又如願獲得了第三個男孩，取名為賽特。

　　雖然賽特沒有像亞伯和該隱那樣特別的遭遇，但因為他是神帶來代替亞伯的孩子，所以應該是比較像亞伯而不像該隱吧！總之，因為他的誕生，讓亞當和夏娃的家族有機會繁衍子孫，長久延續下來。然而，聖經中這個時代的人類祖先都活得比現代人長壽得多。塞特出生的時候，亞當已經一百三十歲了，不僅如此，亞當還一直活到九百三十歲。賽特也同樣非常長壽，兒子以挪士誕生時，他已經一百零五歲，而且還活到九百一十二歲。此後，聖經中登場人物的壽命隨著世代交替而逐漸縮短，不過後來登場的亞伯拉罕的子孫也還有一百到二百歲左右的壽命。聖經中登場人物的壽命，要到之後才會減少到跟現代人差不多的歲數。

以諾 *Enoch*

被招待到天界的聖人

以諾是聖經當中首屈一指的聖人，也是賽特以下第六代的子孫。

以諾是怎樣的聖人呢？從聖經中的記載可見一斑：「以諾與上帝同行，上帝將他取走，他就不在世了。」請注意這裡是寫著：「被上帝取走」，而不是「死亡」。在聖經的記載中，如此「被上帝取走」的聖人，除了以諾之外，就只有同樣也是以聖人聞名的以利亞而已。還有這樣的傳說，聲稱以諾是在仍活著的時候就被帶到天界去的。一部未列在舊約聖經中的偽經——《衣索比亞語以諾書》也是根據這樣的傳說而寫成的，其中記載被帶到天界的以諾，在天使導引下參觀天堂和地獄，聽取天使解說宇宙的組成和這個世界的來龍去脈。而且，此後以諾又出現在人間，勸導子孫走向正途。這些故事雖然並未記錄在聖經的正典當中，但仍能由此看出以諾確實是個謹言慎行又正直的人。

誘惑夏娃的蛇，真面目為何？

在猶太人古老的傳承中，亞當最初的妻子並非夏娃，而是名為莉莉絲（Lilith）的女性。這個傳說有各種不同細節的版本，分辨不出最早的版本到底是什麼面貌，但是綜合起來，大致可以得到以下的故事內容：

莉莉絲是在夏娃之前就已經存在的女性，其實原本屬於一種惡魔。世界上最早出生的人類亞當，遇到這個女性就結了第一次婚，生了許多孩子，這些孩子就是世界上的惡魔。但是因為當時男尊女卑的不平等狀況非常嚴重，莉莉絲無法忍受如此的屈辱，結果就跟亞當分手了。之後莉莉絲又跟其他惡魔發生關係，也留下了多不勝數的惡魔子孫。而且莉莉絲的作為還不僅於此，在夏娃誕生之後，莉莉絲化身為蛇出現，故意誘惑夏娃吃食伊甸園智慧樹上的果實。古代描寫這個誘惑場景的繪畫當中，有時可見蛇的上半身出現的是女性的容貌，這個女性就是莉莉絲。

在中古世紀歐洲的傳說當中，有一個恐怖的夢魔，專門在半夜偷取剛出生的嬰兒，稱為拉密亞（Lamia）的女怪物，據說就是莉莉絲的化身。

挪亞 *Noah*

希伯來語「安慰」

逃過大洪水浩劫的人

挪亞是聖人以諾的孫子，也是聖經中最具神話性事件「大洪水」傳奇的主人翁。

挪亞相當於亞當以下第十代的子孫，到了這個時代，地上的人口數目增加了許多，而且人類也不再敬畏神反而盡行罪惡。神看了非常後悔在地上創造人類，打算讓洪水氾濫來毀滅地上的生物。但人類中只有挪亞最為純潔無瑕、心中隨時謹記神的教訓。因此神也光照挪亞，對他下了特別指示。神命令他建造巨大的方舟，除了挪亞整個家族之外，還叫他將地上所有生物都各選雌雄一對帶進方舟。當挪亞準備周全以後，就下起了大雨，大洪水氾濫淹沒了大地。這場大雨不停地下了四十晝夜，浩大的水勢共計氾濫了五個月。等大洪水消退後，方舟停在亞拉臘山頂上。於是，挪亞的家族和被選入方舟的生物們，得以從大洪水浩劫中倖存，再度興旺於地上。

閃 *Shem*

希伯來語「好名聲」

孕育以色列的閃族先祖

閃是挪亞的長子。大洪水之前，挪亞就生了三個兒子，分別是閃、含、雅弗，他們都逃過了大洪水的浩劫。

舊約聖經時代的舞台是古代中東附近的地區，那裡居住著許多民族，閃、含、雅弗三人就是這些民族的先祖。聖經中的主人翁中，以色列的子民來自閃；後來被以色列子民征服的迦南人是含的後裔；而居住於裏海到希臘之間這片遼闊土地上的人們則出自雅弗。後來決定這些民族命運的，原來只是一個偶發的小事件。大洪水之後，喝醉酒的挪亞，赤身裸體地睡在帳棚裡，含看見父親的裸體，就到外面去告訴他的兩個兄弟。閃與雅弗拿了衣服，為避免看見父親的裸體而倒退著走進帳棚為父親蓋上。挪亞酒醒了之後，知道了這件事就向神祈求：讓閃的子孫受到神的祝福、讓雅弗的子孫獲得遼闊的土地，卻詛咒含的子孫，讓他們淪為閃族的奴隸。這些民族的命運就這樣決定了。

寧錄 *Nimrod*

建造巴別塔的王

　　寧錄是含的孫子，是世上最初的勇士。雖然沒有確實的時代記錄，但寧錄卻是古代巴比倫王國中，唯一一位能夠在現代被確認的國王。巴比倫王國位於現在伊拉克附近的廣大區域，建有巴比倫（巴別）、烏魯克、阿卡德等都市。

　　聖經中說，在這個時代，世界各地的人們使用的都是相同的語言。繁榮於當時的巴比倫人民想到了一個主意，他們打算動手建造一座能通天的巨大高塔來傳揚名聲。神見了很生氣，認為地上的人類因為說的都是同樣的言語，溝通時沒有障礙，因此才能同心協力建築高塔。於是神就決定變亂他們的口音，讓人們都說不同的語言，如此造成混亂，建設高塔的計畫也不得不終止。這便是有名的巴別塔的故事。據說當時的巴比倫的確曾經存在過類似這樣的高塔神殿，這座塔的底座是四角型，底邊的每一邊長達九十一點五公尺，塔高也高達九十八點五公尺。

亞伯拉罕 *Abraham*

　　　　　　　　　　　　　　　　　　希伯來語「諸國民之父」

諸國民之父

　　亞伯拉罕是創始希伯來民族的族長，據說是西元前十八世紀的人物。他是第一位見到聖經中的神現身的人類，也是猶太教、基督教與伊斯蘭教中的信仰之父。

　　他最早名為亞伯蘭，出生於蘇美地方稱為吾珥的都市，因為沒有屬於自己的土地，就帶著族人到處流浪。神顯現在他的旅途中，賜福給他，並且指示他去到迦南之地，神答應賜給他與子孫的迦南之地就是後來以色列民族居住的應許之地。之後因為發生饑饉，族人曾暫時逃到埃及去，後來再度回到迦南。他九十九歲的時候，神又命令他日後改名為亞伯拉罕、立他做多國的父。亞伯拉罕在世時經常到各地旅行，隨時都維持著身為族長的威嚴，同時以細膩的心思照顧子民們。當神聽聞所多瑪的居民罪惡深重而要毀滅他們的時候，亞伯拉罕強壓著心中對神的敬畏恐懼，前去跟神交涉，最後獲得神的保證，只要見城裡有十個善人就不毀滅那城。

基大老瑪 *Chedorlaomer* ❧ 希伯來語「拉迦瑪神的僕人」

勇猛的異國之王

　　基大老瑪是巴比倫東方的以攔國之王。在西元前十八世紀時，巴比倫與以攔國是中東地區勢力最龐大的兩個國家。

　　亞伯拉罕一族從埃及回到迦南地方，居住在死海西方的土地時，近鄰的所多瑪與蛾摩拉等國的王聯合起兵叛亂。巴比倫王和以攔王基大老瑪為了鎮壓叛變的地區而出兵遠征，亞伯拉罕也被捲入這次戰爭。基大老瑪的軍隊陣容相當強大，發兵後到死海之間所向披靡，沿路擊潰各民族的軍隊。當他們的軍隊接近時，所多瑪王與蛾摩拉王的軍隊傾巢而出，在死海沿岸嚴陣以待。但是他們卻在基大老瑪軍的勇猛攻勢下潰敗，連國王都落荒而逃，結果所多瑪城與蛾摩拉城內遭受基大老瑪的軍隊燒殺擄掠。而亞伯拉罕的姪兒羅得當時也住在所多瑪，羅得本人也在這次擄掠中，被基大老瑪軍掠奪去了所有財物，亞伯拉罕也因此不得不加入這場戰爭。

比拉 *Bera* ❧ 希伯來語「惡人之子」

厚顏無恥的所多瑪王

　　以攔國王基大老瑪的軍隊遠征到死海附近時，所多瑪的王就是比拉。他與鄰近的蛾摩拉等四國的王結為同盟，和基大老瑪軍作戰。因為敵軍實在太強大，比拉的軍隊逃離前線，使得所多瑪城遭受擄掠，後來因為亞伯拉罕的努力才將被掠奪的一切財物追討回來。亞伯拉罕追討財物回城的時候，身為祭祀官的撒冷（耶路撒冷）王麥基洗德帶著禮品出來迎接他，而比拉卻空手而來，還大剌剌地對亞伯拉罕說：「奪回來的所多瑪財物，你都自己取去吧，把人民還給我就好」。因為在聖經中，所多瑪城的居民都是惡人，所以他們的王比拉也不具備感謝他人的心。但因為亞伯拉罕具有高尚的人格，對於所多瑪這個邪惡城市的財物一點都不動心。他說：「我不要你任何物品，免得落人口實，讓你有機會說：『是我使亞伯拉罕富足！』」說完就將財物都歸還給所多瑪城了。

羅得 Lot

✿ 希伯來語「覆蓋」

被硫磺之火所毀滅的都市

羅得是亞伯拉罕的姪兒，雖然缺少了他那份威嚴，但也是敬神畏神的善人。

羅得的族人在進入迦南之後跟亞伯拉罕分成兩路，羅得本人和他的家族後來遷移到死海附近的低窪地方，定居在所多瑪城。

那時候所多瑪和蛾摩拉的人民多行邪惡，神也覺得事態嚴重，派遣兩位天使到人間調查實情，如果人們的罪狀嚴重就要消滅這兩個城市。天使們化身為人來到所多瑪調查，羅得將他們迎入家中盡心招待他們，但是所多瑪城的人們聽說來了外地人，就來到羅得家，打算欺侮外地人。躲過一劫後，天使們現出真實身分並告知來意，叫羅得帶著所有家人逃出城外，對他說：「快逃命吧！不可回頭看。」

羅得依照指示逃出城後，神就從天上降下硫磺與火，毀滅所多瑪和蛾摩拉的城和居民。此時在後的羅得的妻子忍不住回頭探看，結果變成了一根鹽柱。

摩押 Moab

✿ 希伯來語「來自父親」

父女亂倫所生的兒子

摩押是羅得和女兒亂倫所生下的兒子，據說是居住於死海東部的摩押人的始祖。

羅得從所多瑪城逃出後，原本住在附近的一個小城，後來離開城鎮來到山上，跟兩個女兒住在山洞裡。因為過著這種離群索居的生活，兩個女兒也沒有機會嫁人，就商量讓父親喝醉，與他同寢以留存後裔。某天她們就按照計畫給父親喝葡萄酒，當晚姊姊就與父親同寢。第二天也同樣讓父親喝醉再由妹妹跟父親同寢。羅得連接兩個晚上都醉得不醒人事，根本不知道女兒們什麼時候進來，也不知道她們什麼時候離去。但是這樣大膽的行為最後仍讓兩個女兒懷了孩子。後來，姊姊生的兒子是摩押、而妹妹生的兒子則取名便·亞米（肉親之子）。便·亞米是居住於死海東北方的亞捫人的始祖。

亞比米勒 *Abimelech*

希伯來語「王是我父」

這到底是誰錯？

亞比米勒是迦南南部基拉耳城的王。他差點就鑄下大錯，把亞伯拉罕的妻子撒拉收為側室。

亞伯拉罕帶著族人流浪，途中經過好幾個城市，曾經在基拉耳寄居過一段時期。這時候因為亞伯拉罕認為撒拉長得太美麗，若人們知道撒拉是他的妻子，必定要殺了他來奪取撒拉，所以亞伯拉罕故意稱他的妻子撒拉為妹妹。但是這個戒心反而造成了問題。基拉耳王亞比米勒見到美麗的撒拉，就派人將她迎來作為側室。幸而亞比米勒是個正直的人，所以神在他犯下大錯之前就出現，吩咐他把撒拉歸還給亞伯拉罕，不然就要將他和基拉耳的臣民全部殺死。亞比米勒聽了之後心慌意亂，趕緊去找亞伯拉罕，責備他為何說謊，差點陷人於不義。最後他還為了彌補亞伯拉罕，賜給亞伯拉罕許多牛羊、奴隸和銀子，並且准許亞伯拉罕隨意居住在任何地方。

夏甲 *Hagar*

希伯來語「逃亡者」

逃亡的使女

夏甲是服侍亞伯拉罕的妻子撒拉的埃及女人，是個單純、愚昧的使女。

因為亞伯拉罕的元配到了很大年紀還無法為他生育子女，這是攸關亞伯拉罕後裔存續的重要問題，而且當時的男性可依照財富能力擁有多個妻子，也能迎娶側室，所以撒拉就讓侍候自己的女僕夏甲作亞伯拉罕的妾，希望能留下後裔。因為奴隸的所有權是屬於撒拉的，所以女奴隸生的孩子也屬於撒拉。就這樣，夏甲成了亞伯拉罕的妾，也懷了他的孩子。

但是發現自己有了身孕以後，愚蠢的夏甲就開始看不起不能生育的女主人。撒拉因此很生氣，就虐待夏甲。夏甲受不了虐待，就從撒拉身邊逃走了。但是夏甲逃出來以後也無處可去，流落在曠野徬徨無依，這時一位天使出現在她面前來安慰她，叫她回到撒拉身邊，並且吩咐她將所生的孩子命名為「以實瑪利」。

撒拉　*Sarah*

希伯來語「王妃」

氣質高雅的民族之母

　　撒拉是亞伯拉罕的妻子，最初名為撒萊，在九十歲的時候因神的命令而改名為撒拉。她是非常美麗的女性，卻因一直無法生育兒女而苦惱。最後為了延續家族後裔，只好讓侍候自己的女僕夏甲作亞伯拉罕的妾。

　　撒拉九十歲的時候，神出現在亞伯拉罕的面前，對他預告撒拉將生兒子，但是他無法相信。後來，三位天使以人類的形像出現，來到亞伯拉罕的帳棚，也同神一樣對他預言，說一年之後撒拉將為他產下一名男孩。撒拉聽了以後完全不能相信，甚至在心裡暗笑。但是神確實依言眷顧她，讓她懷孕生下了一個兒子，這就是亞伯拉罕的嫡傳長子以撒。因為是老來才得子，撒拉非常疼愛以撒，當她看見夏甲和兒子以實瑪利兩人竟敢取笑以撒，就向亞伯拉罕告狀，叫他把兩人驅趕了出去。

以實瑪利　*Ishmael*

希伯來語「神聽見」

被驅逐者之子——阿拉伯人之祖

　　以實瑪利是撒拉的使女夏甲和亞伯拉罕所生的兒子，也是阿拉伯人的始祖。

　　因為亞伯拉罕的妻子撒拉無法生育子女，就讓侍候自己的女僕夏甲作亞伯拉罕的妾，結果就生了以實瑪利。要不是因為神的眷顧讓撒拉生下以撒的話，以實瑪利就會繼承亞伯拉罕的地位而成為族長。但是因為以撒誕生的緣故，以實瑪利和他母親夏甲便不再舉足輕重。某天，兩人取笑以撒的時候被撒拉看見，就將他們放逐到曠野去。夏甲和以實瑪利無處可去，只好在曠野中徘徊，最後連所帶的水都喝盡，夏甲只好把孩子放在灌木樹下，自己因為不忍心看孩子喪生而放聲大哭。這時候，天使呼喚夏甲，告訴她水井的位置，兩人才能存活下來，後來就住在西奈半島的曠野中。以實瑪利後來迎娶埃及女子為妻，成為西奈半島到約旦南部之間住民的祖先。

以撒 *Isaac*

希伯來語「笑」

被父親獻為燔祭

　　以撒是亞伯拉罕一百歲、妻子撒拉九十一歲時誕生的男子，後來成為亞伯拉罕族人的第二代族長。他跟父親同樣信仰堅定、為神所愛，但在少年的時候有過不尋常的經驗，因為神要試驗亞伯拉罕的信仰之心是否堅定，要他奉獻自己的兒子以撒，因此以撒差點被父親獻給神作燔祭。

　　那天清早，亞伯拉罕讓兒子以撒背負柴薪，動身前去攀登神所指定的山。到了山頂上，亞伯拉罕築起祭壇、把柴薪擺好、捆綁他的兒子以撒並放在祭壇的柴上，伸手拿了刀就逼近他的兒子。這時候，神的使者從天上呼喊亞伯拉罕，說神已經明白了他的信仰有多麼虔誠，就沒必要奉獻他的兒子了。於是以撒才在千鈞一髮中逃過一劫。

　　亞伯拉罕所居住的迦南地方的古老宗教中，向來有將孩子獻給神作燔祭的習慣，但後來猶太教禁止了這個風俗，這個故事的用意就在於說明禁止將孩童獻祭的緣由。

利百加 *Rebecca*
⚜ 希伯來語「雄牛」

性情溫和？還是心機深重？

利百加是以撒的正妻，原是亞伯拉罕的兄弟拿鶴的孫女，是個美麗又性情溫和的女子，住在亞伯拉罕一族人的故鄉拿鶴城。某天一位老人來到拿鶴城外的井旁邊，請那打水的女子給他水喝，女子就很樂意的將水瓶中的水給他喝，又為老人的駱駝打水來。原來那老人是亞伯拉罕的僕人，正遵循主人的命令來找尋作為以撒妻子的女子。而且更巧的是，就在老人遇見利百加之前，才剛剛為祈求順利找到好女子而向神禱告，不料才禱告完，美麗的利百加就出現在他眼前了。老人發覺這正是天意，就立刻拜訪利百加的家族，徵得利百加兄長拉班的許可，讓利百加成為以撒的妻子。

從這個故事中可以看出利百加是個性情溫和的女子，但是她也有深具謀略的另一面。後來她生了以掃和雅各這一對雙胞胎兄弟，因為偏愛次子雅各，就用謀略將本來應該由以掃繼承的長子地位，改傳給了雅各。

以掃 *Esau*
⚜ 希伯來語「多毛」

被弟弟踢出來的兄長

以掃是以撒和利百加之間所生雙胞胎中的哥哥，出生的時候肌膚發紅、渾身長滿毛，故取名為以掃。以掃個性單純、容易激動，是個非常正直而不知道什麼叫作懷疑的人，後來因此被弟弟雅各設計欺騙。

以掃是長子，本來應該繼承父親的家長權，接受祝福成為族長。但是有一次他出門狩獵，又累又餓地回到家中，剛好雅各在家煮了湯，以掃就拜託雅各給他喝。這時雅各卻要他把繼承家長的長子名分讓出來，才願給他吃喝。以掃實在是個單純的人，而且又餓壞了，就立刻答應了雅各的要求。後來，原本應該由長子接受父親的祝福，也被雅各用計策騙取。當時以撒出門為父親狩獵，雅各就趁虛而入，用山羊羔皮毛覆蓋在身上，偽裝成多毛的哥哥來到父親面前。年老而眼盲的以撒一時不察，就賜給他長子應得的祝福。以掃回來知道以後大聲唉嘆，卻為時已晚。

瑪哈拉 *Mahalath*

希伯來語「豎琴」

為取悅父母而娶的妻

瑪哈拉是以掃的第三任妻子，以掃四十歲的時候已迎娶了迦南地方的女子猶滴和以倫兩人為妻，但是他後來才知道父親以撒希望兒子能跟同族的女子結婚。以掃的母親利百加之所以偏愛次子雅各而非長子以掃，對以掃娶妻的不滿也是原因之一。然而，以掃在長子的身分被奪之後才發現這個事實，就另外從父方的族人當中選了一個女子作妻。這個女子就是瑪哈拉，她是祖父亞伯拉罕的庶子以實瑪利的女兒。雖然這樁婚姻已無法為以掃挽回失去的長子地位，不過卻增加了家人和財產，後來他們的財產豐厚到原先寄居的那塊土地已經無法容納他和雅各共同居住了。

於是，以掃就帶著家族來到死海東南邊的西珥山區居住，後來另成獨立民族的先祖。以掃別名以東，他的子孫即稱為以東人。這支民族居住在死海之南到阿卡巴灣之間的半沙漠地帶，後來他們跟出自雅各的以色列人民之間，經常發生衝突。

雅各 *Jacob*

希伯來語「取而代之」、「抓住腳踝」

與神摔角的男人「以色列」

雅各是以撒和利百加生的雙胞胎中的次子，後來繼承亞伯拉罕一族的第三代族長地位，成為以色列民族的名祖。雅各個性狡猾，利用計策奪取了原本屬於兄長以掃的族長地位。但是在以色列祖先生活的時代，遊牧民族並不認為狡猾算是品德的缺點。而且，雖然雅各有點狡猾，但他還算是個愛好和平而安靜的人。用計奪取長子地位，激怒了以掃之後，雅各就逃到美索不達米亞地方的拿鶴去，那裡住的是他母親利百加的兄長拉班；但雅各卻被拉班利用，在那裡停留了二十年。

不過雅各也不是省油的燈，最後離開的時候，不僅娶了拉班的兩個女兒，還帶走了拉班大半的財產。返回迦南的途中經過一處河岸，雅各在黑暗的夜晚中跟神的使者摔角，這是個奇特的經歷，於是上帝就吩咐雅各改名為「以色列」（與神相爭的人）。因此，雅各所生的十二個兒子的名字，後來就成了以色列十二個支族的名稱。

拉班 *Laban*

希伯來語「白」

可愛又可厭的親戚

拉班是雅各之母利百加的長兄，存心不良而且貪得無厭，但終究敵不過雅各。

從哥哥手上奪取了長子身分的雅各，為了逃避盛怒的兄長，也為了娶同族人為妻，就來投靠居住於美索不達米亞北部的拉班。雅各對拉班的次女拉結一見鍾情，就答應拉班開出的條件，為拉班工作七年來交換娶拉結為妻的許可。但是七年後，慶祝筵席之夜，拉班卻把長女利亞送進雅各的洞房，翌日雅各提出抗議，拉班就說當地的習俗規定，妹妹不可比姊姊先嫁，所以雅各只好先跟利亞結婚，然後再約定工作七年後跟拉結完婚。這七年當中，雅各跟兩位妻子生了許多子女，也很想要回家鄉。拉班當初雖然答應要付給雅各工作酬勞，但聽說雅各想取走有斑紋、斑點的羊時，就立刻把有斑紋的羊給藏了起來。後來，雅各想出一個方法，把羊喝水的水桶換成黑白條紋的圖案，讓羊群每天看這花紋生活。如此一來，就生出黑白交雜的小羊，不出幾年，拉班的羊群裡就幾乎都是黑白花紋的羊，最後還是都讓雅各取走。

拉結 *Rachel*

希伯來語「雌羊」

與姊姊爭相生子的美人

拉結是拉班的次女，也是雅各的第二位妻子，是個面容姣好、身材勻稱的美人。

雅各逃離憤怒的以掃，來到美索不達米亞地方的拿鶴，在井邊對拉結一見鍾情。雅各為了娶拉結為妻而答應為拉班工作七年的條件。但沒想到七年期滿打算結婚的時候卻遭拉班算計，變成跟拉班的長女利亞結婚。不過雅各並不放棄，答應再為拉班工作七年換取拉結為妻的承諾，由此可見雅各對拉結的愛有多堅定。即使如此，不受寵的姊姊利亞接二連三為雅各生下孩子，拉結卻一直無法生育。

美人拉結為此感到非常遺憾，甚至將自己的使女薛拉讓給雅各作妾，為他生了兩個兒子：但、拿弗他利。但是神並未離棄她，後來終於讓她懷孕生了約瑟、便雅憫兩個兒子。雅各用計取得拉班大部分的財產要回歸自己家鄉的時候，拉結和姊姊亞利都捨棄父親，帶著孩子們跟雅各走了。

利亞 Leah

ఊ 希伯來語「野生的雌牛」

子女的數目能夠換取丈夫的愛嗎？

　　利亞是拉班的長女、雅各的元配，她雖然沒有妹妹的美貌，卻有一雙溫柔的眼睛。

　　她和家族住在拿鶴城，這個地區有一個習俗，就是妹妹不能比姊姊先出嫁。因此她就比妹妹拉結先嫁給雅各。雅各寵愛拉結而冷落利亞，但是在生孩子的數目上，利亞就比妹妹有利得多，她總共生了六個男子：呂便、西緬、利未、猶大、以薩迦、西布倫，還有一個女兒：底拿。不受丈夫寵愛的妻子日子過得非常辛酸，後來生第一個兒子的時候她欣喜若狂，認為丈夫一定會因此而疼愛她了。不能生育的妹妹拉結把使女讓給雅各作妾，利亞後來也停止生育，把使女悉帕讓給雅各作妾，又為他生了兩個兒子：迦得、亞設。這對姊妹用自己的子女數目作為競爭的手段，真是個性倔強不服輸的烈女子。

底拿 Dinah

ఊ 希伯來語「受制裁」

被強姦的女兒

　　底拿是族長雅各和利亞的女兒。在優渥的環境中成長，是個讓人過目難忘的美女。雅各離開岳父拉班以後，帶著家人住在迦南地方的示劍城時，城主哈抹的兒子示劍，非常戀慕底拿，趁她出門去找朋友的時候，將她擄回來強姦。

　　示劍為底拿神魂顛倒無法自拔，又跟父親一同去拜訪雅各，請雅各答應讓底拿嫁給他。但是想到示劍竟用這樣的方式先玷污族中女子再來娶親，雅各的兒子們無法忍氣吞聲容許這樁婚事，他們商議出一個詭計，謊稱只要城裡所有男性都依照以色列人的習慣行割禮，就答應他娶親的要求。哈抹和示劍接受了這個條件，就對全城的人說雅各他們都是善人，說服他們都接受割禮。但在他們都受了割禮後第三天，男性們都還在疼痛難耐的時候，底拿的兄長西緬和利未就揮劍侵入城內，不僅殺了哈抹和示劍，全城的男人也都被他們殺光了。

示劍 *Shechem*

掌權者任性的兒子

示劍是迦南地方示劍城的首長哈抹的兒子。他倚仗著父親的權勢任性地為所欲為，是個腕力強健、不知節制的青年。

以色列的族長雅各從美索不達米亞回到迦南之地後，暫時住在示劍城。雅各有個女兒名為底拿，示劍一見到底拿就深深為她著迷，見她外出就趁機抓住她，後來還玷污了她。然而他不知道為什麼良心發現，對底拿傾訴愛意，要求底拿嫁給他，底拿當然不肯答應，示劍就纏著對他百依百順的父親，無論如何都要娶到底拿為妻。哈抹只好帶著兒子去見雅各，請他把女兒嫁給示劍。但是雅各的兒子們聽說底拿被玷污，非常憤怒，謊稱只要全城男性都受割禮就答應把底拿嫁給他。然後就趁全城男性受了割禮疼痛得無法行動的時候，把哈抹、示劍和全城的男性都殺死了。

約瑟 *Joseph*
希伯來語「願神增添」
從奴隸晉升到埃及宰相，出人頭地

　　約瑟是雅各的第十一個兒子，因為么兒便雅憫跟哥哥們年齡差距很大，約瑟就像是十一個兄弟中最小的弟弟，特別受雅各寵愛，但也因此被哥哥們嫉妒，使得他的人生起伏波瀾萬丈。

　　雅各的族人回到故鄉迦南之地，住在希伯崙谷的時候，約瑟聽從父親的指示，去迎接在遠方放牧羊群的哥哥們，但哥哥們遠遠地看見約瑟走過來，動了壞心眼，商量要殺他。結果約瑟雖然逃過一劫，卻被丟在廢井裡，路過的商人救出了他，又把他賣給別的商人，最後被帶到埃及，賣給埃及法老的護衛長波堤乏。但是約瑟在此地發揮長才，最後出人頭地，當到埃及的宰相。這也因此改變了雅各一族人的命運。後來在迦南之地發生大饑荒的時候，約瑟把族人帶到物產豐饒的埃及來，從此他的族人就在埃及居住了長達四百三十年之久。

波提乏 *Potiphar*
埃及語「太陽神[拉]所賜予」
誘惑家僕的夫人

　　從商人手上將約瑟買來作家僕的，是埃及法老王的宮廷護衛長──波提乏。雖然他是個很有識人之明的人，但本身缺乏積極的行動力，個性有點軟弱。

　　波提乏看出約瑟的能力非凡，就把家務、財產都交給他管理，自己則除了吃飯之外，其他一概不管。如果只是這樣也就罷了，偏偏他的妻子是個喜歡招蜂引蝶的任性女子，看見約瑟容貌俊美、體格健壯，就對他眉目傳情，但是約瑟不為所動。她便趁家中無人的時候抓住約瑟上衣誘惑他，約瑟一再拒絕仍無法脫身，只好脫下上衣逃出家門。惱羞成怒的夫人卻反過來對家人說是約瑟想要侵犯她，然而波提乏不辯真偽，盲目地相信妻子的說法，而將約瑟送入監獄，讓約瑟在獄中度過了兩年多的歲月。

亞西納 *Asenath*

埃及語「屬於娜特女神」

為法老王解夢

亞西納是埃及祭司波提非拉的女兒，後來嫁給約瑟。因為護衛長波提乏妻子的誣陷而入獄的約瑟，後來出人頭地成為埃及的宰相，並且跟亞西納結婚，整個過程大致是這樣的：

某次，埃及法老的僕役犯了錯，被關進和約瑟相同的監獄，這個人在獄中作了一個奇妙的夢，約瑟聽了就幫他把夢中的謎解開，並預言他三天後將被釋放回去繼續侍候法老王，結果他的預言果真實現了。之後又過了兩年，法老王作了一奇妙的夢，他身邊卻無人能解，這時候那個僕役想起約瑟曾經為他解夢的事。約瑟因此被帶出監獄，順利為法老解開了那個夢。他告訴法老王說，埃及將面臨連續七年的大豐收，但緊接著而來的是連續七年的大饑饉，因此在這七年豐收的時期，必須將穀物收聚起來，儲藏充分的存糧以備荒年之需。法老王驚嘆於他的賢能，就任命他為埃及宰相，讓他掌管整個埃及的國政。

呂便 *Reuben*

跟父親的妾私通的長兄

呂便是雅各十二個兒子中的長子，總是率先為弟弟們領頭的老大哥性格，但是也有做事輕率的一面。

在弟弟約瑟被賣掉之前，有一次他跟父親的妾辟拉偷腥，父親大怒而剝奪了他做為長子的權利。但是他並非僅是個愚昧的人，當兄弟們商量要殺約瑟的時候，他為了救約瑟，拚命說服大家留下了約瑟一條命。後來在迦南遇到大饑荒，呂便也帶領兄弟們到埃及去買糧食。兄弟們見了在埃及做官的約瑟，卻沒認出他就是約瑟，但是約瑟認得他們，也回想起過去的恩怨，就故意為難他們，先誣賴他們是間諜，又說只要能把這次沒來的么弟便雅憫帶來就相信他們的話。這時候呂便一肩承擔起長兄的責任，依約把便雅憫帶到約瑟面前來。

西緬 *Simeon*

受詛咒的激情

西緬是雅各的第二個兒子，個性凶悍粗暴，小妹底拿被示劍城主的兒子強姦後，衝動的西緬帶著弟弟利未襲擊全城，把全城的男人都殺光了。

在計畫殺死弟弟約瑟的事件中，性格凶暴的西緬是最積極的推動者。也因此在他們兄弟十個人一同去埃及買糧食的時候，最後只有他一個人比較倒楣。在埃及做了大官的約瑟把兄弟們當作外國的間諜處置，要求他們把么弟便雅憫帶來，放走其他兄弟的時候，只留下西緬作人質。而兄弟們一直等到將當初帶回的糧食全部吃盡、實在迫不得已的時候，才帶著便雅憫再度來到埃及，所以西緬當了相當長一段時間的人質。

在雅各帶領族人都移居埃及之後，雅各對十二個兒子都給予祝福，唯獨對於西緬，因為他的個性太粗暴，所以預言他的子孫最後終將滅亡。果然如雅各所言，西緬一族後來雖然成為以色列十二支族之一，但僅很短的時間就被消滅了。

便雅憫 *Benjamin*

希伯來語「右手之子」、「南方者」

老來才得的么子，受大家萬分寵愛

便雅憫是雅各年老後才生的第十二個兒子，不但是么兒，而且跟第十一個哥哥約瑟年齡也差距很大，所以很受父親雅各的溺愛。尤其後來雅各以為約瑟已死，就更加倍寵愛便雅憫。在當了埃及宰相的約瑟要求兄弟們把么弟便雅憫也帶來時，雅各非常擔心會失去這個兒子，一開始就強烈反對。從父親這樣的態度來看，許多人都會認為便雅憫一定是個柔弱不堪的孩子，但其實在舊約聖經中，雅各還把他比作是「撕掠的狼」呢！

後來兄弟們終於帶著便雅憫來到埃及，這回宰相又要求便雅憫留在身邊作他的僕人，兄弟們都說這千萬不可，其中最具領導能力的猶大訴之以情、說服埃及宰相，他發自內心的懇求終於感動了宰相，這才表明自己是他們的兄弟約瑟。埃及法老王聽說宰相約瑟找到了兄弟家人也非常高興，就允許約瑟的家族全都移居埃及。

希伯來人、以色列人、猶太人

閱讀聖經的時候，明明同樣指的是以色列人，但是卻有「希伯來人」、「以色列人」、「猶太人」等不同的稱呼，常常看得人（還是只有作者自己？）頭昏腦脹，其實只要將這三種稱呼都看做是以色列人就沒錯了。

依照聖經中的歷史，古時候所謂的「希伯來人」是來自當時巴比倫人的觀點，他們把幼發拉底河對岸（南側）所有的民族都稱為「希伯來人」。因此所謂的「希伯來人」並不一定只有以色列人。但是從雅各開始自稱為以色列之後，「希伯來人」中的雅各後裔中，「以色列人」就成為表示同一民族的詞彙了。若說其中有何不同，只能說「希伯來人」指的是具有血緣關係的民族集團；相對於此，「以色列人」則傾向於信仰上的表白。

經過很久以後，以色列人建立了王國，這個王國又分裂為以色列和猶大，而這兩個王國後來都發生了導致滅亡的大事件。那時候住在以色列王國的各部落互相混血，終於招致民族滅絕，只剩下居住於猶大王國的人民。所以到了希臘帝國時代，所謂的以色列人，指的就是猶大王國的人們。因此，後來就以表示住在猶大王國的「猶太人」這個名稱來稱呼他們了。

猶大 *Judah*

辯才無礙，猶太人的祖先

　　猶大雖然是雅各第四個兒子，卻常能發揮如長子般的指導能力，在兄弟們商量要殺死約瑟的時候，因為他和長子呂便一同反對，結果讓約瑟有機會逃到埃及，甚至成了埃及的達官顯貴。

　　之後，當迦南之地發生大饑饉，猶大跟兄弟們到埃及去買糧食，交涉的對象就是約瑟，兄弟們卻都沒發現那是約瑟。約瑟因而設計為難他們，說他們有當間諜的嫌疑，以西緬為人質放了其他兄弟，除非他們能帶么弟便雅憫同來，不然就不釋放西緬。這時候居中調解的就是猶大，他先說服了極力反對的父親，讓父親答應他們帶著便雅憫一同去埃及。來到埃及之後，約瑟仍繼續給他們出難題，要求便雅憫留在身邊作僕人，這時候也是猶大發揮口才前去求情，才終於說得約瑟動了心，向兄弟們表明他的真實身分。

俄南 *Onan*

遺精液於地的男人

　　俄南是猶大的次子，因為違反神「多生育、繁衍子孫」的旨意而死。

　　同為雅各之子的弟弟約瑟被賣到埃及之後，猶大才結婚並生了三個兒子：長男珥、次男俄南、三男示拉。猶大為長子珥娶了一位名為她瑪的妻子，但不幸長子很快就去世了。依照古代以色列民族的習慣，若長男已婚卻未留下子嗣就死亡的話，其兄弟就必須和未亡人結婚。所以珥死後，俄南只好跟大嫂結婚，但是因為婚後所生的第一個孩子，必須歸為長男之子，對俄南而言也就意味著，這個孩子將成為自己繼承父親財產的競爭對手。或許正出於俄南本身的貪慾，他無法忍受這樣的事情，所以故意不讓她瑪有機會懷孕。於是，雖然他也跟大嫂同房，但卻每次都將精液撒在地上。神對他的行為非常不滿，結果也讓俄南在沒留下子嗣之前就死亡了。

希拉 Hirah

猶大的摯友

希拉是個正直的亞杜蘭人，很受猶大信賴。猶大生了三個兒子，長男珥娶了名為她瑪的妻子，但不久後長男珥就去世了，依照當時的習慣而被迫跟她瑪結婚的次男俄南也很快就死亡。猶大認為這些兒子的不幸都是她瑪引起的，就不讓三男示拉繼續跟她瑪結婚，而將她瑪送回娘家，叫她住在娘家等待示拉成年。

這個過了好幾年，猶大的妻子也去世了，某天，猶大為了談生意來到她瑪娘家附近的城鎮。當時猶大的好友希拉也跟他同行，走到目的地附近的神殿前時，一名妓女上前誘惑猶大。猶大答應以一頭山羊為代價跟她同寢，並且在送來山羊之前，先將自己的印章和手杖交給她當作擔保。猶大回到自己的地方後，託朋友希拉送山羊去給那名妓女，以便取回擔保品。但是希拉去了以後卻遍尋不著那個妓女。原來當時猶大並未發現那個妓女其實就是她瑪，直到後來她提出了猶大交給她的證物，一切才真相大白。

她瑪 Tamar

誕生的雙胞胎是兒子？還是孫子？

她瑪是猶大長男珥的媳婦，是個積極的行動派，在必要的時候總是果敢行動。她瑪也是個不幸的女人，丈夫還沒留下子嗣就先去世，她只好遵從習俗跟小叔俄南結婚，但不幸俄南也沒留下子嗣就死了。本來照規矩她應該再和三男示拉結婚，但猶大拒絕讓她再婚，而將她瑪送回娘家。對她瑪而言，還沒得到子嗣就和猶大家絕緣，表示她將因此失去一切社會地位，於是她瑪斷然採取了積極的行動，來確保她能夠獲得猶大家子嗣的權利。

多年以後，猶大為了生意往來到了附近的城鎮，她就裝扮成妓女去引誘猶大。猶大完全被蒙在鼓裡，一無所知地跟她瑪同寢，事後還將象徵猶大本人的印信和手杖交給她瑪。她瑪因這次發生的關係而懷孕，猶大聽說後認為她不守婦道與人通姦，打算殺掉她瑪。這時候她瑪就拿出猶大的印信和手杖等信物，證明所懷的是猶大的孩子。因此，猶大只好放過她，後來她所生的一對雙胞胎兒子繼承了猶大的姓氏。

約伯 *Job*

希伯來語「苦惱的人」

神試探的信仰者

　　約伯是寫於西元前五世紀的《約伯記》中的主人翁，是信仰者的模範人物，從西元前十世紀以前的族長時代起，約伯的家族就住在死海南方的土地，是當地的大富豪，信仰深厚，心靈純潔無瑕。

　　但是，某一天撒旦對神說：「要不是你賜給他這麼多的利益，約伯豈會如此敬畏你呢？」即使是信仰堅定如約伯，在遇到不幸的時候也會詛咒神吧？於是神就允許撒旦給約伯造成不幸。約伯因此在瞬間陷入不幸，失去了財產和子女，本身也為怪病所苦。約伯的妻子對他說：「你還如此死守著信仰嗎？不如詛咒上天而死還痛快些！」但是約伯回答她說：「怎麼連妳說話也像癡愚的婦人？我們能從神手上得幸福，當然也能從神手上受苦難。」但是最後終於連約伯也承受不住痛苦而開口詛咒神。這時，神的聲音就降臨約伯，他才恍然大悟，明白了神的意旨不是人所能忖度，從而猛然悔悟。於是神才停止了對他的試探，約伯的生活也比以前更加蒙福了。

第二章

出埃及與
進攻迦南的時代

摩西帶領族人逃出埃及、繼承人約書亞開始進攻迦南

出埃及與進攻迦南的時代

　　本章介紹的是：舊約聖經中《出埃及記》、《利未記》、《民數記》、《約書亞記》中登場的人物。

　　在《創世記》的故事中移居埃及的以色列子民，在埃及的好日子並不長久，後來被迫過著奴隸般的寄居生活。這樣悲慘的生活持續了數百年，到了西元前十三世紀左右，以色列民族逐漸產生了獨立的願望，期盼民族解放，偉大的民族領袖摩西就在這樣翹首盼望之中登場了。因為有摩西的領導，以色列民族終於從埃及逃出，朝向神應許亞伯拉罕的土地迦南前進，自此開始了以色列民族的大遷移。但是這段路程卻非常艱辛遙遠，各種因素使得他們不得不在曠野中徘徊流浪了四十年才到達應許之地。摩西死後，以色列人的領袖約書亞，帶領以色列人開始侵入應許之地迦南，但是這也只是另一段艱險路程的開端。

　　本章所介紹的就是生活在這個時代人們的故事。

●出埃及的故事 --

摩西帶領在埃及為奴的以色列人出埃及的故事。
埃及王對以色列人的迫害……拉美西斯二世
摩西的誕生與奇蹟的時代……摩西、約基別、米利暗

●曠野的生活 --

出埃及之後，以色列人流浪曠野的故事。
神與以色列民族……亞倫、拿答、亞比戶
曠野之旅……以利蓿、拿順、何巴

●應許之地迦南 --

以色列人入侵迦南的故事。
曠野中的內亂……沙母亞、迦勒
與外邦的爭戰……可拉、大坍
入侵迦南之地……約書亞、喇合、亞多尼洗德

應許之地迦南的都市
與先原住民

巴珊

夏瑣●

基尼烈湖
（加利利湖）

約旦河

雅博河

大海
（地中海）

艾城
耶利哥●

基遍●

亞摩利人

耶末●

耶路撒冷●

亞嫩河

伊磯倫●

拉吉

希伯崙●

鹽海
（死海）

摩押

尋的曠野

以東

出埃及的路徑

赫（Hittites）
帝國

大海（地中海）

▲黑門山

巴珊

●以得來

派遣迦南
偵查隊

耶路撒冷●

亞捫人

希伯崙●

亞摩利人

拉美西斯●

亞瑪力人

尋的曠野

摩押

西奈半島

以東

埃及

巴蘭的曠野

蘇伊士灣

阿卡巴灣

摩西，分開
海水的奇蹟

西奈山

米甸之地

紅海

摩西，
授十誡

拉美西斯二世 *Rameses II*

連神都不怕的暴君——「只要是男孩就殺！」

西元前十三世紀，居住在埃及的以色列人，被迫從事沉重的勞役，當時的埃及法老就是拉美西斯二世。

西元前十六世紀左右，因為雅各的兒子約瑟在埃及獲得權貴地位，雅各家族總共七十名成員，舉家遷移到埃及居住。之後，雅各的子孫也就是以色列的人民，在埃及繁衍眾多後裔，成為埃及國中一股無所不在的龐大勢力。但是風水輪流轉，當不知道約瑟事蹟的新法老登基後，住在埃及的以色列人就開始被迫面對殘酷的命運。新法老為了阻止以色列人增加，強迫他們從事奴隸般繁重的苦役。即使如此，以色列人還是持續增加，所以新法老就命令兩名以色列人的助產婦，以後只要是以色列婦女產下的男嬰，一出生就要殺死，只有女嬰可以留下活口。雖然這個法老的名字並未記載於聖經上，但一般認為應該是建設拉美西斯城的拉美西斯二世。

施弗拉 *Shiphrah*

希伯來語「出色的」

在異國持續增加的以色列人

施弗拉是以色列人的助產婦，是敬畏神的虔誠女性，頭腦反應也很靈活。

埃及法老拉美西斯二世害怕埃及國內的以色列人勢力增加太快，就命令助產婦殺死以色列婦女所生的男嬰。這時候接到命令的助產婦，一位是普阿，另一位就是施弗拉。但是她們兩人並未遵從埃及法老的命令，仍保住了誕生男嬰的性命。法老知道事實以後就召喚她們來詢問：「為何留存男嬰的性命？」以助產婦的卑微身分，在被法老當面詰問的時候，兩個人內心一定都非常恐懼惶恐，但是施弗拉靈機一動，回答說：「因為以色列女性跟埃及人不同，他們身體很健壯，在助產婦到達之前就已經生產了。」因而度過了這個為難的局面。如此一來，以色列人還是違反埃及法老的意志而不斷增加，勢力愈加強盛了起來。後來，兩位助產婦的努力獲得神的認可，厚待她們成家立室、子孫興旺。

約基別 *Jochebed*

　　希伯來語「耶和華之光」

做自己兒子的奶媽

　　約基別是以色列利未族的女子、摩西的母親。她是個溫柔又很為子女著想的女性。

　　由於殺死以色列女性所生男嬰的命令沒有人遵守，於是埃及法老又命令全國國民，將以色列人所生的男孩丟到河裡。這時候約基別跟同族的男性暗蘭結婚，生下了一個男孩，她就把孩子藏起來養，但是三個月後就藏不下去了。她想了一個辦法，在蒲草箱表面塗抹瀝青和石漆作為防水加工，然後把孩子放進去，擱在河邊的蘆荻叢中，而嬰兒的姊姊米利暗因為不放心，還站在遠處守望著箱子。剛好埃及公主來到河邊洗澡，發現了這個嬰兒，因為她是個心地善良的女性，看見孩子在哭，覺得很可憐就把孩子抱了起來。米利暗見了趕緊跑過來對她說：「我幫妳去找個以色列女人來給孩子餵奶吧！」埃及公主也答應了，米利暗就去把母親帶來。因此，嬰兒就由自己的母親養育，成長為少年以後，母親把他帶去見公主，做了公主的兒子，取名為摩西。

葉忒羅 *Jethro*

　　希伯來語「優秀」

提供寶貴建言的長者

　　住在西奈曠野的米甸人指導者葉忒羅，是米甸人的祭司，別名流珥，是具有高度指導能力、人格崇高的長者。

　　由埃及公主養育長大的摩西，成年之後在埃及愈來愈待不下去了。因為那時候的以色列人在埃及過著奴隸般的生活，他們背負著重擔，摩西實在看不下去，一時失手殺死了一個鞭打以色列人的埃及人，此時只好逃離埃及，躲避到米甸之地。他在那裡遇見一名當地的牧羊女子，在井邊打水正要給羊喝，可是別的牧羊人卻來找牧羊女子麻煩，摩西出手救了牧羊女子，她的父親葉忒羅就親切的歡迎摩西，看摩西決心住在這塊土地，就把女兒西坡拉嫁給他。之後，當摩西率領以色列人民脫離埃及時，葉忒羅也來看他，並且忠告他再也不能單靠自己一個人的力量來審理所有百姓的紛爭，教導他建立分層負責的組織。

摩西 *Moses*

讓埃及法老心生恐懼的十二個奇蹟

西元前十三世紀，以色列的偉大宗教領袖——摩西，率領被奴役的以色列人民脫離埃及。

摩西出生於以色列的利未人家，因為埃及人迫害以色列人，他誕生後不久就被裝進蒲草箱丟到尼羅河裡，剛好被埃及公主拾回，當作養子在王宮中撫育成長。但是成年之後，他失手殺死了一名鞭打以色列人的埃及人，只好逃到米甸避難。摩西在米甸和祭司葉忒羅的女兒西坡拉結婚，生了兩個兒子。摩西八十歲的時候，神在西奈山上熊熊的火焰中向他顯靈，將解救民族的神聖使命交給摩西。他就跟哥哥亞倫進宮殿去見埃及法老，請求他解放以色列人民。這時候，他憑藉神的力量，將亞倫所持的手杖變成蛇、將尼羅河的水變成血……總共顯現了十二個奇蹟。這些奇蹟動搖了埃及法老，終於讓他心生恐懼而允許以色列人離開埃及。

西坡拉 *Zipporah*

燃燒不盡的荊棘

西坡拉是米甸祭司葉忒羅的女兒、摩西之妻，是個勤奮工作且當機立斷的女性。當初在米甸人土地上的井邊，遭牧羊人欺負的時候，摩西來救了她，後來她就嫁給摩西為妻。

摩西婚後就在當地住了下來，過了不久，以色列的神出現在他面前。

他在放牧岳父的羊群時，來到西奈山中，看見熊熊烈焰的荊棘無論如何燃燒都燒不盡的奇異現象，想靠上前去正打算看個究竟的時候，聽見神對他說話。神的聲音告訴摩西，他是神挑選出來的人，必須帶領被奴役的以色列人脫離埃及。於是摩西獲得岳父葉忒羅的許可前往埃及，在途中生了一場大病，差點因此丟了性命。這時候機靈的西坡拉也跟他在一起，西坡拉判斷摩西生病是因為次子以利以謝未行割禮之故，就迅速動手為兒子施行割禮，因而救了摩西一命。

米利暗 *Miriam*

希伯來語「苦」

在分開的海水前跳舞的女先知

米利暗是摩西和亞倫的姊姊，是個具有威嚴的女先知。摩西誕生後不久就被裝進蒲草箱丟到尼羅河裡，被埃及公主拾回，在遠處觀望的米利暗趕緊跑過來，自告奮勇說要幫忙去找奶媽，而把自己的母親帶了過來。從這件事情就能看出，米利暗不但頭腦聰慧，而且很為弟弟摩西設想。

從某一方面來看，她也算是一位女性領袖。當初逃出埃及的以色列人，單單男性壯丁就多達六十萬人，他們才剛離開埃及，法老就為自己解放奴隸的這個決定感到懊悔，因此派出軍隊追捕他們。此時以色列人民陷入前有大海、後有追兵的絕境。這時候摩西解除了危機，他舉起雙手伸向大海，將海水分開成左右兩邊，海底就出現了一條道路，人民們都走過以後，海水又復原淹沒剛剛走過的道路，消滅了埃及的追兵。以色列人民因此得救，這時候米利暗帶領眾多女子，吟唱讚美神的歌曲，一邊敲著小鼓一邊跳舞。

戶珥 *Hur*

希伯來語「高貴」

左右戰爭成敗的神奇手杖

戶珥是逃離埃及的以色列人之一，守在摩西和亞倫側近，誠心誠意地服侍他們。在亞瑪力人跟以色列人的首次戰爭當中，戶珥擔任了很重要的角色。

出埃及、分海水的奇蹟發生之後不久，以色列人民來到西奈山北側的曠野，當時西奈半島和周圍的地區，是遊牧民族亞瑪力人的勢力範圍。因為曠野上僅有少數的湧泉地和放牧地，雙方就為爭奪極少的資源而起了爭端。亞瑪力人的軍隊來到以色列人面前，向他們挑戰。因為約書亞是下一任領導人，摩西便任命他帶隊應戰，自己則帶著亞倫和戶珥登上山頂，在那裡觀察戰情進展。不可思議的是，摩西若將持杖的雙手高高舉起，戰情就對以色列人有利；一旦他疲倦時放下雙手，局勢就變得不利。於是戶珥就和亞倫一同搬來大石頭讓摩西坐下，並且為了不讓他的手垂下來，兩人從旁一左一右支撐著摩西的手臂直到日落。結果，以色列人果真戰勝了亞瑪力人。

摩西將海水分開的地點，到底在何處？

《出埃及記》中，海水在逃亡的以色列人面前向左右分開的場景非常著名，因為實在太神奇了，因此到現在都還有許多人在不斷考證，追究當初分開海水的地點到底在哪裡。

但事實上，目前連以色列人本身對出埃及的路徑也並不甚明確，至於他們渡海的地點就更不清楚了。

不過當然還是能舉出幾個最有可能的地點，主要有四個：（一）現在的蘇伊士灣最深處；（二）深入蘇伊士灣裡所連接的幾個湖泊附近；（三）阿卡巴灣最深處；（四）西奈半島靠地中海側的塞波尼潟湖。

如果單單考量聖經中所描述海水分開出現陸地的現象，其中（四）的塞波尼潟湖會是個很有吸引力的想法。因為塞波尼潟湖和地中海之間只隔著狹長的峽洲，若摩西等人在退潮的時候從這裡渡海，之後由於漲潮和海上吹來的強風，的確可能使海水快速漲上來，將埃及派來的追兵全數吞沒。但是因為通往塞波尼潟湖的路線必須經過埃及軍的要塞，大部分嚴謹的研究資料都認為，以色列人不可能取道於此。分開海水本來就是一件無法用道理解釋的奇蹟，所以找尋確切地點可能也是個不太合理的嘗試。

亞倫 *Aaron*

辯才無礙的發言人

　　亞倫是摩西的兄長,當神吩咐摩西授與十誡時,亞倫也被指名為大祭司,從此以後猶太教的大祭司都必定從亞倫家系當中甄選。亞倫是個辯才無礙的雄辯家,一輩子都在輔佐摩西。當摩西為了解放受到奴役的以色列人必須去見埃及法老的時候,亞倫也跟著他一同行動,需要說話的時候,幾乎都是他出面代替摩西發言。

　　但是,亞倫也有其意志薄弱的一面。為與上帝立約而上西奈山的摩西,在山中待了四十天時發生了這樣的事件:當時百姓見摩西遲遲不下山,就開始不安,他們聚集在亞倫那裡,希望他能造神像來讓大家安心。製作神像是被禁止的行為,當然不被神允許,但是亞倫卻被百姓說動。他收集大家從埃及人身上奪來的金飾,鑄了一隻金牛犢,鑄像完成時,人人欣喜若狂,像舉行慶典似的狂歡慶祝。正當慶祝得熱烈的時候,從山上下來的摩西看見了金牛犢,大為震怒,殺了三千名崇拜牛犢像的百姓。

拿答 *Nadab*

希伯來語「神不厭棄」

十誡

　　拿答是亞倫的長子,當神現身於西奈山上摩西面前,與以色列人民立約之際,拿答和他的父親亞倫,以及他的兄弟亞比戶、以利亞撒、以他瑪都同時被任命為祭司。

　　以色列人出埃及以後,過了三個月,在西奈山下神呼喚摩西,命令他帶著亞倫、拿答、亞比戶,以及七十名長老一同登上西奈山。但是除了摩西之外的人都不許進入聖域,只停在入山口等著。摩西上山後,神就現身吩咐以色列的人們立約,其中也包括任命亞倫和拿答等人做祭司的約定。此外,神也將以色列人必須遵守的戒律之中最重要的十條戒律,寫成「十誡」,刻在兩塊石版上賜給摩西。這時拿答也是神特別指定的人選之一,由此可看出他應該相當受神重視。但是他個性毛躁,他和弟弟亞比戶,後來因為在神的祭壇所用的香壇中,投入了不符合神規定的炭火,觸怒了神而被燒死。

比撒列 *Bezalel*

為神造聖所的技工

比撒列是以色列人當中最具工藝才能的技術指導者。以色列人民出埃及之後來到西奈山腳下的曠野，在那裡停留兩年。這段期間人們開始為神建造帳幕、祭壇，這時候神直接指定比撒列擔任這個工程的最高負責人，並指名能力與他匹敵的亞何利亞伯做他的助手，其下又配置了許多有才能的人來一同工作。

聖幕是設置祭壇等物的神聖場所，依照聖經記載，聖幕是類似帳棚的屋子，用布幔做的帳幕覆蓋，寬四點五公尺、縱長十三點五公尺，高四點五公尺。聖幕周圍還有高二點五公尺的帳幕圍成的院子，院寬二十二點五公尺、長四十五公尺。從聖幕的構造到擺設、設備，包括燭臺、壁板、帷帳等等，每一件物品都有詳細的規定，比撒列非常嚴謹地遵照規定指導工匠們逐一製作。但是，因為在移動的時候，聖幕也要拆解開來搬運，所以一般推測當時以色列人所製作的可能是更為簡樸的物品。

主的聖幕

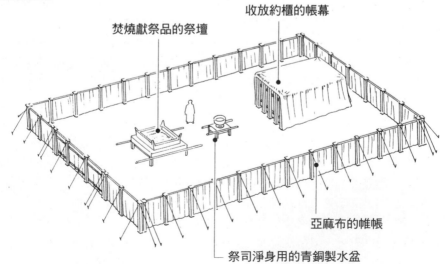

焚燒獻祭品的祭壇

收放約櫃的帳幕

亞麻布的帷帳

祭司淨身用的青銅製水盆

亞比戶 *Abihu*

希伯來語「神是天父」

細節上的小缺失卻鑄成大錯……

　　亞比戶是大祭司亞倫的次子,當神在西奈山現身於摩西面前,指定以色列的祭司時,亞比戶也跟父親亞倫和兄弟們一同被指定為祭司。能被神指定為祭司,理應是具有充分的能力、足以做個稱職祭司的人,但實際上他的個性卻有點輕率。

　　在神的聖幕全部完工之後,亞倫和亞比戶等人照規定舉行祭司的就職典禮。翌日,亞倫首次舉行了獻祭的儀式。

　　某日,亞倫的兒子拿答和亞比戶在香爐中加入炭火準備獻香給神,雖然兩人早已熟悉宗教上的規定,但這時卻用了不符規定的炭火。神因此發怒不肯原諒他們,於是憤怒的火舌從帷幕中噴出,燒死了拿答和亞比戶。看見兩個兒子在自己面前被燒死,亞倫驚愕得無法自抑。但摩西對他說,這是因為神要彰顯自己無上的神聖,所以他也只好沉默不語。

以他瑪 *Ithamar*

希伯來語「椰子樹的綠洲」

人心與神的律法

以他瑪是大祭司亞倫的么兒，跟亞倫以及兄弟們一同被任命為祭司。他是個非常認真且嚴謹的人，在建造神的聖所聖幕之際，他負責督導管理建造資材的記錄人員。

兄長拿答和亞比戶錯用了不合獻神規定的炭火而被燒死時，當場目擊的以他瑪和哥哥以利亞撒的心裡產生無比的震撼，此時摩西警告他們，即使親人去世也不能表現出悲傷的樣子，否則會招引神的憤怒，他們就隱忍下來、至少保持了體面。但是因為親眼看見自己兄弟觸怒神而死，極度震驚之下，本來祭司必須要吃的獻祭公山羊肉，亞倫和以他瑪卻連一口也吃不下去。摩西看見整隻公山羊都用火焚燒盡了，祭司們卻都沒吃，便大為憤怒，嚴厲責備以他瑪和以利亞撒。但是亞倫反駁他說：「自己親近的家人觸怒神而死的時候，難道不應該禁食贖罪嗎？」摩西聽了也被說服而不再追究。

示羅密 *Shelomith*

希伯來語「和平」

冒瀆神明的言語

示羅密是個以色列女性，本身是但族人底伯利的女兒，雖然和埃及人結婚，但也跟著摩西出埃及。當以色列人民在西奈曠野時，她的兒子因為說了褻瀆神明的話而被處死刑。

她的兒子算是混血兒，有一次喝醉酒和一個純血的以色列人起了爭執，衝口而出的話語褻瀆了神的聖名。他自己可能並沒有惡意，只是想以神的名詛咒對方，但是對以色列人而言，以神之名詛咒他人，就跟詛咒神明是同樣嚴重的。於是人們立刻撲上去抓住他，帶到摩西面前來等待神自己下判決。後來神現身曉諭摩西，把那詛咒聖名的人帶到營地外，叫聽見他冒瀆言語的人全都把手放在他頭上，然後人民全部丟石頭打死他。就這樣，在神的意旨之下，示羅密的兒子就被帶到以色列人營地外，被眾人用石頭打死了。

以利蓿 *Elizur*

ᚙ 希伯來語「我是神的岩石」

以色列的人口普查

　　以色列人民在西奈的曠野時，呂便族中的族長是以利蓿。當人民住在西奈曠野被任命九個月後，在當地舉行了以色列首次的人口普查。此時，各支派的族長為負責人，擔負人口普查的責任，其中也包含了以利蓿。

　　舉行人口普查的方法，是召集所有人民，以支派為單位點數人名，將二十歲以上的男子登記在戶籍上。二十歲以上的男子是可以服兵役的人口，普查的結果，登記的男丁共有六十萬三千五百五十人。基本上是以雅各的兒子所代表的十二個支派，作為人口普查的單位，不過約瑟的支派是以兩個兒子代表的家系，分成以法蓮和瑪拿西兩個支派計算。利未人沒做人口普查，這是因為神的命令，讓利未人的支派包含擔任祭司的亞倫後裔子孫在內，形成特殊的團體來擔負宗教上的特殊任務。他們居住的地方也比較特別，一定都居住在神的聖幕周圍，負責搬運、護衛，並管理聖幕和祭祀器具等工作。

拿順 *Nahshon*

ᚙ 希伯來語「占卜師」

約櫃和神的雲彩

　　以色列人民在西奈曠野時，猶大人的族長是拿順。以色列人在西奈曠野中停留了大約一年之後，出發前往神所應許的土地。此時各支派的人民都分別跟隨在自己支派的大旗後面行動，而走在這個隊伍最前面的，就是猶大族的拿順。

　　但是，以色列人並非隨著自己意志任意遷徙，他們的行事完全依照神的意旨，那意旨化作雲彩為人民指示去向。他們之所以會在西奈曠野停留一年、建造神的聖幕等物品，也是因為那雲彩一直停留在帳幕上不移動的關係。後來，過了一年左右，雲彩離開了帳幕，移動到巴蘭的曠野上去。於是，以色列人就因此開始遷徙，這次遷徙總共花了三天。遷徙時，走在隊伍最前面的是猶大族人民，收納在帳幕中的約櫃則走在他們前方。到了巴蘭的曠野，他們就再度把帳幕架設起來，人民也就暫時停留在這裡了。

何巴 *Hobab*

曠野中的領路人

何巴是米甸祭司流珥的兒子，也就是摩西的妻舅，他對曠野的地理形勢瞭若指掌，是摩西非常倚重的人物。

從西奈的曠野往巴蘭移動之際，以色列人當中沒有熟悉曠野地形的人才，所以領袖摩西就懇求何巴與他們同行。當初何巴不願首肯，因為他並非以色列人，一心只想早點回到自己的故鄉去。但何巴聽摩西說，若無他領路，以色列人連應在何處搭帳安營都不知道，最後只好改變主意跟著以色列人一同出發了。

雖然在聖經的記載中，以色列人民是靠著約櫃和籠罩在神聖幕上的雲彩領路，但可想見，實際上何巴才是領路的人。以色列人民在曠野中流浪了四十年，終於開始進攻神所應許的迦南之地時，他也和以色列人一同行動。因此可知何巴幾乎整整四十年都在為以色列人民領路。

伊利達 *Eldad*
希伯來語「神所愛」

選立七十個長老

以色列共同體當中選出了七十個長老，伊利達是其中之一，為數不少的長老是支派和家族中的領袖，而伊利達是其中信仰最堅定、最優秀的人物。

在曠野中生活的百姓們，常常發出怨言。在前往巴蘭曠野的途中，人們也對食糧分配非常不滿，他們的怨言傳到摩西耳中，讓他大為苦惱。神見了，就建議他從長老中選出七十個最優秀的人，共同分擔他的工作。摩西選了七十人聚集在神的聖幕前面，神的靈降臨在他們身上，他們就暫時進入先知的狀態。這時候伊利達雖然也被選為七十人之一，但因故未能前往聖幕。即使如此，神靈仍然降臨於身在營中的伊利達，使他陷入非常激烈的先知狀態。這裡所謂的先知狀態，其實就表示他們被選為共同體的代表，成為長老當中比較特殊的人物。包括伊利達在內的七十人，如此便成為特別選立的長老，分擔摩西指導以色列人的工作。

沙母亞 *Shammua*
希伯來語「神聽見」

應許之地迦南和十二人偵查隊

為了窺探應許之地迦南的狀況，摩西選拔了一支偵查隊，沙母亞也是其中一名隊員。他是個強壯、健康的青年，不過似乎稍微缺乏了點勇氣。

以色列人民在西奈半島中部的巴蘭曠野時，指導者摩西從十二支支派中各選一人組成偵查隊，派他們去探查迦南的狀況，沙母亞就被選為呂便一族的偵查隊代表。一行人從巴蘭曠野出發往東北方向前進，經過尋的曠野、利合等地，直到位於死海西方的希伯崙。他們調查那裡的居民人數、體格以及土地是否肥沃等詳情；並且採集的當地的葡萄、石榴、無花果等農作物。過了四十天，他們回來報告調查結果，說迦南的確是很好的地方，但居民都非常高大強壯，城池四周也都築著堅固的城牆，進攻恐怕不太可能成功。偵查隊包括沙母亞在內的大部分成員，對於侵入迦南一事，都表示反對。但因為這違背了神意，所以這些人不久後都染上瘟疫死了。

迦勒　*Caleb*

希伯來語「犬」

勇敢無畏，神最忠誠的「忠犬」

　　以色列人在巴蘭曠野的時候，摩西派出一支十二人的迦南偵查隊。四十五歲的猶大族代表迦勒也是隊員之一，他是個積極又果敢的人。

　　花費四十天去調查迦南之地的偵查隊，回到共同住宿的營地以後，大部分的隊員都對侵入迦南提出反對的意見。但唯有迦勒和下一任領袖約書亞的想法與眾不同。當民眾聽了偵查隊否定的意見後，來到摩西面前表達他們的不滿，迦勒用宏亮的聲音讓大家安靜下來，主張說：「我們絕對要去那裡、佔領那裡，勝利必定屬於我們！」這時人民甚至害怕得喧嚷著要回埃及去，迦勒和約書亞撕裂身上的衣服，向大家勸說：「神與我們同在，不要怕他們！」但迦勒和約書亞仍然得不到大多數人民的共鳴。然而，由於迦南是神應許的土地，反對者等於是站在與神對立的立場，所以憤怒的神才會讓以色列的人民徘徊在曠野中四十年，作為懲罰。

可拉　*Korah*

希伯來語「叛離」

是平等主義？還是出於嫉妒？

　　以色列人在巴蘭曠野時曾發生喋血叛亂，反抗亞倫的叛軍領袖是可拉。可拉雖然屬於擔任宗教工作的利未族，即使同樣是利未族，但祭司的職位卻只有亞倫家族的人才能擔任，他對這點非常不滿，於是帶領了兩百五十名利未族同伴發動叛變。

　　可拉也把對摩西不滿的人納入同夥，組織同黨聚集到摩西和亞倫面前批判他們：「你們太過越權了，這個共同體所有人都聖潔無瑕，主也在我們當中，為何你們卻站在眾人頭頂上呢？」但摩西和亞倫並不是因為自己愛權而獲得這樣的地位，所以摩西就主張請神直接來從眾人當中選出領導者，還請同樣跟可拉一樣對亞倫不滿的人，在翌日早晨帶著香爐集合到神的聖幕旁邊圍集合。於是，在可拉和他的兩百五十名同黨聚集的聖幕周圍，神的怒火就爆發開來，從聖幕中噴出大火，將他們全都燒死了。

大坍 *Dathan*

被猜疑和不信任所害的人

　　大坍是以色列人在巴蘭曠野的時候，反對摩西的叛變者領袖。他是個頭腦靈活、有嶄新創意的人。

　　因為大坍對摩西個人的獨裁統治非常不滿，就和弟弟亞比蘭聚集了抱持著同樣不滿的有力人士來對抗摩西。同時，利未族的可拉也在計畫對抗大祭司亞倫，所以他們就暫時共同行動。基本上，大坍的敵手是摩西，他採取無視摩西存在的態度，即使摩西召集大眾，他也拒絕參加。因為他認為遵從摩西的帶領，並無法獲得真正的幸福。但是，摩西是神所揀選出來的人，所以神看了這種情形非常憤怒，就透過摩西命令其他人遠離大坍和亞比蘭的帳棚，而且不可觸碰他們所持有的物品。當人們都照作了以後，忽然發生強烈地震，大地裂開了缺口，把大坍、亞比蘭，以及他們的家族都全部吞沒，墜落到地獄去了。

以利亞撒 *Eleazar*

希伯來語「神救助」

大祭司之祖

以利亞撒是大祭司亞倫的兒子，跟亞倫以及兄弟們同時獲任祭司職位，是管理神的聖幕的整體負責人。

他的個性認真勤懇，忠實地服侍著摩西和亞倫，不過並不是個很積極的人，也不喜歡出風頭。即使在可拉和大坍等人反叛的時候，他也只是默默地為摩西和亞倫工作。當摩西和亞倫等大人物在世的時候，他一直都謹守本分地處理周遭的瑣事。可拉和同黨的叛徒們在聖幕周圍被神的火燒死後，以利亞撒聽從摩西的指示，將叛黨所持的香爐錘打成金屬薄片，覆蓋在祭壇表面上。寄望如此一來，人們只要一看見祭壇就想起可拉等叛徒的下場，就不敢再興起叛變的念頭了。以利亞撒也因為他樸實的個性和忠誠勤懇的態度而受到重用。亞倫死後，神就命令他繼承大祭司的職務。此後，祭司一職也都從他的家系中選出，所以以利亞撒也被稱為大祭司的始祖。

西宏 *Sihon*

希伯來語「一掃而過」

苦思之後的大失策

西宏是住在死海東北方面的亞摩利人的王，為保衛自己的領土和人民，挺身和前來侵略的以色列人作戰，但終究因力量不足而落敗。

以色列人在巴蘭曠野停留了很長一段時期，可說是出埃及後經過了四十年，才開始大移動。他們計畫走的途徑需要迂迴繞過死海東部，所以跟途中住在當地的迦南人和以東人起了衝突。但是以色列人還是沿著死海東部北上，來到亞摩利人的土地上。

此時，摩西差遣使者去見西宏王，請他同意讓以色列人通過他的土地，並保證決不造成任何困擾。因此，只要西宏王允許他們取道通過，應該不至於招致國家滅亡；但是若讓如此眾多的異民族通過，恐怕難免還是會引起衝突。西宏王苦惱了許久，最後還是決定不讓以色列人經過。最後證明這是個非常錯誤的決定。後來他的領土，從死海東北的亞嫩河到雅博河之間，全都被以色列人佔領了。

噩 *Og*

偉大的王遭遇無法預期的敗北

　　基尼烈湖附近的都市巴珊的王，名為噩。巴珊王噩曾設法抵禦以色列人進攻，但是最後仍難逃滅亡的命運。

　　以色列佔領了亞摩利人的土地之後不久，又進攻巴珊王噩所治理的地區。巴珊王噩率領全軍出擊，來到基尼烈湖東方的以得來。噩的軍隊陣容堅強，而且周圍的城池都是圍著堅固城牆的要塞堡壘，讓以色列人未戰就先膽戰心驚。但他們相信神的保佑，便鼓起勇氣去挑戰，結果以色列人終於讓噩的軍隊全軍覆沒。不僅如此，他們也侵略噩所統治的所有城池，不但將老弱婦孺全部殺盡，也搶奪了一切家畜等財產。以色列人就如此越過了雅博河，而約旦河東岸地區到基尼烈湖北方的黑門山的土地也全部落入他們的掌握。但因為噩是非常受當地人崇敬的王，所以他們為死去的噩做了一個長四公尺、寬二公尺的鐵製棺材，在亞捫人的城市拉巴保存了很長一段時間。

大祭司的服裝

　　一般祭司穿的是白色亞麻製的長袍、頭戴白色圓錐形的帽子。而大祭司則在與祭司相同的長袍上加穿藍色的無袖外袍，還要披上用金線和朱紅線刺繡的前披法衣，戴上嵌入十二種寶石的胸牌。此外，也穿戴亞麻製的裹頭巾和長褲。

巴勒 *Balak*

希伯來語「破壞者」

在暗處施咒的王

巴勒是住在死海北岸摩押平原的摩押人之王，有點膽小怕事。

當時以色列大舉侵入約旦河東岸地區，並且戰果豐碩。巴勒單單眼見這樣的光景，就害怕得喪失了作戰意志，甚至因為擔心以色列人來襲擊而鎮日坐立不安，不斷對他所認識的米甸長老們哀聲嘆氣：「以色列人多得快要把我們周圍都淹沒了！」後來他想出了一個自以為很了不起的主意，就是用法術來詛咒以色列人，讓他們退卻。當時在幼發拉底河流域一個名為毘奪的地方，住著一位有名的咒法師巴蘭。巴勒認為只要他的咒語威力夠強，就能請他施咒擊敗以色列大軍。所以巴勒立刻派遣摩押的長老，帶著豐厚的報酬去聘請他來。但是咒法師聽了神的話，反而去祝福以色列子民，巴勒只好放棄攻打以色列人的夢想。

巴蘭 *Balaam*

希伯來語「被吞者」

將詛咒改為祝福的咒法師

巴蘭是個咒法師、先知，住在幼發拉底河流域一個名為毘奪的地方，在戰爭等非常時期接受國王的報酬，為國王服務。即使他如此偉大，仍無法違抗神的意志。

以色列人民侵略約旦河東部一帶的時候，摩押王巴勒委託巴蘭詛咒以色列人。他帶著兩個年輕助手乘驢前往摩押。途中，在左右都有石牆的狹路上，天使出現了，一開始巴蘭看不見天使，但驢子看得見天使，就停下不肯前進。巴蘭憤而鞭打驢子，驢子就開口對巴蘭說：「你看我從小至今曾這樣對待過你嗎？」這一瞬間，巴蘭也感受到天使存在了。天使吩咐他遵從神的指示，將神說的話轉告巴勒。於是巴蘭到達摩押人土地上後，將燔祭獻給神，傾聽神的話語，結果聽見神祝福以色列人民。因此，他雖然是接受巴勒的委託而來，卻是從頭到尾都在祝福以色列的人民。

心利 *Zimli*

希伯來語「歌手」

玩得過火被矛槍刺穿而死

心利是屬於西緬族的以色列人，跟普通的男人一樣喜好女色，而且似乎有點思慮欠周。

事情發生在摩押平原東部名為什亭的地方。當時以色列大部分男人都跟當地女人相好，還曾有人接受女子邀請出遊，並跟著女子一同參拜當地的巴力（Baal）神。以色列的神為此大為震怒，命令摩西將這些人都處死。摩西以及其他認真嚴謹的人們聚集在神的聖幕周圍哀嘆，一般人若見狀況如此嚴重，都會更加小心謹言慎行，可是心利不但全然不介意這些人的哀嘆心情，還帶著當地女子大搖大擺地走過來。人們見了非常憤怒，大祭司以利亞撒的兒子非尼哈，是個特別嚴謹耿直的人，他立刻拿起矛槍站了起來。心利受了驚嚇，帶著女子企圖逃走，但很快就被抓到、被非尼哈用矛槍刺穿而死。

何為律法？

大祭司亞倫的兒子拿答和亞比戶作祭司，只因為獻香給神的時候，錯用了違反規定的炭火，就惹惱了神而被燒死（參照第四十五頁）。由此可見，以色列的信仰生活中，必須遵守種種繁瑣的詳細規定。這些規則在聖經中稱為「律法」，神在西奈山授與摩西的『十誡』也是律法的一種，內容包括：唯一的真神、不可雕刻偶像、不可殺人、不可偷盜等條文。

但是『十誡』中所規定的只是最基本的規則，律法中所規定的其他條例多不勝數。例如，工藝技師比撒列在製作神的聖幕時，從帷幕的尺寸到周圍庭院的尺寸，圍繞四周的帷幔的高度等等，都是依照詳細的規定做出來的，這些規則也都是律法所決定的。聖經中，從《出埃及記》中段開始、到《利未記》、《民數記》、《申命記》，也都耗費了大部分章節來詳述這些律法，所以數量更是驚人。其中甚至詳細到如：「若牛牴死男子或女子，必投石頭將牛殺死，而牛的主人並不治罪。但若此牛從前就有牴人的惡習…」這樣的規定，可見遵守這些規則一定是非常辛苦的事情，而拿答和亞比戶的前車之鑑也不是完全事不干己的特例。

約書亞 *Joshua*

希伯來語「耶和華是救主」

召喚奇蹟的軍事天才

　　約書亞繼承摩西之位成為以色列人的領袖，從年輕時，他就展露高度的軍事天份，指揮軍隊經歷了無數的爭戰。當以色列人壓制了約旦河東岸，宿營於摩押平原時，摩西在此逝世，約書亞成為他的繼承人，此後他開始帶領以色列人征服迦南。

　　位於約旦河對岸的都市耶利哥城，是以色列人侵入迦南時最重要的戰略據點。但是耶利哥是個堅固的堡壘，四周圍繞著堅固的雙層城牆，僅憑約書亞的軍事才能還不足以攻陷，但是這次爭戰卻受到奇蹟庇護。他先派遣兩個人進城刺探軍情，然後率軍來到約旦河畔，當時已是雨季，約旦河的河水暴漲沖破了堤岸。但是抬著約櫃的祭司們一腳踏入河中，河水就從上游停住，露出乾燥的河床，於是以色列得以順利渡過約旦河攻擊耶利哥城。作戰之前他們繞城七周，全軍齊聲呼喊，堅固的城牆便應聲崩塌。

喇合 *Rahab*

希伯來語「寬廣」

在窗邊繫上朱紅線繩

　　喇合是住在要塞耶利哥城內牆邊的妓女。當約書亞派遣的以色列間諜來到城內時，原本應該去向統治者密告的喇合，不但沒通報，還窩藏那兩名間諜，幫助以色列人進攻。

　　兩名間諜進入喇合家時，有人去向耶利哥王密告，於是王就派士兵去調查。士兵來到喇合家要求她將外人交出來，但是喇合將兩人藏在屋頂上的亞麻堆中，並欺騙士兵說：「那兩人已在天黑前出城去，不知道到哪裡去了。」然後喇合又要求兩個間諜，在以色列進攻耶利哥的時候，請他們幫助喇合全家的人，間諜也答應了她的請求，告訴她一旦開戰就要趕緊讓全家人都進來屋內，並且在窗邊繫上朱紅線繩。因此在耶利哥城淪陷落當天，只有喇合的家族倖存。後來，他們就跟著以色列人民一同行動。

亞干 *Achan*

      希伯來語「惹是生非的人」

奪取了不該取的物品

　　亞干是個貪心的以色列人。征服了耶利哥城之後，約書亞並未掠奪耶利哥城內的財物，依神的指示告訴大家應將一切都銷毀，但是亞干不聽從指示，將一部分物品納入私囊。神為此大為震怒，懲罰約書亞，使他在下一次戰爭中敗退。這便是在攻打耶利哥東方的艾城時，為數三千的以色列兵戰敗逃回的原因。

　　在約書亞懊悔反省之際，神告訴他這是因為以色列人中有人奪取了耶利哥的物品之故。翌晨，約書亞召集大眾，讓每個支派分別抽籤占卜，先抽出了猶大的支派，又從猶大的支派中抽籤卜出謝拉的宗族，用同樣的方法在謝拉的宗族中找出撒底的子孫，又在撒底家的男子中抽選出亞干。於是去查亞干的帳棚，找出了銀子、金條和美麗的衣服。以色列子民看了大為憤怒，就焚燒亞干的家，將他的家族都帶到亞割谷，眾人扔石頭將他們殺死。如此才消了神的氣，也成功地征服了艾城。

亞多尼洗德 *Adonizedek*

希伯來語「正義的主」

掛在五棵樹上的五個王

約書亞所率領的以色列軍接連攻下了耶利哥及艾城，這時耶路撒冷的王是亞多尼洗德。他聽說約書亞進攻的氣勢驚人，就聯合了希伯崙王何咸、耶末王毘蘭、拉吉王雅非亞，以及伊磯倫王底壁，五個王結為同盟，一同攻打已落入以色列人手中的基遍。但他們在基遍的戰況極為不利，敗戰逃走的軍隊又受到冰雹的襲擊，死傷人數比被刀劍殺死的更多。為了挽回頹勢，他們只好等待夜色降臨以便重整軍隊。但是這時候約書亞又向神祈禱，讓太陽停留在天空不落，直到以色列聯軍撲滅敵軍以後才落日。

亞多尼洗德等人的聯軍戰敗後，五個王逃進附近的洞穴中，就再也沒有退路了。最後他們被逮捕，帶到約書亞面前來，以色列軍的指揮官們用腳踩踏在這些王的頸項上，然後殺死他們，分別掛在五棵樹上，直到日落。

耶賓 *Jabin*

希伯來語「他理解」

迎戰以色列軍，失敗收場

基尼烈湖北方的夏瑣王耶賓，是個相當賢明的君主，他所治理的夏瑣城也是周圍各國之首。

以色列人擴張了在死海西方一帶勢力之後，又進攻迦南北方的區域，和當地居民作戰。以色列人民聲勢浩大，情勢對迦南附近的居民不利。這時候耶賓聯合周圍的城鎮和宗族人民一同對抗以色列人，馬上就召募了無數士兵，軍馬戰車的數量也多得驚人。迦南的聯合部隊集結在基尼烈湖西北方泉水豐富的地方，但是，以色列軍的總指揮約書亞發動突襲將他們擊破。另一方面，以色列人追擊四散逃命的敵軍，追趕了數十公里，將他們消滅殆盡，然後轉回頭來進攻夏瑣城，殺死全城居民，並且點火將城池焚燒殆盡。以色列就此稱霸迦南的北部地區，佔領了巴勒斯坦大部分的土地。當然，還是有些都市尚未被以色列人征服，所以戰爭還未曾停歇。

第三章

從士師到王國時代

英雄們拯救以色列十二支派的故事與國王的登場

從士師到王國時代

　　本章介紹的是在舊約聖經《士師記》、《路得記》和一部分《撒母耳記》中的人物。繼摩西之後領導以色列人的偉大領袖約書亞，終於帶領以色列人進入了應許之地迦南，但是約書亞一死，以色列就喪失了能統理整個民族的偉大領袖。因此以色列民族就各分支派、散居各地，民族整體的勢力也就跟著削弱。而且，迦南之地周邊的原住民也在虎視眈眈地威脅著以色列人的生存。這時候，出現了以色列稱為「士師」的英雄人物，勉強維繫著民族的獨立自主，但是因為國家的體制尚未成形，以色列民族還是在痛苦中掙扎，因此人民逐漸意識到應該要擁立國王來凝聚民族整體的力量，於是將國王制度導入以色列。在此介紹的就是這個時代人們的故事。

●士師們的活躍

　　約書亞死後，以色列喪失了凝聚民族意識的領袖，這裡介紹的是在這樣的時代中，為了維護民族獨立而與周圍原住民和其他部落作戰，被稱為「士師」的英雄人物的故事。
　　最初的士師俄陀聶……俄陀聶、押撒
　　左撇子士師以笏……以笏、伊磯倫
　　女士師底波拉……底波拉、巴拉、雅億
　　士師基甸……基甸、約阿施、普拉
　　叛逆者亞比米勒……亞比米勒、約坦
　　士師耶弗……耶弗
　　神力參孫的大活躍……參孫、大利拉

●路得的故事

　　士師活躍的時代，獻身侍奉婆婆的女性——路得的故事。路得是後來大衛王的曾祖母。
　　大衛王的曾祖母路得……路得、拿俄米、波阿斯

●最後的士師和最初的王

　　士師時代最後登場的領袖撒母耳、以色列初代國王掃羅的故事。
　　最後的士師撒母耳……撒母耳、以利加拿、哈拿
　　開創王政的初代國王掃羅……約珥、掃羅

十二支族割據迦南之地

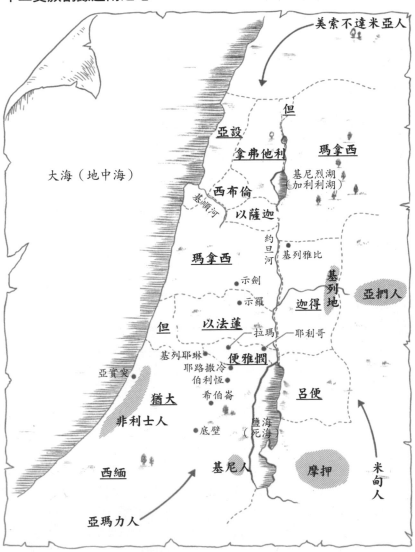

美索不達米亞人

但

亞設

拿弗他利

瑪拿西

基尼烈湖
（加利利湖）

大海（地中海）

西布倫

基順河

以薩迦

約旦河

瑪拿西

基列雅比

示劍

基列地

示羅

亞捫人

但

以法蓮

迦得

拉瑪

耶利哥

基列耶琳

便雅憫

耶路撒冷

伯利恆

呂便

亞實突

希伯崙

猶大

鹽海
（死海）

非利士人

底壁

西緬

基尼人

摩押

米甸人

亞瑪力人

俄陀聶 *Othniel*

希伯來語「神是我的力量」

割據應許之地迦南——最初的士師

俄陀聶是猶大族的英雄，也是以色列首位士師。

進入迦南之後不久，領袖約書亞去世，以色列人喪失了能夠讓大家團結一致的強力領導人。這時候以色列不同支派的人民分別割據巴勒斯坦的土地，猶大的支派攻佔了耶路撒冷和希伯崙，開始居住在死海西側的土地。但是以色列人的統治權不太完整，並不是所有土地都在他們的支配之下。某次，猶大支派的族長迦勒攻打底壁城，這次戰役中最為活躍的俄陀聶，是個非常有為的年輕人，在以色列人中表現突出，因為建立了戰功而獲得迦勒的女兒押撒為妻。當時美索不達米亞王古珊利薩田的勢力龐大，連以色列人也被他統治，連續被徵繳了八年的重稅，於是俄陀聶挺身為以色列民族作戰，終於擊敗敵人、解放了以色列民族，俄陀聶也因此成為以色列人的英雄，此後更稱王統治以色列，維持了四十年的太平。

押撒 *Achsah*

希伯來語「腳鐐」

賜給成功者的女兒

押撒是猶大族長的女兒，後來嫁給俄陀聶當妻子。她是個凡事思慮周詳且非常可靠的人。

猶大支派分配到死海西側的土地居住時，迦勒一族所分得的是希伯崙，在希伯崙北方有個城名為底壁，迦勒想奪取這座城，就承諾將女兒押撒嫁給能攻佔底壁城的人。俄陀聶達成了這個目標，於是獲得押撒做為他的妻子。婚後，押撒全心全意為丈夫俄陀聶著想，俄陀聶雖然擅長作戰，卻沒有什麼物質慾望，押撒先勸立下彪炳功勳的丈夫，應該要向父親要求領地。依言行事的俄陀聶果真獲得了位於底壁城北方的南地。然而押撒知道南地是片乾旱的荒野，就進一步向父親要求：「既然賜下了南地，請您也賜給我們水泉吧！」父親也認為她說得有理，就將上下兩泉一併賜給她了。

古珊利薩田 *Cushan Rishathaim*

崇敬我們的神

西元前十二世紀左右，美索不達米亞的王——古珊利薩田，是個頭腦清晰敏銳、能看穿敵人弱點的人物。

領袖約書亞率領以色列人侵入迦南之地之後，各支派就分散各地居住。約書亞死後，以色列人當中逐漸出現侍奉迦南的巴力神和女神亞舍拉的人，這是因為以色列的向心力減弱的關係。因此古珊利薩田趁虛而入，建立了支配以色列的統治權，收取重稅長達八年。以色列人民發現，這樣的處境是由於自己忘記了以色列的神而去侍奉迦南神之故，就深切反省，轉而祈求本族的神來解救。神因此為他們立下猶大族的英雄俄陀聶來拯救以色列，俄陀聶也戰勝了古珊利薩田，以色列人民因此得以脫離美索不達米亞的支配。

「士師」是什麼？

「士師」這個名詞很陌生，不是一般常用的字眼，大多數人看到都會感覺困惑。

現在日本聖經中所用的「士師」這個稱呼是來自中國語譯的聖經，用現代日文解釋的話，就是「裁司」，意思是「為人民紛爭下仲裁的人」，也就是裁判官。聖經中另外還有「裁者」、「裁司」這樣的詞彙，用法也大致相似。

但是在《士師記》中登場的「士師」這個稱呼還有其他的意思。希伯來語中「裁」這個字除了「裁定」之外，也有「拯救」的意思，所以「士師」這個名稱，代表「拯救者」的意義應該更大。

在摩西、約書亞兩位偉大領袖的帶領之下，以色列人民終能安居於迦南之地，但兩人才剛死，人民就陷入失去號召整個民族的偉大領袖之困境。不同支派的人散居各地，跟當地的原居民之間，不斷發生宗教與經濟上的衝突。在這樣的狀況下，「士師」們出現就成為拯救以色列民族的英雄了。

因此，「士師」這個名稱不僅是指領袖，更包含了民族英雄的意義。

以笏 *Ehud*
希伯來語「讚美神」

左撇子士師

便雅憫族的英雄以笏，是西元前十二世紀左右的以色列士師，他是慣用左手的名劍士，因而被稱為「左撇子以笏」。

在最初的士師俄陀聶死後，以色列再度衰落，又陷入被他國支配的地位。摩押王伊磯倫招聚亞捫人和亞瑪力人去攻打以色列人，佔據了耶利哥城，並統治了以色列十八年之久。這時候挺身解除危機的就是以笏。他先策畫計謀，打造了長約五十公分的雙刃劍配帶在右側腰間，並用上衣遮蓋住，以呈獻貢品為藉口進入王宮，然後謊稱有機密相告而將其他人打發走，跟國王伊磯倫兩人單獨處在王宮頂層的涼樓，趁機用劍刺入國王腹部，然後將房門鎖上，從窗戶逃走。回到以法蓮山地以後，就吹號角鳴笛召集以色列士兵，攻佔了約旦河的渡口。摩押人發現國王死亡而倉皇想要逃回摩押之地，被守在渡口的以色列人所殺，人數竟高達一萬人。從此，以色列人得以安享八十年的和平。

伊磯倫 *Eglon*
希伯來語「如同犢牛」

連劍柄都陷入肥胖的肚腩

伊磯倫是西元前十二世紀左右居住於死海東方的摩押王，見以色列衰落，就趁機帶兵攻打迦南，在耶利哥城建築王宮，統治了以色列十八年。

他是個異常肥胖又過於自信的人，相信任何事都能按照自己的意思進行。便雅憫族的英雄以笏率領使節入宮進貢時，他也小看了以笏的力量，依言讓側近護衛都退下，結果在王宮頂層的房間就只剩他和以笏獨處；但這個決定是個致命的錯誤。以笏說：「我奉神的命報告你一件事。」伊磯倫就從座位上站起來，這時以笏拔出所藏的劍來，刺入他圓滾滾的肥肚腩，因為肚腩實在太大，以笏刺下的劍被肥肉夾住，連劍柄都深陷進去而拔不出來了。就這樣結束了摩押人統治以色列的日子，匆忙逃命的摩押人也被以笏的軍隊一網打盡。

底波拉 Deborah

唯一的女士師

底波拉是西元前十二世紀左右以色列的士師，也是一位女先知。從記載中可以約略推測出，她可能出身於以色列北部以薩迦族，恐怕並不屬於什麼顯赫的家族。但她是個很有見識的聰明女人，神看中她的能力而揀選她作士師，領導以色列人。

正在這個時期，以色列北部地區已經被迦南王耶賓統治了二十年，人民陷入苦難之中，受神召喚的底波拉於是挺身抵抗。她先以拿弗他利族的巴拉為指揮官，動員了一萬名拿弗他利人和西布倫人，命令他們和迦南的將軍西西拉作戰。但因為迦南軍是擁有眾多戰車的強大軍隊，以色列卻只有步兵，所以巴拉相當不安，便要求底波拉也跟軍隊同行，否則他就不肯去。底波拉當然也是同樣的打算，就跟巴拉一同出發了。這次戰役底波拉打敗了迦南軍，為以色列帶來了和平。

巴拉 Barak

閃電般迅速出擊

巴拉是住在以色列北部的拿弗他利族司令官，迦南王耶賓統治了以色列北部二十年，耶賓麾下的將軍西西拉率領的強大部隊擁有九百輛戰車，巴拉卻僅以步兵戰勝了強敵。

但巴拉並非有勇無謀的武將，他知道局勢對自己不利，所以行事特別謹慎。當時以色列的士師女先知底波拉要他帶一萬名以色列兵作戰，他知道僅憑一己之力很難取勝強敵，便要求底波拉給他援助。到了戰場以後，他見到包括九百輛戰車在內的敵軍聚集在基順河周邊平地，明白只有靠奇襲作戰才能取勝。剛好這時有神力相助，天降大雨使河水氾濫。巴拉見機不可失，立即率領以色列北部聯軍的步兵一口氣衝下他泊山，這次奇襲作戰讓敵方亂了陣腳，馬匹和戰車都陷入泥濘無法動彈，士兵只能下來徒步逃亡，巴拉的軍隊趁機追殺，一個活口都沒留下。

西西拉 *Sisera*

希伯來語「領導人」

倒楣的將軍

　　西西拉是西元前十二世紀左右統治以色列北部的迦南王耶賓麾下的將軍。但因為早在約書亞領導以色列人的時代，耶賓本人就已被殺害，所以實際上西西拉就算是王了。但他因為擁有強大軍隊、勢力雄厚而產生傲慢之心。

　　女士師底波拉和司令官巴拉率領以色列北部聯軍，為解放迦南之地而挺身作戰的時候，西西拉的信心也不曾動搖。他並未詳細考量戰局和具體戰略，召集了九百輛戰車和所有軍隊，都配置在視野良好的基順河周邊，看輕只有步兵的以色列人，認為對方只要看見這支軍隊所擺出的陣勢就會落荒而逃。不幸在這時候下起了傾盆大雨，使河水氾濫，戰車隊立即陷入泥沼、發揮不了作用。而以色列軍便趁勢一舉進攻，強大的迦南軍棄甲而逃，逐一被殺。西西拉本人雖然逃出，躲藏在基尼人希百之妻雅億的帳棚中，最後卻喪生於雅億之手。

雅億 *Jael*

希伯來語「野山羊」

用釘貫穿敗將

　　雅億是基尼人希百之妻。迦南將軍西西拉在對以色列之役中戰敗，逃入雅億的帳棚，卻被雅億所殺。

　　迦南王耶賓和基尼人希百家族的交情深厚，照理說，雅億應當會救助西西拉的，但她卻沒有這麼作。雅億是個心地善良的女性，對苦於迦南統治的以色列人一直抱持著同情。西西拉逃來，對雅億說口渴，雅億就給他喝奶，還用被子把他遮蓋住。西西拉認為雅億一定會保護他，就安心躲藏在被子下。但是雅億取了帳棚的釘子來，輕悄悄地靠近西西拉的被子，將釘子從他鬢邊釘進去。疲乏沉睡的西西拉毫無還手餘地，釘子就穿透他的頭、釘入地裡，西西拉就死了。追趕西西拉的以色列司令官巴拉來到時，雅億對他說：「你所尋找的人在這裡。」就將已死的西西拉交給他了。

基甸 *Gideon*
希伯來語「切砍者」

是天使就拿出證據來

基甸是西元前十二世紀左右的以色列士師，也被稱為「耶路巴力」（讓巴力自己來爭論）。出身於瑪拿西族當中也算最貧弱的小分支，但擁有優秀的軍事天份，是將以色列人從米甸人的侵占中解救出來的英雄人物。

米甸人是在沙漠中移動的遊牧民族，但這個時期以色列人已經開始農耕生活，每逢收穫的季節，慓悍的米甸軍團就騎乘駱駝來掠奪，這樣的情形持續了七年，神的使者來向基甸顯現，命令他和米甸人作戰。

基甸起初不肯相信神會將重任託付給弱小支族的一員，要求親眼見到能證明這真是神的命令的證據。他準備了小山羊和麵包等祭品，獻在使者面前，神使者伸出手中的杖，才碰到祭品，火就從磐石中燒出來，瞬間將祭品燃燒盡。基甸看了大為吃驚，才下定決心為以色列戰鬥。

約阿施 *Joash*
希伯來語「神所給」

讓神自己來爭

約阿施是以色列士師基甸的父親，他很信任自己的兒子，為了兒子不惜跟其他人作對，即使挨罵也不放棄信念。

西元前十二世紀左右，耶和華在以色列的權威衰退，大多數的人都信奉迦南神巴力，約阿施也不例外。但是他的兒子基甸是耶和華虔誠的信徒，受神的命令拆毀父親所建的神壇，砍倒女神亞舍拉的雕像。人們在城裡訪查破壞神壇的犯人，發現竟然是基甸，就逼迫約阿施交出兒子，要治他死刑。但是約阿施為救兒子捨棄了之前信仰的巴力神，反駁眾人說：「你們為巴力爭論嗎？你們要救巴力嗎？……巴力若是神，有人拆毀他的祭壇，讓他為自己來爭論。」因為約阿施在基甸破壞了巴力的祭壇時，說了「讓巴力之來與他爭論」的話，於是，基甸就得了「耶路巴力」（讓巴力自己來爭）的別名。

普拉 *Purah*

大麥圓餅撞倒帳棚

　　普拉是以色列士師基甸的僕人，基甸僅帶著三百名精銳部隊去跟多如繁星的米甸人作戰時，普拉也是其中一名優秀的士兵，而且對基甸忠心耿耿。

　　基甸士兵優秀的程度，可以從神給他們的特別試煉看得出來。基甸為了跟米甸人作戰，原先已準備了三萬以上的精兵，但聽從神的吩咐，將其中比較膽小懼怕的人送回，只留下一萬人。然後又帶他們來到水邊，在此將跪下喝水的人也剔除，只留下用手捧水喝的士兵三百人。普拉也是如此被精選出來的精兵之一，倆人曾隨著基甸單獨去探勘敵軍軍情，聽見一個米甸士兵對同伴說：「我夢見一個大麥圓餅滾入米甸陣營，把帳棚撞倒了。」基甸相信這是表示以色列軍勝利的徵兆，於是立即展開攻擊。

俄立 *Oreb*

　　　　　　　　　　　　　　　　　　　　希伯來語「烏」

謹慎的敵將

　　俄立是米甸的將軍，雖然率領龐大的部隊，卻是個膽小如鼠的人。

　　為了跟以色列軍作戰而來的米甸部隊中，還包含了來自東方的其他各民族，照理應該不可能敗給只有三百人的以色列軍隊。但是俄立將軍太不爭氣，大規模的部隊完全不聽他的指揮。基甸將三百人士兵分成三個小隊，深夜裡包圍駐紮在小丘上的敵軍陣營，突然吹起號角響徹雲霄，敵人驚慌亂竄，連謹慎的將軍俄立也不例外。因此全軍陣腳大亂、敵我不分地胡亂廝殺，米甸人發現事態嚴重，成群棄甲落荒而逃。基甸趕緊差遣使者去找以法蓮族人，請他們應戰，結果將軍俄立還是被捕而亡。

西巴 *Zebah*

希伯來語「犧牲」

安心得太早

　　西巴是米甸人的王。當時有兩個王跟隨著米甸的部隊行動，一個是撒慕拿，另一個就是西巴，兩個都是溫吞吞的樂天派人物。

　　米甸軍遭到以色列士師基甸率軍襲擊落荒而逃時，又遭以法蓮族追擊，損失了十二萬士兵。西巴等人率領剩餘的一萬五千名士兵渡河往東，一路逃到離死海東邊很遠的加各城，心想來到這麼遠應當已經很安全了，不但西巴放下心來休息，連筋疲力盡的一萬五千殘兵也都在營中鬆懈了心情。但是基甸軍卻沒停止追趕，當米甸軍都在輕鬆休息的時候，基甸軍到達加各城襲擊米甸軍陣營，殺光了米甸人，驚慌逃跑的西巴和撒慕拿也都隨即被捕身亡。

益帖 *Jether*

希伯來語「剩餘」

人的勇氣各不相同

　　以色列士師基甸的長男益帖，年輕而有點柔弱。

　　侵略以色列的米甸大軍被基甸擊敗之後，兩個米甸王西巴和撒慕拿也都被捕，並且遭質詢。質詢時才發覺西巴和撒慕拿殺了基甸的母親和兄弟，於是基甸決定殺死他們，為了表示殺死他們是為被他們所殺的族人償命，基甸就指名長子益帖來動手殺他們。但是益帖還太年輕，看見被綁的西巴和撒慕拿在他面前，害怕得全身顫抖，甚至不敢拔劍。不過父親基甸並未因此對益帖發怒。西巴和撒慕拿對他說：「既然你是個勇士，就自己動手來殺我們吧！」於是基甸自己站起來殺了西巴和撒慕拿。此後，直到基甸死亡為止，以色列維持了四十年的和平。

亞比米勒 *Abimelech*

希伯來語「王是我父」

「別讓人說我被婦人所殺」

　　以色列士師基甸有個不肖子亞比米勒。

　　亞比米勒的母親是示劍城出身的女性，士師基甸擁有多不勝數的側室，總共為他生了七十多個兒子，當時的以色列就是由這七十個兒子統治的。雖然人們請求士師基甸作王，但他一再拒絕，不但自己不稱王，他的子孫也不作王，所以統治以色列的兒子們也不是王。但是士師基甸死後，他的兒子亞比米勒開始想稱王，他先和示劍城的首長串通，僱用匪徒將七十個兄弟都殺死在同一塊磐石上，只有么弟約坦逃出。雖然這樣殘酷的殺戮行為讓他當上了示劍的王，但是他才統治示劍三年，首長們就群起叛變，示劍人迦勒領頭對抗他。戰鬥中，一個逃到塔樓上的婦女，從塔上投下石磨砸在他的腦門上，打碎勒亞比米勒的頭蓋骨。他在瀕死之際，對身邊的侍從說：「快拔劍殺了我吧！別讓人非議說我被婦女所殺。」亞比米勒就這樣死在侍從的劍下。

約坦 *Jotham*

希伯來語「耶和華是一切」

從山頂詛咒眼前的城

　　約坦是以色列士師基甸的么兒，是個友愛兄弟又極具正義感的人。

　　同父兄弟亞比米勒殺掉七十個兄弟時，約坦躲藏起來僥倖逃過一劫。當他聽說殘殺兄弟的亞比米勒作了示劍王時，立即登上展望全城的山頭，大聲對人們訴說：「示劍的首長們請聽我訴說，如此神才會傾聽你們。」然後他就用比喻來批判亞比米勒和立他為王的人們。士師基甸的兒子當中有很多優秀的人才，卻沒一個膽敢稱王，然而人們竟立最無能的亞比米勒為王。因此約坦預言：亞比米勒所犯的錯終將為示劍招致毀滅。說完之後，約坦就趕緊逃跑躲了起來。而他的預言就在三年後實現，亞比米勒為了鎮壓示劍城的叛亂屠殺了許多人民，自己最後卻被石磨砸碎頭骨而死。

迦勒 *Gaal*
🔸 希伯來語「忌諱」
狂妄自大，逞口舌之能

迦勒是帶頭叛亂對抗示劍王亞比米勒的人，膽小如鼠又不知天高地厚，卻以狂妄的口舌之能博取人氣。

以色列士師基甸的兒子亞比米勒殺死其他兄弟而作了示劍王，才過三年，亞比米勒和示劍首長之間的關係就變得非常惡劣。這時候站在反亞比米勒派陣頭的就是迦勒。他並沒有任何實力背景，卻以煽動的口氣大發豪語：「亞比米勒以為他是誰？我們示劍人為何要侍奉他？……如果大家肯託付給我，我就去除掉亞比米勒。」示劍的首長們聽了大為心喜，就附和他的想法。但示劍首長中有個親亞比米勒派的西布勒，亞比米勒聽了西布勒的密報隨即趁著夜色出動，帶隊襲擊示劍。迦勒雖逞口舌之快，卻沒有足夠的膽識與能力，遠遠見到亞比米勒一派的影子就已經風聲鶴唳、坐立難安，結果很快就敗下陣來，迦勒自己也先開溜逃走了。

西布勒 *Zebul*
🔸 希伯來語「訓練」
見風倒的牆頭草參謀

以色列人亞比米勒統治示劍的時候，西布勒是示劍的首長，卻毫無擔當，是個欺弱媚強、好高騖遠而不受歡迎的人物；但是頭腦靈活，有點小聰明。

雖然亞比米勒是個無能的王，官員西布勒卻樂意諂媚地為他工作。示劍的首長們獲得迦勒的幫助起而叛亂時，西布勒立即憤怒的派人去見亞比米勒，請他帶隊出擊，這時候西布勒利用他的小聰明，告訴亞比米勒要先埋伏起來，到黎明時分再進攻。已經想好了計策的西布勒若無其事的來到迦勒的陣營，等待亞比米勒整軍而來。即將破曉時，迦勒來到城門口，發現亞比米勒軍在暗中移動的身影，但鎮定的西布勒嘲笑他說：「那是山的影子，你太膽小才會見草木皆兵。」讓迦勒放鬆戒備，結果就輕易被亞比米勒打敗了。

耶弗他 *Jephthah*

希伯來語「神將開路」

即使自己的愛女也在所不惜

　　耶弗他是基列地方出身的以色列士師，領導以色列人和宿敵亞捫人作戰。

　　因為耶弗他是妓女所生，所以其他兄弟就疏遠他，從很年輕時就被驅逐離家，離鄉背井住在基尼烈湖東側地方，一些匪徒也都追隨他去，相當活躍的耶弗他就作了這些人的首領。過了不久，亞捫人來攻打以色列人，住在亞捫人土地附近的基列人不堪其擾，長老們就想要起用耶弗他。但是耶弗他沒有義務為當初驅逐自己的族人賣命，長老們只好誘之以利，答應他若能解救部落危機就讓他當領袖。因此耶弗他就率領部落的士兵和亞捫人作戰，最後終於獲勝。出征之前，他曾在神前起誓，若能戰勝，平安歸來的時候，就將最先從家門出來迎接他的人獻給神作燔祭。沒想到，當他戰勝歸來時，竟是自己的獨生女兒最先出來歡迎他。即使如此，他還是將心愛的女兒獻給神作祭品了。

參孫 *Samson*

希伯來語「太陽」

徒手擊倒獅子的神力

　　參孫是但族出身的以色列士師，領導以色列人和住在死海西方靠地中海沿岸的非利士人作戰。不過以色列其他士師都是率領眾人跟外敵作戰，而參孫卻是單打獨鬥，獨自殺死大量非利士人，與其說他是領袖，恐怕說他是野蠻人還更貼近他的形象。

　　參孫依神的意志和非利士女子結婚，婚禮前不久，他遭到獅子襲擊，卻能用神力徒手搏倒獅子。沒多久，一群蜜蜂在獅子屍體中築巢產蜜；於是參孫就出謎題給來岳家參加婚禮喜宴的非利士人，賭注是他們所穿的衣服。謎面是：「吃的從吃者出來，甜的從強者出來」。起初，非利士貴賓們猜不出謎語，後來他們讓參孫的妻子誆哄丈夫，套出了答案，就揭開謎底贏得賭注。參孫暴怒不已，以籌措所輸的衣服為藉口，襲擊非利士人的村落、虐殺人民。就這樣，參孫開始以瑣碎的小事為由，不斷殘殺非利士人。

瑪諾亞 *Manoah*

希伯來語「休息」、「休憩」

看見了神

　　以色列士師參孫的父親瑪諾亞，並非什麼偉大的人物，只是個敬神虔誠而有點膽小的人。

　　在參孫出生之前，瑪諾亞夫婦一直不孕，後來神的使者向他妻子顯現，告訴他因為她即將懷孕，所以不可吃不清潔的東西，也不可喝葡萄酒，將來生下的孩子也不可剃髮。瑪諾亞聽妻子訴說經過，就祈求神的使者再次顯現，神也隨即應了他的祈求，於是瑪諾亞準備羔羊和穀物放在岩石上獻祭給神，火焰就從岩石升起、直捲上天，神的使者也隨著火焰升天，瑪諾亞看了知道那的確是神的使者，恐懼得匍伏在地上顫抖，以為自己看見神就必死無疑。不過他的妻子比他聰明得多，安撫他說：「神既然收取了祭品，就斷無理由殺我們。」果然過了不久，參孫就出生了。

大利拉 *Delilah*

❦ 希伯來語「妖艷的女人」

力大無窮的祕密

大利拉是參孫的情人。大量屠殺非利士人的參孫，在當了以色列士師之後，還是經常到非利士人的居住之地遊玩，後來就在那裡遇見大利拉並愛上了她。也不知道是參孫的女人運不好，還是因為他喜愛妖艷女人的關係，大利拉也跟他的元配一樣背叛了他。非利士人的首領發現兩人之間的關係後，要求大利拉探出參孫力大無窮的祕密所在。大利拉就纏著參孫說：「你要是真的愛我，就告訴我你的祕密。」參孫起初有三次沒對她說出真話，但是她一直不斷執拗逼問，煩得他只好說出真話，告訴大利拉要是剃去頭髮他就會喪失力量。於是大利拉趁參孫熟睡之際，將他的頭髮剃去，非利士人前來捕捉他並剜去他的雙眼，放在非利士人的神殿當作人們的笑柄。但是不久，他的頭髮又逐漸生長，參孫求神再度賜給他力量，便用雙手推倒神殿的兩根柱子使神殿倒塌，最後許多非利士人都跟參孫一起被壓死了。

米迦 *Micah*

❦ 希伯來語「誰和耶和華同樣偉大？」

有得也有失

米迦是以法蓮族的男子。士師時代的以色列處於分裂狀態，各支派分別佔領土地，為擴張領土而戰互不相讓，換句話說就是權威衰退的時代，人民為善也為惡。米迦正是這個時代最典型的代表人物。

當時他住在以法蓮山地，信仰虔誠到在自己家設置神殿。某次他因盜取了母親十分重視的錢財而犯錯，見母親哀嘆就悔改認錯，將錢財還給母親。但是後來又用這筆銀錢鑄成偶像，犯了膜拜偶像的禁忌。之後來了一個利未族的旅人，米迦支付薪水給他，僱用他作祭司。就這樣，米迦的生活中一方面有其虔誠的一面，另一方面又在無意中犯下罪行。但是有一天，為尋求土地而四處流浪的但族人來到當地，看見米迦的神殿，就將他的雕像、鑄像，甚至連利未族的祭司都搶奪去了，米迦因此瞬間喪失了所有財產。這樣的事情在士師時代到處都時常發生。

路得 *Ruth*

希伯來語「被愛」

撿拾麥穗的未亡人

　　摩押人路得，是以色列最偉大的大衛王的曾祖母。她的性格忠貞不二，丈夫死後也始終不離不棄地一直獻身照顧婆婆。

　　士師時代，因為遭遇饑饉，以色列猶大支派的男子以利米勒，帶著妻子和兩個兒子逃到摩押人的土地居住。以利米勒死後，兩個兒子分別娶了當地女子俄珥巴、路得為妻。大約十年之後，兒子們也去世，剩下母親拿俄米，她打算把兩個媳婦送回娘家，自己回老家伯利恆去。這時候俄珥巴聽從婆婆的話回娘家去了，但是路得卻不願意捨棄年老的婆婆，就跟隨拿俄米離鄉背井來到伯利恆。身在外地的生活並不輕鬆，路得只好在別人的土地上撿拾掉落的麥穗來貼補家計。那土地的地主剛好是公公以利米勒的富有親戚──波阿斯。他看見如此賢德的路得，不禁喜歡上她，不久兩人就結婚了。

拿俄米 *Naomi*

希伯來語「愉快」

為了媳婦的幸福，勸她再嫁

　　拿俄米是路得的婆婆，是個溫柔體貼的女性，即使生活困苦也不斷為路得設想。

　　原先住在摩押地的拿俄米，在當地失去了丈夫和兩個兒子，只剩下她和兩個媳婦。拿俄米覺得兩個年輕的媳婦還能再改嫁，就讓她們回娘家去。但是其中一個媳婦路得不肯聽從，不捨地抱著拿俄米哭泣，她只好帶著路得回到自己的故鄉伯利恆。回到伯利恆後，也一直靠路得照顧她的生活，拿俄米還整天在為路得將來的幸福著想。某天，她發現路得拾取麥穗的廣大土地的地主，正是亡夫以利米勒殷實的親戚波阿斯。拿俄米隨即認定波阿斯是路得再婚最適當的人選，就幫路得穿著打扮，讓她半夜潛入波阿斯寢室內。古代以色列的法律規定，丈夫死亡之後，其近親可以接收未亡人。波阿斯發現路得來到寢室時有點吃驚，但聽了事情的來龍去脈之後也很感動，就決定跟她結婚。

波阿斯 *Boaz*

希伯來語「力量」

多留些麥穗

　　波阿斯是路得的第二任丈夫，也是以色列民族英雄大衛的曾祖父。他是住在伯利恆的富裕地主，為人正派也很為他人著想。

　　從摩押之地來到伯利恆的路得，為了奉養婆婆而來到波阿斯的田地拾取麥穗，卻不知道波阿斯是夫家的親戚。心地善良的波阿斯看見路得，知道她是為了婆婆而來到異鄉討生活，非常讚賞她犧牲奉獻的情操，不但拿食物給她吃，也允許她日後隨時來自己的田地拾取麥穗，還吩咐割麥子的年輕人故意多留些麥穗下來讓她拾取。這是因為古代以色列的法律規定，麥穗掉落在地後就可任由貧窮的人拾取。波阿斯是路得婆家的近親，看上路得的人品，想要跟她結婚，路得心裡也願意。但是接收未亡人的責任屬於關係最近的親屬，波阿斯並不是最近的親戚。於是他請來關係最近的那位親屬，在當地長老們的見證下，正式從那人手中取得了跟路得結婚的權利。

撒母耳 *Samuel*

希伯來語「其名為神」

最後的士師

撒母耳是最後登場的以色列士師，他不像其他士師那樣具有強烈的軍隊指揮官性格，反而是作為先知的氣質比較濃厚。

西元前十一世紀前後，以色列人和非利士人不斷為了爭奪迦南之地而爭戰。撒母耳出生於這樣的亂世，很年輕就被神揀選為先知，領導了以色列人很長一段時期。撒母耳年邁後，接替他為以色列人下裁奪的兒子們都很不肖，因此長老希望撒母耳為他們擁立國王。但是帝王制度是尊崇國王的制度，違背了撒母耳的信仰中只有神最尊貴的思想，所以他的心境非常複雜。後來神給了他指示，他就依照神的指示立掃羅為王。如此便建立了以色列的王政時代，但即使掃羅坐上初代國王的寶座，對撒母耳仍要退讓三分。既然撒母耳如此擁有睥睨一切的權威，應該也具有寬宏大量的胸襟吧。然而，因為撒母耳耿直的個性，使得他和掃羅之間的愛恨情仇糾葛不清。

迦南之神——巴力

從以色列士師基甸破壞巴力神殿的故事中可以看出，巴力神時常以敵對的異教神角色出現在聖經中。

這裡出現的巴力神，對於以色列人或許算是異教的神祇，但對生活在迦南之地的人民而言，巴力神是自古以來就跟農耕生活密切相關的重要神明。

在迦南之地，夏天持續五個月的乾旱期中，穀物都無法生長。而冬季期間因為有雨水，穀物才得以成長茁壯。因此為了讓大麥小麥等穀物在二、三月時結穗，就得在前一年秋天播種。而巴力神便是保佑植物成長和家畜生產的男性神祇，他在植物成長茁壯的冬季回到地面，而在植物乾枯的夏天死亡落入冥界去，每年如此重複著。

依照迦南的神話，每當初夏颳起乾燥的熱風時，名為摩洛的死神就跟巴力戰鬥、殺死巴力，之後巴力的妻子安奈再去救回被困在冥界的巴力神。

以色列人原本是遊牧民族，侵入迦南之後逐漸開始過農耕生活，因此農耕神祇巴力神的信仰也深入以色列人心中，有些人甚至誤稱以色列的神耶和華為巴力。

以利加拿 *Elkanah*

希伯來語「神所賜」

一個丈夫勝過十個兒子

撒母耳的父親以利加拿，是個虔誠又溫柔體貼的男性。

以利加拿出身以法蓮族，有毗尼拿和哈拿兩個妻子，毗尼拿生了好幾個孩子，哈拿卻沒有子女。因為對於當時的女性而言，生育子女是很重要的任務，哈拿常為無法生育而黯然悲傷，具優越感的毗尼拿也常因此欺負她，哈拿就更加悲傷。以利加拿的家族每年都會去示羅城巡禮祭拜，祭拜時獻給神的祭品則依慣例分給每個家人，哈拿沒有子女，每次分到的就是一人份，因此每到巡禮的時候，哈拿就像觸及舊傷口般痛苦萬分、食不下嚥。但是以利加拿並不因沒有子女而看輕她，反而更用心撫慰她：「哈拿啊！妳為何哭泣、不吃飯、心裡愁悶呢？有我，不比十個兒子還好嗎？」如此體貼的以利加拿從不忘記地安慰著哈拿。

毗尼拿 *Peninnah*

希伯來語「珍珠」

子女多才有價值

毗尼拿是以利加拿的妻子之一，嫉妒心重且心地險惡。

以利加拿有兩個妻子，大概因為毗尼拿是二夫人、哈拿是第一夫人的緣故，所以毗尼拿對哈拿總是充滿敵意，覺得丈夫偏愛哈拿，因此非常嫉妒哈拿。而毗尼拿最大的武器就是自己生了兒子和女兒，而哈拿卻沒有子女，這點為她帶來了超乎尋常的優越感，一天到晚都找子女的話題去刺激哈拿。當時以利加拿的家族每年都會去示羅城巡禮，這正是欺壓哈拿的絕佳機會。在示羅城祭拜完後，通常會將祭品分給每個家人，沒有子女的哈拿，每次分到的就是一人份。毗尼拿便故意刺激她說：「哎呀，妳還是只有一人份啊！」每次總讓哈拿哭泣不已，食不下嚥，毗尼拿看她哭就更樂了。

哈拿 *Hannah*

「這孩子終生歸屬主」

哈拿是以色列士師撒母耳的母親，早期雖因誠實正直的個性而受苦，但最後終獲上帝眷顧。

丈夫以利加拿的另一個妻子毗尼拿生育了許多子女，而哈拿卻沒有子女，這一直是她最大的痛處。有一次，家族依慣例去示羅城巡禮，哈拿在此又因沒有子女而被毗尼拿欺負，痛苦得吃不下飯。於是哈拿下定決心，餐後到神殿前去向神祈禱：「主啊！請垂顧我的苦情，賜給我一個兒子，我必定讓他終生為主奉獻。」因為她不停地熱心祈禱而忘記了時間，大祭司以為她喝醉了，但是仔細聽她說明以後，就安慰她說：「妳放心回去吧！以色列的神一定會應允妳所求的。」後來神果然眷顧她，不久哈拿真的懷孕生了一個男嬰，就是撒母耳。哈拿並未忘記她與神的約定，嬰兒才剛斷奶，就把他帶去交給大祭司以利了。

何弗尼 *Hophni*

大祭司的笨兒子

何弗尼是示羅城大祭司以利的兒子。以利另外還有一個兒子非尼哈，這兩兄弟雖然都是祭司，卻心術不正、貪慾薰心。

當時人民常到神殿獻祭給神，祭品用的肉類或煮或烤，何弗尼等人卻命令僕人來取走這些肉拿給祭司。若獻祭的人說：「依規定，先燒脂油再分肉。」他們便說：「不要煮過的，要生的。」而動手搶走。祭司強搶獻給神的祭品，顯然是藐視神的行為。不僅如此，兩人還放蕩得時常跟妓女苟合。這些惡行傳到年邁的以利耳中，像以利如此正直老實的人，發現兒子竟然如此墮落的時候，簡直嚇得要暈過去了。煩惱的以利就不時地數落他們，但是墮落得不可救藥的何弗尼等人，把父親的教訓都當作耳邊風，還是一樣惡行惡狀。結果觸怒了神，終於滅絕了以利家族的後代。

以利 *Eli*

༄ 希伯來語「提升」

單是善良還不夠

　　示羅城神殿大祭司以利為人善良，但年邁體衰而力不從心，甚至因為放任何弗尼與非尼哈兩個兒子惡行的罪而被神所滅。

　　後來成為以色列士師的撒母耳，少年時期在神殿中工作長大。某天夜裡，神首次呼喚撒母耳，對他說：「我曾告訴以利，因他知道兒子作孽，自招咒詛，卻不禁止他們，故我必永遠降罰與他的家。」以利聽了撒母耳告知這事之後，雖然不免吃驚，卻仍冷靜地接受，他說：「這是出於神的話語，願他憑自己的意旨而行。」可以想見以利是個多麼虔敬的人。然而神終究還是實踐了他的諾言，後來以色列人與非利士人打仗，以利的兩個兒子都戰死，神的約櫃也被敵人擄走。以利聽到回報時非常震驚，從他的座位上往後跌倒，折斷頸項而死。

非尼哈 *Phinehas*

希伯來語「黑人」

神的約櫃被奪

　　非尼哈是示羅城大祭司以利的兒子，是個無可救藥的壞蛋，他和何弗尼兩兄弟身為祭司卻為非作歹，終於觸怒了神，兩兄弟和父親以利都因而喪命。

　　非利士人在示羅城西側佈陣向以色列人挑戰時，以色列人出兵野戰吃了敗仗，為了得神救助，便將耶和華的約櫃從示羅城抬到陣營來。神的約櫃到了營中，以色列眾人大聲歡呼，聽見歡聲雷動的非利士人只好更加捨身奮戰，結果又將以色列軍打得一敗塗地，甚至連約櫃都奪走了。身為祭司的何弗尼與非尼哈這時都在約櫃旁邊，因此也被非利士人所殺。傳令兵立刻跑回城報告戰敗的消息，當天就到達示羅城，在城門旁的座位上等待回報戰果的以利聽了消息之後，因為他實在是太虔誠了，一聽到神的約櫃被擄去，簡直比自己兒子被殺的消息更令他震驚，當場就從座位上跌下來摔死了。

以迦博 *Ichabod*

希伯來語「榮耀消失」

神的榮耀離開了

　　以迦博是示羅神殿大祭司以利的孫子，祭司非尼哈的兒子，在約櫃被非利士人奪走的屈辱事件發生時出生。他甚至因此不被自己的母親祝福，被取名以迦博，就是「神的榮耀離開了」的意思。

　　在與非利士人的戰爭中，祭司何弗尼與非尼哈雙雙身亡，神的約櫃也被擄去，這消息到達示羅城時，非尼哈懷有身孕的妻子即將臨盆，當她聽說丈夫、連公公都死了，震驚得開始陣痛，這時就生下了以迦博。在一旁幫忙接生的婦人們對她說：「不要怕！妳生了男孩了。」她卻因神的約櫃被擄去而絲毫不感到喜悅。她認為榮耀已經離開以色列了，在絕望之中為自己的兒子取名以迦博。但是出生就遭遇不幸的以迦博卻是以利家族中碩果僅存、唯一能延續血脈的男丁。

以利亞撒 *Eleazar*　希伯來語「神所救助」

約櫃帶來的災難

以利亞撒是住在基列・耶琳山丘上的以色列人。當時非利士人歸還給以色列人的約櫃，便是由以利亞撒負責看守，直到後來大衛王將約櫃迎回耶路撒冷之前都放在他家保管。

非利士人歸還約櫃是有原因的。奪取了神的約櫃之後，非利士人將約櫃送到亞實突，抬進他們的神廟中，放在大袞神的旁邊。但是奇怪的事情發生了，次日清早，亞實突人起來，見大袞神臉伏於地撲倒在約櫃前，就把大袞扶起放回原處。但次日清早起來，又見大袞同樣臉朝下撲倒在神的約櫃前，並且大袞的頭和兩手都在門檻上折斷，只剩下大袞的身體。不久之後，亞實突城內的人民全都陸續染上一種腫瘡的流行病。並且，神的約櫃在非利士之地的七個月間，不論放在哪個地方，都發生同樣的流行病，於是非利士人才決定將神的約櫃歸還給以色列人。

約珥 *Joel*　希伯來語「神是我主」

建立王朝的契機

先知撒母耳的長子約珥是以色列的士師。撒母耳另外還有一個兒子名叫亞比亞，兩個兒子都跟大祭司以利的兒子一樣不肖。

撒母耳在以色列巡迴作裁判（領袖）長期領導人民，當他年邁之後就立他兒子約珥和亞比亞作士師來審判人民。但兒子們一點都不像他偉大的父親，他們不但心地險惡、貪圖財利，在審判時，還收取賄賂而屈枉正直。因此以色列的長老都聚集到拉瑪來見撒母耳，請他像其他國家一樣，為大家立一個王來治理人民。撒母耳剛開始並不贊成，因為以色列地位最高的王應該是耶和華，建立王政會降低真神的地位，他甚至對人民說：「你們會因自己所立的王而哭泣。」但是人們還是強烈企求國王，於是撒母耳才將這些話向神報告，結果神竟允許人們擁立國王，於是就立了掃羅作以色列最初的國王。

基士 *Kish*

☜ 希伯來語「弓」

王者即將來臨

　　基士是以色列初代國王掃羅的父親，不但是便雅憫族的勇士，也是擁有許多家畜的富裕財主，雖然住在鄉村，卻是個經驗老到的好人。

　　某天基士走丟了幾頭驢，這竟成了改變他兒子掃羅命運的開端。因為驢是很貴重的財產，他就吩咐兒子掃羅去尋找驢子。掃羅立即帶了一個僕人出發尋訪，但是找了許久都沒有找著，正在考慮要回去的時候，僕人提議：「聽說這附近城裡住著一位很靈驗的先知，我們不如去請他指示。」原來這位有名的先知就是以色列的領袖撒母耳，這時候神也已經指示撒母耳說：「不久之後，那個將作以色列之王的人就要來到這裡。」當掃羅來到時，神就明確地對他說：「看哪！這就是我對你所說的人，他必治理我的民。」於是，來尋訪撒母耳的掃羅，從此被捲入了完全沒預料到的命運漩渦之中。

掃羅 *Saul*

☜ 希伯來語「貸出」

多災多難的王位

　　便雅憫族人基士的兒子掃羅是以色列的初代國王，是個身材健壯、容貌俊美的好青年。被當時的以色列領袖撒母耳任命為初代國王，之後領導了以色列王國二十年，鞏固了王國的基礎，但是他自己的人生卻充滿苦難和不幸。

　　掃羅當上國王以後就接連征戰周圍的亞捫人、非利士人、亞瑪力人，雖然連戰皆捷，卻每每在戰時做了觸犯神的事，因此神和撒母耳都不再支持他。雖然掃羅身為國王，但撒母耳還是擁有絕對的權威，掃羅多次請求他原諒，但年邁的撒母耳非常頑固且易怒，完全不肯聽他的說辭。而且正當他開始失寵時，出現了一位名為大衛的有為青年，聲勢人望都在國王掃羅之上，使得掃羅猶如芒刺在背。因此在位的這段期間，掃羅一直夾在擁有絕對權威的撒母耳和後起之秀大衛之間，糾纏不清的恩怨讓他連一刻都不得安寧。

拿轄 *Nahash*

🌸 希伯來語「蛇」

初代王的勝利

　　拿轄是住在約旦河東側的亞捫人的王，是個傲慢又冷酷的人。

　　西元前十世紀左右，掃羅當上以色列的王，國家的軍備還非常薄弱。依照聖經的記載，非利士人獨占了製鐵的技術，以色列沒有懂得鍛鐵的工匠，即使要研磨斧頭鐮刀等農具，也都要倚賴非利士人。因此亞捫人認為要打敗以色列人應該很容易，傲慢的拿轄就帶領亞捫軍隊來包圍基列地方的雅比城，對他們說：「你們若由我剜出你們各人的右眼，以此凌辱以色列眾人，我就與你們立約。」雅比的長老請求拿轄給予七日寬限，拿轄答應後，他們就派人前往以色列全境去尋找救兵。其中一名使者被派到掃羅面前，掃羅聽說拿轄的蠻橫非常憤慨，就召集以色列全國的勇士去雅比擊敗了亞捫軍，這便是他坐上王位後所贏得的第一次勝仗。

亞甲 *Agag*

滅盡他們所擁有的一切？

　　亞瑪力人的根據地在巴勒斯坦南方的曠野，亞甲是他們的王。自古以來亞瑪力人就是以色列人的宿敵，在出埃及的時代就曾妨礙以色列人行進。

　　接連打敗亞捫人、非利士人之後，以色列王掃羅終於要和亞瑪力人決一死戰。而這次戰爭是由以色列人挑起的，因為先知撒母耳說神命令以色列人去打擊亞瑪力人，務必將他們全數殺死，並且滅盡他們所有的財物，但是戰勝的掃羅卻違背了神的指示，他生擒了亞瑪力王亞甲，也捨不得滅絕上好的家畜、財產。神為此大為憤怒，就此離棄他了。而撒母耳也很生氣，就令人把俘虜的亞瑪力王亞甲帶來，亞甲是個樂天派的人，還以為自己得救了，就歡歡喜喜的來到他面前。不料，撒母耳卻毫不猶豫地將亞甲殺死了。

第四章

大衛王、所羅門王國的時代

以色列統一王國的繁榮與內亂

大衛王、所羅門王國的時代

　　本章介紹的是：舊約聖經中《撒母耳記》、《列王紀》、《歷代志》中的一部分人物。最後的士師撒母耳立了掃羅為王之後，以色列就進入王朝制度的時代，但是初代國王掃羅很快就遭神離棄，這時候風光登場的，就是命中注定受神眷顧的英雄大衛。雖然他被掃羅敵視而不得不逃亡流竄於曠野中，但仍能在游擊戰之中不斷壯大勢力，最後終於成為猶大族的王，接著又稱王於全以色列，這時已是西元前十世紀左右。進入大衛王的時代之後，以色列王國更擴張勢力版圖，形成了史上最遼闊的領土。但從大衛王晚期開始，國內王族的內亂和叛亂層出不窮，王國的繁榮背後也潛藏著黑暗的陰影。本章所介紹的主要故事和人物如下：

●英雄大衛活躍

神揀選的英雄大衛被掃羅王認可的故事。
少年大衛登場……耶西、大衛／單挑巨人戰士……歌利亞、以利押

●大衛的游擊戰

大衛逃亡於曠野，在打游擊戰中不斷壯大勢力的故事。
大衛vs.掃羅王……米拉、米甲、約拿單、亞比該、亞比拿達
大衛vs.伊施波設……伊施波設、亞撒黑、亞比拿達

●大衛的王國

大衛建立的王國，以及其繁榮、內亂、叛亂的故事。
將約櫃搬入耶路撒冷……烏撒、俄別・以東
大衛王國的擴張……哈大底謝、朔法
大衛所犯唯一的罪……拔示巴、烏利亞
押沙龍之亂……暗嫩、她瑪、押沙龍、撒督、亞希多弗
示巴叛亂……示巴、亞瑪撒

●所羅門王國

在大衛死後繼承王位的所羅門王的故事。
大衛的繼承人之爭……亞多尼雅、比拿雅
所羅門王的繁榮……所羅門、戶蘭

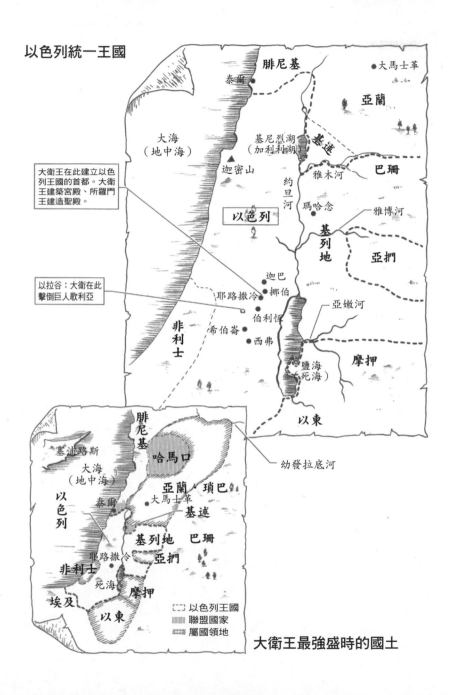

以色列統一王國

腓尼基

大馬士革

亞蘭

泰爾

大海
（地中海）

基尼烈湖
（加利利湖）

基述

雅木河

巴珊

迦密山

約旦河

瑪哈念

雅博河

以色列

大衛王在此建立以色列王國的首都。大衛王建築宮殿、所羅門王建造聖殿。

基列地

亞捫

迦巴
挪伯

耶路撒冷

亞嫩河

以拉谷：大衛在此擊倒巨人歌利亞

伯利恆

希伯崙
西弗

鹽海
（死海）

摩押

非利士

以東

幼發拉底河

腓尼基

塞浦路斯

大海
（地中海）

哈馬口

亞蘭 瑣巴

大馬士革

基述

泰爾

以色列

基列地
亞捫

巴珊

耶路撒冷

非利士

死海

摩押

埃及

以東

▢▢ 以色列王國
▨▨ 聯盟國家
▨▨ 屬國領地

大衛王最強盛時的國土

大衛 David

容貌俊美的牧羊少年

猶大族出身的大衛，後來成為以色列第二代國王。擁有卓越的軍事政治才能，在他做國王任內，將以色列領土擴張到空前的極限疆界。

他長得眉清目秀、容貌俊美，少年時代原本只是個牧羊人，某天以色列領袖撒母耳來訪，為他塗抹油膏但是並未說明其中的涵義，大衛也一點都沒料想過自己會被立為王。聖經中記載了兩件他為掃羅王做的事，其中一件是：被神離棄的掃羅受惡魔騷擾時，吩咐臣僕找一個善於彈琴的來用音樂安慰他，於是選出了豎琴名手大衛；另一件是大衛擊倒了非利士的巨人歌利亞，受到了掃羅王的讚賞。

後來大衛在掃羅王的軍隊中立下許多戰功，但因為人民逐漸將他視為英雄，尊敬大衛更甚過掃羅王，因此招致國王的妒恨，大衛只好流亡在外地，邊走邊戰跟國王的部隊打游擊戰。大衛的勢力在這段期間內不斷茁壯，掃羅王死後，他先做了猶大族的王，接著又成為全以色列的王。

耶西 Jesse

還有一個兒子！

以色列第二代國王大衛的父親耶西，是伯利恆具有長老地位的人物，也是個疼愛子女的慈祥父親。

當時因為初代王掃羅屢次背離神的旨意，神便吩咐領袖撒母耳從耶西的兒子中找一個人取代掃羅來做新國王。於是撒母耳來尋訪耶西，偉大的領袖親自來訪，讓耶西緊張得戰戰兢兢，只能聽從撒母耳的指示，和兒子們沐浴淨身之後來一同用餐。在餐桌上撒母耳注意觀察到底誰才是神中意的人選，但是在場的七個兒子沒一個中選，困惑的撒母耳才得知耶西還有一個么兒正在放羊，於是吩咐耶西去叫他來。那個兒子就是大衛，大衛一到，神立刻告訴撒母耳：「就是這個人！」撒母耳就用油膏塗抹大衛為他祝福。

歌利亞 *Goliath*

無敵的巨人戰士

　　歌利亞是非利士軍中的巨人戰士，外表看起來凶惡駭人，身高三公尺、身穿重達六十公斤的鎧甲，所持銅戟的槍桿粗如織布的機軸、鐵製槍頭更重達七公斤，跟他單挑的人就是後來成為以色列國王的大衛。

　　大衛還是少年的時候，以色列人跟非利士人交戰。大衛的三個哥哥被召集入伍征戰，大衛的父親派他送慰勞品去給出征的哥哥們，他就前往以拉谷的戰場。大衛到了戰場看見非利士人派出歌利亞來叫陣，要跟以色列士兵單挑，於是就自告奮勇要出去應戰。要是能戰勝巨人歌利亞，就能贏得大量獎賞，並能迎娶國王的女兒，這樣的條件很有吸引力。但是掃羅王看見大衛如此年輕，不太相信他有能力戰勝巨人，大衛卻以曾擊倒獅子和熊的事蹟來證明自己的能力。於是大衛只拿了手杖、五塊石子、甩石的機弦，就上前去向巨人挑戰，歌利亞看見大衛這麼年輕就藐視他，可是大衛很快就用石子打碎歌利亞的頭而取得勝利。此時掃羅王也不得不承認他的功績。

以利押 *Eliab*

希伯來語「神是我父」

不許小弟大衛強出頭

　　英雄大衛的長兄以利押，相貌堂堂、身材高大，在兄弟當中相當突出。當以色列領袖撒母耳要在耶西的兒子中挑選君王候選人的時候，也被以利押的外貌所惑，以為他一定是神要揀選的人了。但是以利押卻沒有做國王的命，因為他的個性過於武斷，而且有點傲慢。

　　當以色列人跟非利士人在以拉谷的戰場上對峙，非利士軍派出巨人歌利亞出來單挑時，為出征的兄弟送慰勞品來的大衛，見了單挑叫陣的場面，很有興趣的詢問以色列士兵原委。大哥以利押聽見就發怒，責備他說：「你來這裡做什麼呢？在曠野的那幾隻羊，你交託誰了呢？我知道你的驕傲和你的野心，你只是專程來看爭戰的。」但是可能以利押本來就沒什麼威嚴，大衛根本不理會他所說的話。

大衛使用的甩石機弦

　　大衛所用的甩石機弦是以色列人愛用的武器，構造極為簡單，是用皮或者碎布連接兩條繩索做成的，把石子放在中間的皮墊中，一手握緊繩索兩端甩動旋轉，賦予充分的離心力後，放掉其中一條繩索機弦讓石子飛出去，只要運用純熟就能變成強力的武器。

米拉 *Merab*

😊 希伯來語「增加」

父親主導的婚事

　　以色列初代王掃羅和妻子亞希暖之間的長女米拉，是個從小被細心呵護長大的公主，也是個不知世間疾苦的溫馴女子。

　　大衛擊倒非利士巨人歌利亞之後，掃羅王就收他做麾下戰士，之後出征連戰皆捷，被任命為戰士長後再度戰勝榮歸，城內的婦女歌唱讚美他說：「掃羅殺死千千、大衛殺死萬萬。」掃羅王聽了非常嫉妒，就想殺害大衛，派他領兵進入最危險的戰地，要藉非利士人的手害他。於是掃羅對大衛說：「你若戰勝非利士人，就將大女兒米拉給你為妻。」但大衛委婉地拒絕說：「我出身寒微，豈敢作王的女婿呢？」於是米拉公主就沒有嫁給大衛，反而毫無異議地順從父親的安排，嫁給了米何拉人亞得列為妻。

米甲 *Michal*

😊 希伯來語「誰如同神一般？」

化解大衛生死危機的妻子

　　米甲是掃羅王的次女，是個積極敢愛的女性，偶爾有點情緒化。

　　雖然姊姊米拉不愛英雄大衛，米甲卻很早就愛上大衛，掃羅利用米拉為餌的計畫失敗後，得知米甲的心意，就打算以米甲為餌來殺害大衛。大衛認為做王的女婿需要龐大的聘金，所以仍然拒絕這樁婚事，但掃羅王說只要一百張非利士人的陽皮（包皮）做聘禮即可。大衛就立即帶兵出擊，殺了兩百名非利士人並將陽皮帶回來，於是娶了米甲為妻。本來就很愛大衛的米甲，婚後得知父親的策略、適時救了大衛一命。當時掃羅對大衛的敵意已經到了無法容忍的地步，終於命令家臣去殺害大衛。米甲知道後就用雕像放在床上偽裝成大衛，幫他趁黑夜順利逃離掃羅的掌握。但大衛逃走後，留下的米甲卻被迫跟別的男人結婚，一直要等到父親掃羅死後，才能回到大衛身邊。

約拿單 *Jonathan*

希伯來語「神賦予」

勝過女性的愛

約拿單是以色列初代國王掃羅的長子，弓箭技術非凡，為人處事各方面都優秀非凡。

掃羅做國王時，約拿單就已經是個傑出的戰士了，在父親剛登上王位後不久的非利士人之戰中，約拿單攻破了敵人配置在迦巴的守備隊陣營，並且還趁著黑夜帶領一名隨從突襲敵營，殺了二十名敵兵，讓敵營陷入恐慌混亂。從這方面來看，約拿單的確是繼承王位的最佳人選。但是遇見大衛，完全改變了他的命運。打倒巨人戰士歌利亞的大衛在跟掃羅說話的那一刻，約拿單感覺到一般無法比擬的強烈友情，讓他寧可冒著違逆父親的風險去幫助大衛。當時掃羅王因為嚴重的被害妄想而對大衛心懷殺機，約拿單夾在父親和朋友之間左右為難，但是他決不肯出賣大衛，反而幫助大衛逃亡。還因為反對殺死大衛而觸怒父親，差點被盛怒的掃羅投槍刺中。大衛也深愛約拿單，後來聽說約拿單的死訊，大衛甚至因而悲哀禁食。

亞希米勒 *Ahimelech*

希伯來語「神是我兄弟」

給予聖餅

挪伯城的祭司亞希米勒，是虔誠老實的祭司。

大衛被以色列國王掃羅追殺時，逃出城後單槍匹馬來到挪伯城的祭司亞希米勒面前。雖然亞希米勒懷疑大衛是不是擅自行動，但仍聽信他身負國王密令的說法，就將神前的聖餅拿給空腹的大衛。而且因為大衛匆促中沒把自己的武器帶在身邊，亞希米勒還將被大衛打倒的巨人歌利亞的刀劍交給他。

雖然亞希米勒是因為相信大衛是國王忠誠的近衛長而幫助他，但很不幸的，這天剛好掃羅的一個臣子多益也在神殿前，他向國王密告此事，使得後來盛怒的掃羅不僅殺了亞希米勒，還連挪伯城所有人民全都趕盡殺絕了。亞希米勒雖然辯稱：「幫助國王所重用的家臣是理所當然的行為。」但是陷入歇斯底里的掃羅的行為已經無法以常理衡量，當時除了亞希米勒之外，還有八十五名祭司也全都被殺盡。

多益 Doeg

叫異教徒來殺祭司

以東人多益是以色列初代王掃羅的家臣，外表就是一副胡作非為的惡棍模樣，不但無血無淚、冷酷無情，而且渾身橫肉。

多益是個異教徒，連裝模作樣敬神的態度都沒有，當逃亡的大衛來到挪伯城找祭司亞希米勒時，多益不知為何也在神殿上，並且目擊了兩人的對話。他馬上就回去向國王報告說他看見了大衛，還混淆是非說：「亞希米勒為他求問神旨、又給他食物，並給他非利士人歌利亞的刀劍。」掃羅聽了非常憤怒，不僅逮捕了亞希米勒，也捕捉了挪伯城所有的祭司，完全不肯聽他們的解釋而直接宣判死刑。即使如此，因為對象是祭司，掃羅王的家臣都不肯動手去殺。不過因為多益是異教徒，王就吩咐多益去殺祭司。多益毫不猶豫地就將祭司們殺盡，那天依掃羅命令所殺的祭司總共有八十五人。

亞比亞他 Abiathar

最後的大敗筆

亞比亞他是挪伯城祭司亞希米勒的兒子。當掃羅王的家臣殺盡挪伯城的八十五名祭司時，亞比亞他奇蹟似的躲過了大劫難。後來去投靠大衛，認真勤懇的亞比亞他就成為祭司忠實地為大衛服務。

對於挪伯城的祭司被殺這件事，大衛也感覺自己責任重大，所以也不拒絕亞比亞他，體貼地歡迎他來，並讓他一直待在自己身邊。這時候，逃離掃羅王的大衛身邊，除了亞比亞他之外，還聚集了很多志同道合的人，大衛後來當上以色列之王，就任命亞比亞他做祭司長。亞比亞忠心耿耿地服侍了大衛一輩子，幾乎可說毫無缺失。但當大衛年邁時發生王位繼承人的問題，亞比亞他的決定卻讓他一敗塗地。因為亞比亞他擁立大衛的兒子當中比較年長的亞多尼雅，而和大衛所選立的所羅門王為敵，結果，亞比亞他就因此被逐離首都耶路撒冷。

拿八 Nabal

希伯來語「頑愚的人」

驚恐得僵硬如石

拿八是個擁有三千匹綿羊和一千匹山羊的富裕男人，為人剛愎兇惡，因觸怒神而死。

被迫逃離以色列王掃羅的大衛，輾轉流亡在死海西方時來到迦密，拿八正在那裡工作。大衛雖是流亡之身，但也以首領的身分率領了六百名士兵，要養活這些跟從他的大軍隊可不是件容易的事情，所以大衛可能是在各地徵收類似「保護費」的糧草來維持。當他來到迦密時，也同樣請求拿八提供糧食，對於認為這一帶地區都是自己勢力範圍的大衛來說，這是個理所當然的要求。但是拿八不但拒絕他的請求，更因他的來歷不明而奚落他。大衛聽了氣得立即帶著四百名士兵出發，準備去攻打拿八。拿八的妻子亞比該發現事態嚴重，急忙帶著大量糧食送去給大衛，及時化解了爭端。但是事後知道這件事的拿八，竟然驚恐得魂不附體，身體僵硬如石而死。

亞比該 Abigail

希伯來語「我父喜悅」

天生的政治家

亞比該原是住在迦密的富人拿八的妻子，拿八死後成了大衛的妻子，不但賢慧又兼具果敢的行動力，是個獨立自主的女性。

請求拿八提供糧草而被拒絕的大衛，帶兵準備攻打拿八時，亞比該從拿八的僕人口中得知此事，就當機立斷，獨自帶著大批糧食送去給大衛。這個果敢的行動及時救了拿八家族，逃過被大衛攻擊的危機。雖然如此，亞比該其實並不愛拿八，帶著禮物去見大衛的時候，甚至在大衛面前數落丈夫為人愚頑。亞比該回家之後想對丈夫報告事情的來龍去脈，但那天拿八在家裡設擺筵席喝得酩酊大醉，她就等到次日早晨，拿八酒醒之後，才將這些事都告訴他。拿八發現自己差點害全家被大衛消滅，嚇得魂不附體，全身僵硬如石而死。大衛聽說拿八的死訊，就迎娶亞比該為妻。由於拿八家是當地望族，這椿婚事也為大衛帶來了很大的助力。

亞比篩 *Abishai*   ✤ 希伯來語「我父是耶西」

槍和水瓶的意義

　　英雄大衛的妹妹洗魯雅有個血氣方剛的兒子名為亞比篩，是個忠誠的士兵。

　　大衛剛迎娶亞比該後不久，以色列王掃羅探聽到大衛藏身於西弗曠野，就率領三千精銳部隊去追剿。大衛也派斥候去探查敵軍的陣營，找到了掃羅和他的司令官押尼珥的帳棚。大衛問身邊的部下：「誰同我下到掃羅營裡？」亞比篩立即表示願意跟他一同下去。於是，大衛和亞比篩就趁夜潛入敵營，進入掃羅的帳棚。見掃羅在睡，亞比篩要求大衛讓他當場殺死掃羅，但大衛不願意動手殺神所選的國王。於是他們拿了掃羅的槍和水瓶以後，就離開敵營回到自己的陣地，出示證據向對方叫陣，證明自己對掃羅並無惡意，為何掃羅非要追殺自己不可呢？掃羅聽了，雖然當場心動萌生悔意，但過了一段時間之後又開始敵視大衛。

亞吉 *Achish*   ✤ 古印歐語「王給予」

藏身於敵人腹地

　　亞吉是居住在迦特地區的非利士人的王。

　　被掃羅追剿的大衛心想：這樣下去終有一日會死在掃羅手裡，於是帶領六百名士兵以及家人們，去投奔跟以色列人敵對的非利士王亞吉。亞吉接納大衛的理由已無從得知，大概是因為大衛的軍隊驍勇善戰而希望能攏絡他們吧！但是即使依附在亞吉之下，大衛也不曾跟以色列民族敵對。為了獲取亞吉的信任，他謊稱略奪了基述人、基色人、亞瑪力人之地，並將戰利品送給亞吉王。單純的亞吉王被蒙在鼓裡，就放心地完全信任大衛。但是非利士的武將們卻不輕易上當，不久後當非利士人跟以色列人發生戰爭時，他們就把大衛趕出了非利士人的地盤。其實這反而對大衛有利，因為他避免了在亞吉之下跟以色列人作戰的兩難局面。而且，掃羅王和他的兒子約拿單都在這次戰役中喪命，離大衛稱王的日子又更近了一步。

亞希暖 *Ahinoam*

希伯來語「兄弟都善良」

英雄的妻子

亞希暖是英雄大衛被以色列王掃羅追剿逃亡的過程中，所娶的妻子之一，大衛在跟亞比該結婚之前，已經先娶了亞希暖。她一路跟隨大衛流亡，行跡遍布死海西方的土地，是個吃苦耐勞的堅強女性。

亞希暖在大衛的妻子當中並不出眾，當大衛藏身非利士人地盤中時，亞希暖卻遭遇被亞瑪力人擄去的危機。原來亞瑪力人趁大衛和軍隊不在城裡，就率軍隊侵略他的城，還把城裡所有人都擄走了。回到城裡來的士兵們大聲哀嘆，甚至有人說要打死領袖大衛，大衛也很焦急苦惱。但是他下定決心率兵追擊亞瑪力人，途中有兩百人因為過於疲勞，就留在比梭溪畔，大衛仍帶著四百人繼續追趕，很快就追上了亞瑪力人的軍團，救回了所有被擄去的人，大衛的妻子亞希暖和亞比該也被救回。從危機中脫逃出來的亞希暖，直到大衛做猶大的王以後都還一直跟隨著他。

亞比拿答 *Abinadab*

希伯來語「高貴的父親」

投身刀劍上的王

亞比拿達是以色列王掃羅的兒子、約拿單的弟弟。掃羅王的兒子當中以長子約拿單最為活躍，弟弟亞比拿達則不太引人注目。但是，亞比拿達一直都跟隨著父王一同行動，戰役中遭非利士人追討，結果亞比拿達跟父王掃羅、兄長約拿單都被殺死。

掃羅王跟非利士人作戰時傷勢嚴重，就投身刀劍上自殺身亡，當時在他身邊的侍從看了，就拿取他的冠冕、鐲子，跑去跟大衛報信。侍從認為既然掃羅和約拿單都已死，大衛必定會稱王，為了邀功，便謊稱是自己刺死了掃羅王，而且是因為掃羅王不願落入敵人手中而吩咐他下手的。但是大衛卻認為無論有什麼理由，都不能容許任何人殺死神所選出的王，就把那侍從處死。雖然如此，掃羅的死也確實為大衛帶來了轉機。因為此後不久，大衛就來到希伯崙，被猶大族迎回做王了。

伊施波設 *Ishbosheth*

    希伯來語「可恥的人」

昏庸的傀儡君王

    伊施波設是掃羅的第四個兒子，在掃羅死後，以瑪哈念做據點而成為以色列的王。以色列十二支派之中，猶大族是以大衛為王，因此這時的以色列陷入了分裂狀態。但是伊施波設並無能力打開民族分裂的僵局，因為有掃羅王的元帥押尼珥扶持，他才得以繼承王位，說起來不過就是個傀儡政權。雖然如此，他卻有一股奇妙的正義感，當押尼珥跟掃羅的妃嬪利斯巴私通時，伊施波設竟然敢責備他。押尼珥自認伊施波設能登基做王都是他的功勞，因此對伊施波設的責備大為不滿，一氣之下就宣稱要轉而支持大衛。身為國王的伊施波設也實在沒什麼出息，竟噤口不敢再回押尼珥的話。因而遭到押尼珥離棄，政權立即搖搖欲墜，不久，伊施波設也被部下暗殺身亡。

押尼珥 *Abner*

❧ 希伯來語「父之光」

軍團最高權力者

押尼珥是以色列王掃羅麾下的總司令，也是掃羅軍中無人能出其右、手握實權的豪傑人物。掃羅王死後他擁立伊施波設為王，實際上卻是自己一手掌握著政治實權。個性成熟穩重，不過偶爾有點糊塗。

掃羅還在世的時候，大衛和他外甥亞比篩曾潛入掃羅王的帳棚中，當時押尼珥也睡在掃羅王旁邊，卻完全沒警覺到遭敵人潛入，而落得被大衛嘲笑的下場。但是，就連大衛也承認押尼珥是掃羅王麾下能力最高強的武將。此外他還是個光明磊落的君子，在跟大衛軍團作戰時，被當時還很年輕的亞撒黑追上，他還很誠懇地勸對方不要跟他動手以免平白犧牲。但是，在掃羅王死後，押尼珥卻跟掃羅的妃嬪利斯巴私通，因此而被伊施波設指摘，他一氣之下就離棄伊施波設，投入大衛麾下。因而威力大增的大衛，不久後就成了全以色列的王，但押尼珥卻被亞撒黑的兄弟約押暗殺身亡。

亞撒黑 *Asahel*

❧ 希伯來語「神所做」

何必苦苦追趕

亞撒黑是大衛的妹妹洗魯雅的兒子之一，司令官約押的兄弟。個性剛直、年輕氣盛卻不夠成熟，最後因為這耿直好強的個性而丟了性命。

以色列司令官押尼珥還在伊施波設王麾下的時候，以色列和大衛王所率領的猶大族之間起了紛爭。押尼珥提議雙方各派十二名年輕人代表作戰，猶大的司令官約押也同意了，於是兩軍各派戰士對打，卻打得難分難捨分不出高下，後來戰況愈演愈烈，以色列方面開始不支後退。這時猶大族的飛毛腿亞撒黑快如野鹿，一直對押尼珥窮追不捨。押尼珥看見追趕自己的青年是亞撒黑，就勸他別緊追自己去追擊其他年輕人。押尼珥當時已經是一名成熟的猛將，不願動手殺死血氣方剛的青年，但是亞撒黑仍然不聽勸告苦苦追趕，押尼珥原本只想用槍托部分碰撞亞撒黑的下腹教訓他，不料卻失手將亞撒黑的腹部刺穿，讓他當場死亡。

帕提 *Palti*

希伯來語「救出」

哭哭啼啼追著妻子

迦琳出身的帕提，又稱為帕鐵。大衛還在掃羅麾下的時候，娶了掃羅的女兒米甲為妻，但是大衛逃亡以後，掃羅就不承認這樁婚事，將大衛的妻子米甲嫁給了另一個男人，也就是帕提為妻。

能娶公主為妻的人，當然也有相當的身分地位，但帕提卻由衷地愛上了米甲。相對於帕提的真情，大衛卻把跟米甲的婚事，當作獲得王位繼承的手段，有點政治婚姻的意味。當以色列王伊施波設的司令官押尼珥，離棄伊施波設打算投效大衛時，大衛要求押尼珥將以前的妻子帶來歸還給他，如此全以色列就統一在大衛手下。大衛認為以米甲為妻即可為他帶來正當的名義，讓他名正言順地做全以色列的王，而押尼珥雖然是個紳士，卻放不下權力慾望，就聽從大衛的要求，將米甲從她丈夫帕提家帶走。打心底深深愛著米甲的帕提，捨不得離開妻子，哭哭啼啼地跟在後面，但終究是追不回米甲。

約押 *Joab*

希伯來語「神是他父親」

大衛麾下首席軍官也難逃被殺命運

約押是大衛軍中的司令官，後來做到全以色列軍最高的總司令，是大衛軍中首席勇將，雖然對大衛王非常忠誠，但是很難控制自己的情緒、很容易衝動。

猶大的大衛王跟以色列的伊施波設作戰時，約押經歷了悲慘的事件，疼愛的弟弟亞撒黑被以色列司令官押尼珥殺死了。後來押尼珥來投效大衛的時候，約押認定他只是在誆哄大衛，其實是來探聽大衛的虛實。因此約押就瞞著大衛去追回剛離開的押尼珥，並在城門旁邊暗殺了他。大衛聽了大吃一驚，雖然為押尼珥的死而悲嘆，卻沒處罰約押，一方面因為同情約押為弟復仇的心情，另一方面也因為約押在大衛軍中的地位舉足輕重。實際上，此後約押也一直忠心為大衛效力，並留下了輝煌的功績。但是在最後決定王位繼承人的時候，他支持的是大衛兒子當中最年長的亞多尼雅，因此而被後來實際繼承王位的所羅門憎惡，最後被所羅門王的近衛隊長比拿雅殺害。

利甲 *Rechab*　　　希伯來語「乘機而入」

部下背棄失德的王，自己下場又如何？

　　利甲是以色列王伊施波設的兩個軍長之一，另外一名軍長是利甲的兄弟巴拿，兩人都是專事燒殺擄掠、無惡不作的惡棍。

　　伊施波設政權下實力最強大的押尼珥被約押暗殺，消息傳到伊施波設統轄的國土，伊施波設王嚇得驚慌失措。遇到這樣的緊急狀況，如果是正直的部下，應該要設法幫助國王度過難關，但利甲和巴拿卻沒有這麼做，大概是認為繼續跟著這個王也沒有好處，竟然想到用國王的首級當見面禮去博取大衛王的信任，以便投入大衛門下。於是兩人就趁大家睡午覺之際，進入伊施波設的房子，假裝要取麥子而潛入國王臥房將他殺死，取走了他的首級。

　　一國之王竟然在如此輕易遭暗殺的地方毫無防備的睡午覺，實在是很奇怪的事情，顯然伊施波設眾叛親離的淒慘狀況已經很嚴重了。利甲和巴拿兩人連夜趕路，拿著伊施波設的首級走路到希伯崙見大衛王。但是大衛並不因此喜悅獎賞他們，反而砍斷他們的手腳，並將他們殺了。

希蘭 *Hiram*　　　希伯來語「我的兄弟被稱讚」

協助大衛興建耶路撒冷宮殿的港口

　　希蘭是西元前十世紀左右腓尼基人建立的港灣都市——泰爾的王，觀察時代動向的眼光非常敏銳，是個不可多得的優秀領袖。

　　大衛成了全以色列的王之後，周圍大部分國家都跟以色列敵對，唯有希蘭看出大衛的潛力，始終努力和他維持友好關係。大衛三十歲就稱霸全以色列，他首先進攻耶希斯人統治的耶路撒冷，以此地做為以色列首都。這時候泰爾王希蘭立即差遣使者，並且送來木匠、石匠，和黎巴嫩香柏木，協助大衛建造宮殿。泰爾是輸出黎巴嫩香柏木的重要港口，所以大衛也很重視希蘭。泰爾和以色列王國之間的友好關係，不僅大衛的時代，也一直維持到下一任國王所羅門王的時代。所羅門王在耶路撒冷興建的華麗神殿和豪華的宮室遠近馳名，這些神殿所使用的香柏木和黃金，也都是希蘭幫他調度來的。

烏撒　*Uzzah*

希伯來語「強壯」

誰都不能碰的約櫃

　　神的約櫃一直放置在亞比拿達的家裡，烏撒是亞比拿達家的長子，做事認真負責，卻因犯錯觸怒了無所不知的神而死。

　　雖然耶路撒冷已成為以色列的新首都，但因為長期以來都是其他民族居住，所以在宗教上仍是屬於異教的都市。大衛就計畫將至高無上的神的約櫃搬來耶路撒冷，將新首都變成神聖的宗教之都。於是大衛舉行祭典，召集三萬精銳部隊，將約櫃從亞比拿達的家裡搬運出來，這時負責趕牛車載運約櫃的就是烏撒和他的兄弟亞希約。亞希約在車前、烏撒在後。一行人順利走了不久，因為牛失前蹄傾斜，烏撒不假思索就伸手扶住神的約櫃，這當然不是故意的。但是不論理由為何，神聖的約櫃是不許任何人觸碰的。於是神降怒於烏撒，他就倒在神的約櫃旁死了。大衛也因而心生畏懼，暫時中止了將約櫃移往耶路撒冷的計畫。

俄別‧以東　*Obed Edom*

希伯來語「以東的下方」

迎神入首都耶路撒冷

　　俄別‧以東是住在耶路撒冷附近郊區的非利士人，雖然是異族人，卻很受大衛信賴。

　　負責搬運約櫃的烏撒因為前往耶路撒冷時發生意外，因此觸怒了神而死，使得運送約櫃的計畫也被迫中斷。大衛害怕跟約櫃同處，但是又不能再把約櫃搬回亞比拿達家，於是決定將約櫃暫置俄別‧以東的家中。大衛突然提出這樣的要求，俄別‧以東也感到很吃驚，畢竟他也害怕，萬一觸碰到約櫃就會因觸怒神而死。然而，神的本質還是慈悲的，所以暫時安置約櫃的俄別‧以東全家也就受到神的祝福，很快就變得富有了。後來這個消息傳到大衛耳中，他也就不再畏懼約櫃了。於是約櫃就這樣放置在俄別‧以東家三個月之後，才被搬進耶路撒冷。大衛為此大為歡喜，在神的約櫃前盡情跳舞。

哈大底謝 *Hadadezer*

         希伯來語「哈大來救助」

以色列史上最遼闊的國土

哈大底謝是亞蘭人的國家——瑣巴的王。在西元前十世紀左右的敍利亞、巴勒斯坦一帶，哈大底謝是勢力最大的王，也是大衛王最主要的勁敵。

大衛和哈大底謝在大致相同的時期擴張勢力範圍，也就注定了相互衝突的命運。稱霸全以色列而以耶路撒冷為首都的大衛王，先征服了非利士人和摩押人，接著就開始攻打亞蘭人。哈大底謝立即展開反擊，大馬士革的亞蘭人也派援軍來協助，但是仍不敵大衛，大馬士革兩萬兩千的亞蘭人軍隊被大衛殲滅，另外還有騎兵一千七百人、步兵兩萬人也被大衛俘虜，巨大的亞蘭帝國就此成為大衛王的屬地。此外，這次戰爭之後，大衛王又進攻位於死海南方的以東人，也大獲全勝，順理成章將全以東地也納入版圖。後來，又有統治哈馬的國王——陀以來跟大衛締結友好關係，使得大衛所管轄的以色列王國從幼發拉底河畔擴張到埃及國境的遼闊區域，建立了以色列有史以來最大的版圖。

朔法 *Shobach*

         希伯來語「擴大」

銳不可當的以色列王國

朔法是亞蘭人王國瑣巴軍的總司令官，是非常受哈大底謝王信賴的優秀軍人，對於瑣巴領土擴張到幼發拉底河方面貢獻良多。

當大衛率領的以色列和瑣巴之間發生戰爭時，哈大底謝王立即召來朔法，讓他在基尼烈湖東方的希蘭對抗大衛的軍隊。朔法是非常優秀的指揮官，帶軍擺下陣列迎擊以色列人，但大衛軍隊氣勢如虹，朔法的軍隊無法抵擋、敗下陣來。大衛軍在這次戰役中殺死了瑣巴的七百戰車兵和四萬騎兵，還逮捕了朔法，並且當場將他處死。因為其他亞蘭人的國家也都派援軍來協助瑣巴作戰，所以這次戰役在某種程度上是亞蘭聯軍對抗以色列，具有全面戰爭的意義。所以哈大底謝王的朔法戰敗，隸屬於哈大底謝王的亞蘭人就徹底承認敗北，從此隸屬於以色列的管轄之下。

哈嫩 *Hanun*

ちゃ 希伯來語「深切的慈悲」

父親是父親，我是我

哈嫩是亞捫人的王。亞捫人的國家從哈嫩的父王拿轄的時代開始，就因為敵視掃羅王而跟大衛維持友好關係。亞捫人向來都是跟以色列呈敵對的關係，但是大衛當時被以色列王掃羅追剿，因為有了掃羅這個共同的敵人而跟拿轄改善關係。可惜掃羅和拿轄相繼死亡，拿轄的兒子哈嫩認為友好關係已經喪失了意義。

拿轄死後由哈嫩繼位，大衛顧念拿轄和他之間的友情，就差遣使節前去表示悼念之意。但是哈嫩卻把大衛使節當作間諜處置，不但逮捕了使節將他們的鬍鬚剃去一半，又割斷他們下半截的衣服，打發他們回去，惹得大衛暴跳如雷。哈嫩趕緊要求周圍的亞蘭人提供士兵，總共召募了三萬多人來對抗大衛，但是大衛的部隊實在太強大，哈嫩的軍隊只能在陣前逃亡。

陀以 *Toi*

ちゃ 希伯來語「漂泊」

小國的求生術

陀以是西元前十世紀哈馬國的王，靠著其外交才能出類拔萃。

哈馬國在亞蘭人王國瑣巴的北側，是新赫人族系的王國，一直跟瑣巴處於敵對的關係，但是以小國哈馬的力量很難跟瑣巴抗衡。這時陀以聽說以色列的大衛消滅了瑣巴軍，便開始接近大衛王。只要大衛佔領了瑣巴，陀以的國家就會成為以色列的鄰國，以色列可說是個連瑣巴國都能征服的強國。於是陀以就派兒子約蘭去向大衛王問安，並帶了金銀器皿作為賀禮，慶祝他的勝利，這樣哈馬國就和平友好地成了以色列的屬國，兩國之間締結了幾近平等的友好同盟。而陀以贈送給大衛王的金屬禮物，在缺乏礦產的巴勒斯坦是非常貴重的資源，所以大衛收到後就跟其他戰爭所攫取的金屬一同妥善保管，後來在所羅門王建築神殿的時候就派上用場了。

以實比諾 *Ishbibenob*

恐怖的巨人士兵

以實比諾是非利士人軍中的巨人士兵，當大衛王的以色列和非利士人作戰的時候，非利士軍中有四個戰士讓以色列非常苦惱，其中一個就是以實比諾。

以實比諾是個勇猛果敢的巨人，手持異常沉重的銅槍，常發豪語說要殺死大衛王。幸而大衛軍中的亞比篩幫大衛打倒他，但也引起隨扈人員的警覺。在他們苦勸之下，大衛王起誓，說以後不再與士兵一同出戰以防萬一。而在這次戰役中，還有另一個巨人拉哈米也讓以色列軍難以應付，拉哈米是以前被大衛擊敗的巨人歌利亞的兄弟，跟歌利亞同樣揮舞著粗如織布機軸的槍杆。

此外，非利士軍中還有一個姓名不詳的勇士也非常恐怖，這個巨人手腳都有六指、總共有二十四個指頭。但是幸好這個巨人也被大衛的哥哥示米亞的兒子約拿單打倒，而非利士軍最後也被以色列給打敗。

約設巴設 *Jeshbaal*

三勇士大活躍

約設巴設是大衛王軍中貢獻最大的三勇士的首領，槍術之高明簡直是出神入化，某次出征，單槍匹馬就刺殺了八百名敵人。

除了約設巴設之外，三勇士成員還有朵多的兒子以利亞撒、亞基的兒子沙瑪。三人都活躍於對抗非利士的戰役。在見到非利士大軍就心生恐懼而敗逃的以色列軍當中，只有以利亞撒一人留在前線殺敵，一直戰到手黏住刀把，終於使以色列軍大獲全勝。沙瑪則是站在即將收成的紅豆田之間，獨自一人奮戰非利士人，守護了那塊田。

還有一次在跟非利士軍作戰時，大衛口渴想喝伯利恆城門旁井裡的水，但是非利士人就設營在伯利恆，於是，這三名勇士就團結闖過非利士人的營地去打水給大衛喝，就此成為三勇士的一大功績。不過，此時大衛卻為自己對三勇士如此過分的要求深加反省，於是不喝水，反而用這水來獻給神。

洗巴 *Ziba*
希伯來語「像」

隱藏在順從面具下的貪慾

洗巴是前任以色列王掃羅的僕人，表面謙恭有禮，其實內心險惡、唯利是圖。

英雄大衛在建立了龐大的王國之後，終於可以暫時停下來歇口氣。他想起之前的好友——掃羅王的兒子約拿單，覺得若掃羅家族還有倖存者，一定要好好厚待他們。於是大衛召喚以前服侍掃羅的僕人洗巴來問話，得知約拿單有一個瘸腿的兒子——米非波設還活著。於是大衛王立即派人去把他接回來，將掃羅的領地都歸還給他，並且賜給他與大衛王同席用餐的特權。然後又召來洗巴，命令他帶著全家族的人都住進米非波設的領地幫他耕種，並且將收成都歸於米非波設。洗巴雖然聽從了大衛的命令，但是內心卻又不服，後來大衛的兒子押沙龍謀反的時候，洗巴就去密告，謊稱米非波設也在叛黨之中，因而獲得主人米非波設所有的土地做為獎賞。

米非波設 *Mephibosheth*
希伯來語「與羞恥格鬥的人」

前王族中的倖存者

米非波設是大衛的好友約拿單的兒子，前代以色列王掃羅和約拿單死時候他才五歲，乳母聽見噩耗趕緊抱著他逃跑，因為跑得太急，把米非波設掉在地上，從此他的腿就瘸了。而且因為掃羅王一族幾乎全部被消滅，無依無靠的米非波設在大衛王的時代，只能卑屈謙遜地做人。

大衛在建立了龐大的以色列王國之後，覺得應該要厚待掃羅的遺族，於是接來唯一倖存的米非波設，將原先屬於掃羅王的領地都歸還給他，並且賜給他與大衛王同席進餐的特權。這時米非波設甚至極其謙卑地形容自己如同死狗。大衛之所以如此厚待米非波設，乃是因為某些人民對大衛消滅掃羅家族懷有疑念；另一方面，大衛也認為像米非波設這樣的人應該不會覬覦他的王位。事實上，米非波設也的確一直都謙卑地保持低調的態度。

拔示巴 *Bathsheba*

⚜ 希伯來語「誓言的女兒」

所羅門王的美麗母親

　　拔示巴是以色列王大衛的妻子之一，也是所羅門王貌美驚人的母親，是個會為了權力而利用自己美貌的女性。

　　拔示巴原是赫人烏利亞的妻子，但因以色列和亞捫人陷入戰爭狀態，丈夫烏利亞也隨軍出征去了。住在耶路撒冷的大衛，某天在王宮的平頂上散步時，看見一個容貌甚美的婦人在沐浴，這個讓大衛一見鍾情的女性就是拔示巴。其實她很可能早就知道大衛在平頂上散步，故意以沐浴來吸引大衛的目光。總之大衛陷入慾望不可自拔，明知道拔示巴已有丈夫，還是派人去帶她來同寢，讓她因此而懷孕了。此後大衛的作為就成了他一生中最大的污點，因為大衛用了奸險的伎倆，故意將拔示巴的丈夫烏利亞派到最危險的陣地，借敵人的手殺了他，然後將拔示巴變成自己的妻子。然而，這樣的行為觸怒了神，拔示巴和大衛私通時所懷的兒子在出生後不久就夭折了。

烏利亞 *Uriah*

希伯來語「耶和華是我的光」

把絆腳石送到最前線

赫人烏利亞是後來成為大衛的妻子拔示巴的前任丈夫，誠實虔敬而且老實正直。但是因為大衛擁有絕大的權力，他根本不是對手，後來就不幸被間接害死了。

烏利亞隨軍出征時，妻子拔示巴跟大衛私通而懷孕。這時大衛採取了不光明磊落的行動，他將出征中的烏利亞召回耶路撒冷，讓他休假，使他有機會回家陪拔示巴，以便將妻子懷有的身孕歸給他，雖然日期不完全符合，但還不算太離譜。豈知耿直老實的烏利亞，認為自己不應該趁同仁都在戰場上時獨自回家陪妻子同寢，就睡在宮中沒有回家。無技可施的大衛便寫信給司令官約押，命令他派烏利亞到最前線打仗，叫其他人退後只留下他一人，使他戰死。烏利亞就這樣因身處極險之敵陣中而戰死了。

迦南地區的原住民

無論是士師時代或者大衛王時代，以色列的領袖們都時常跟住在周圍的各原住民發生爭戰。聖經故事明明說這個世界所有的人都是亞當和夏娃的後代，為何地上除了以色列之外，還有其他民族的存在？

以色列民族經過漫長的苦難之後，終於有機會入侵迦南之地和周圍的區域。但這裡原本是非利士人、以東人、摩押人、亞捫人、亞瑪力人的土地。大衛建立了統一王國的鼎盛時期，這些人就屈服在以色列的統治之下。但是除了大衛時代，以色列跟其他民族一向就對立衝突不斷。乃因以色列人侵入他們的家園，其結果也是可以預料的。

在原住民當中，又以非利士人的敵對狀況最為嚴重。非利士民族據說是來自愛琴海上的島嶼，迦南之地通稱為巴勒斯坦的地名就是來自於非利士語，可見西元前十世紀之前他們在沿海地區的勢力之龐大。在摩西時代脫離埃及的以色列民族，需要繞很遠的路才能來到迦南之地，就是因為途中得避開非利士人的土地之故。以色列人和非利士人都在同一時期侵入迦南之地，因此兩方劇烈衝突不斷，始終站在敵對的立場。

拿單 *Nathan*

「那個人就是你！」

拿單是以色列王大衛宮廷中最受信賴的先知，而且是名副其實的偉大先知，可與其後登場的以利亞、以賽亞等人相提並論。

拿單得知大衛用卑鄙的手段殺了拔示巴的丈夫烏利亞一事，立即去見大衛，嚴詞斥責他。這時他先用比喻來曉諭大衛說：「城裡住著兩個人，一個是有許多牛羊的富戶、一個是只有一隻小母羔羊的窮人。某天一個客人來到這富戶家裡，富戶捨不得自己的牛羊，就取了那窮人的羔羊來招待客人。」大衛聽了很憤怒，對拿單說這富人該當死罪。於是拿單當場瞪目、盯著大衛答說：「那個人就是你啊！」大衛再也無法出聲辯駁，只能頹喪地承認自己的罪行。雖然如此，神卻沒降罪在大衛身上，而將死亡的責罰加諸於大衛和拔示巴私通所生的兒子身上，讓他在出生七天後就夭折了。

暗嫩 *Amnon*

安慰妹妹的人

暗嫩是以色列王大衛的長子，母親是亞希暖，暗嫩是個情緒激烈而任性的人。

當時雖然允許異母兄妹結婚，但出身高貴的女性在婚前得維持貞節。任性的暗嫩愛上美貌的異母妹妹──她瑪，就佯裝生病把她瑪叫來家中，當場強姦了她。然而，強姦完之後暗嫩竟立刻對她瑪失掉興趣，甚至劇烈憎恨她，隨即把她趕出家門去。當然，這樣的行為是任誰都不可能原諒的，她瑪的胞兄押沙龍也不例外。押沙龍雖然是暗嫩的異母兄弟，但是知道事情始末後就對他痛恨入骨。恨雖恨，卻為了保護妹妹而不敢四處聲張，只能在暗中伺機復仇。兩年後，押沙龍為剪羊毛而舉行慶典，請來了暗嫩和其他王子，讓部下在酒席上擊殺暗嫩。這次事件之後，大衛王家族內頻繁發生骨肉相殘的慘劇。據說也是因為大衛用計奪取拔示巴，犯了大罪而遭到報應的緣故。

她瑪　*Tamar*

被踐踏的「心」

　　她瑪是以色列王大衛和妻子瑪迦所生的女兒，容貌美麗而個性謹慎。

　　大衛王用卑劣的手段奪取拔示巴為妻之後不久，異母兄弟暗嫩謊稱患病而要求她瑪來探病，心地善良的她瑪就到暗嫩的家去，依暗嫩的請求做了心形的餅給他，但暗嫩卻不肯吃，叫身旁的僕人都退下以後就抓住她瑪，要跟她同寢。她瑪不肯，因為身分高貴的女性，結婚之前不能跟男人發生關係。但是暗嫩還是任性地玷辱了她。而且一強姦完就馬上心生憎恨，將她瑪趕了出去。她瑪傷心絕望地回家，同父母的哥哥押沙龍知道後懷恨在心，兩年後就藉機殺了暗嫩。而被奪走處女之身的她瑪遭到遺棄，在事情發生後已經無法嫁人，之後就終生住在哥哥押沙龍家裡。

約拿達　*Jonadab*

狡猾無情的聰明人

　　約拿達是大衛王的兄弟示米亞的兒子、暗嫩的朋友，頭腦靈活、敏銳的洞察力非常驚人，但是為人卻欠缺良知。

　　大衛王的長子暗嫩愛戀異母妹妹她瑪的時候，躺在床上裝病把她瑪叫來，其實正是朋友約拿達幫他想出的計策。暗嫩這樣的行為無論怎麼看都錯得離譜，但是約拿達只關心自己的伎倆是否成功，對於因此所帶來的後果卻毫不關心。這件事情發生後，過了兩年，她瑪的哥哥押沙龍終於能趁機為她報仇的時候，約拿達再度發揮了他過人的洞察力。押沙龍藉剪羊毛的慶典邀請所有王子來到以法蓮地方，在酒席上殺了暗嫩，不過其他的王子都平安無事。但是在王子們還在回耶路撒冷的路上，就有風聲傳到大衛王耳中，說所有王子都被押沙龍殺死了。這時候約拿達雖然不在事發現場，卻能斷言其實被殺的只有暗嫩，其他王子一定都還活著。

押沙龍 *Absalom*

因太優秀而犯錯

押沙龍是以色列王大衛的第三個兒子，被視為首都耶路撒冷中最俊美的男子，從頭到腳簡直找不出任何缺點。但是他自視甚高、容易情緒化，結果引起「押沙龍之亂」的造反事件。

在殺死強姦她瑪的暗嫩之後，他就離開大衛逃亡到基述去，事隔三年，獲得饒恕之後才得以回到耶路撒冷。過了不久，他就開始策畫謀反，因為他自認是繼承王位的最適當人選，但這時最受大衛王寵愛的所羅門已經誕生，事態的進展不如他的意。於是押沙龍準備戰車、軍馬，以及五十名近衛隊員，暗中攏絡以色列百姓的人心。隨後在四十歲那一年移居到希伯崙，在當地自立為王。大衛的最高參謀亞希多弗也來加入他的陣容，於是他的聲勢就更加浩大，民眾的支持也日漸增多。雖然如此，押沙龍只是暫時取得了天下，最後還是死於大衛軍的手中。

大衛的城市——耶路撒冷

大衛稱霸全以色列後選擇耶路撒冷做為首都，這是個被數座丘陵環繞的都市。雖然耶路撒冷本身也坐落在丘陵上，東、南、西三方都有深谷環繞，但東、西兩邊的丘陵更高，可以俯瞰耶路撒冷，因此若要選擇容易守護的要塞，耶路撒冷並不是最佳場所。若能被對方從周圍高處的丘陵俯瞰，戰爭的時候就會成為致命的弱點。

不過，除了這一點之外，耶路撒冷的確很適合做為首都。

第一，耶路撒冷位於東西、南北主要道路交會的交通要衝，便於發揮行政中心的功能；第二，在被大衛佔領之前，耶路撒冷就已經是周圍有堅固城牆的要塞都市，而且城牆邊還有「基訓之泉」，確保飲水不虞匱乏；第三，這點對大衛而言可能是最重要的優點。耶路撒冷原本是其他民族的城市，跟以色列的十二支派都沒有任何淵源。因為若將與某一支派有特別淵源的都市升格為首都，很可能因此造成各支派之間的摩擦。於是，睿智的大衛就選擇了跟以色列無關的耶布斯人的城市——耶路撒冷——作為首都。

以太 *Ittai*

◈ 希伯來語「與我同在」

願與王同生共死

　　以太是追隨大衛的迦特人的領袖，是個有恩必報、重義氣的人物。

　　王子押沙龍叛變的時候，大衛得知以色列人的心都歸向押沙龍，便立即帶著所有臣僕跟隨他逃離首都耶路撒冷。這時以太所率領的六百名迦特人，也在跟隨大衛的各少數民族之列。迦特人是非利士民族的一支，大衛以前曾依靠非利士人庇蔭，許多非利士人也因這層關係追隨大衛而來。但是無論如何，迦特人仍只是流亡在耶路撒冷的外邦人，大衛覺得沒必要讓他們為了自己而受苦，便說：「你們才來不久，不必與我們一同流浪。」便勸以太帶著族人回耶路撒冷去，但是以太卻說：「無論前途是生是死，王在哪裡，我們就跟去哪裡。」於是他們仍忠誠的跟著大衛王流亡，後來在跟押沙龍作戰時也十分活躍。

撒督 *Zadok*

◈ 希伯來語「公正的」

有兩種面貌的祭司

　　撒督是大衛的兩位祭司之一。從大衛移居耶路撒冷以來，就開始擔任他的祭司，是個忠實而精明能幹的人。

　　大衛王因為王子押沙龍叛變而逃離耶路撒冷的時候，撒督的才幹也沒遭到埋沒。大衛命令他留在耶路撒冷擔任間諜的工作。這時候祭司撒督原本打算帶著神的約櫃跟大衛逃亡，但是大衛認為押沙龍並不會對神的約櫃或神職人員下毒手，就命令他和其他祭司留在耶路撒冷守護神的約櫃。不過這只是表面上的理由，其實撒督真正的任務是留在耶路撒冷蒐集敵人的情報。後來，大衛將優秀的軍事戰略家戶篩送進耶路撒冷去擾亂押沙龍政權，撒督也私下跟戶篩暗通音訊，將情報送出城去給大衛。如此為大衛盡忠的撒督，到了所羅門王的時代就坐上大祭司的寶座。此後長達八個世紀的期間，祭司都是從撒督的家系中選出。

示每 *Shimei*

怎麼會這樣呢？

示每是掃羅王族出身，雖然掃羅王族都是在與非利士人的戰爭中滅亡的，但掃羅族出身的便雅憫人卻始終認為才是大衛滅了掃羅族的人，示每也是因此而怨恨大衛的便雅憫人之一。後來因為自己輕率浮躁的個性而吃盡苦頭。

大衛王因為王子押沙龍叛變而逃離耶路撒冷，當時示每住在巴戶琳附近，當他看見大衛一行人經過他家附近，就對著大衛咒罵：「快滾、快滾開去罷！你這流別人血的壞流氓。」對一直仇恨大衛的示每而言，總算是讓他出了一口怨氣。但是示每能夠得意的也只有這麼一次，後來押沙龍死亡，大衛再度回到耶路撒冷，示每又絲毫不顧廉恥地向大衛卑恭屈膝，請大衛別計較他過去的行為。大衛當時雖然礙於情面沒對他下手，但是年老將死的時候，在遺言中交代所羅門要殺示每來為他復仇，因此不久後示每就被殺了。

亞希多弗 *Ahithophel*

若是當時作戰策略成功

大衛王的最高參謀——亞希多弗，曾加入「押沙龍之亂」叛變，是個足智多謀，如同《三國志》中諸葛孔明般的大人物。無論對大衛或對押沙龍來說，他提議的計策總是如有神助般所向無敵，所以押沙龍在叛變之際，立刻就將他延攬到自己身邊。

大衛逃出首都耶路撒冷、押沙龍進城佔據之後，亞希多弗就接連不斷地獻出重要提案。當時，如果跟先王的女人同寢就意味著奪取王的地位，因此亞希多弗第一步就先勸押沙龍跟他父親所留下的嬪妃同床；而先王的女人就等於是父親的妻子，這樣一來就如同犯下大逆不道的罪名，但是他還是依照亞希多弗的提議做了。接下來，亞希多弗提議帶一萬兩千精銳部隊去突擊大衛王一行人，這也是非常高明的計策，只要能順利實現，押沙龍的王位就安穩無虞了。但是，受大衛王密令而來的軍事戰略家——戶篩從中作梗，讓他的計策無疾而終。這時候亞希多弗似乎已經預見到押沙龍注定失敗的命運，立刻回到故鄉結束自己的生命。

戶篩 *Hushai*

略家智慧比高下

戶篩是以色列王大衛的智囊之一，也是大衛的好友，不僅對他忠誠不二，而且擁有卓越的軍事戰略智慧，大衛也非常看重他的才能。

當大衛的最高參謀亞希多弗加入押沙龍的叛軍之後，戶篩也混進押沙龍政權中擔任間諜工作，發揮他卓越的謀略才能來妨礙叛軍作戰。他先連呼「國王萬歲、國王萬歲」的口號來接近押沙龍，等獲取他的信賴之後，就發揮了作用。大衛逃離耶路撒冷不久之後，亞希多弗提出建言要押沙龍召集一萬兩千精銳部隊去突擊大衛王一行人。這幾乎是一定會成功的高明戰略，但戶篩誇大了大衛軍的勇猛，警告押沙龍不該輕舉妄動、應該召集全以色列的士兵來做為長久之計。其實這是戶篩為大衛爭取時間的伎倆，他的花言巧語卻意外地說服了押沙龍身邊的高官們，成功地阻撓了亞希多弗的突襲計畫，為大衛爭取到充足的作戰準備時間。

約拿單 *Jonathan*

大衛軍的間諜戰

約拿單是祭司亞比亞他的兒子。在「押沙龍之亂」時，大衛王的祭司們留在耶路撒冷，名義上是為了守護神的約櫃，其實私下卻在進行間諜工作，如忍者般身輕如燕的年輕人約拿單也是其中一名。

戶篩作間諜潛入叛亂者押沙龍側近，阻撓了軍師亞希多弗襲擊大衛的計策，獲取押沙龍的信賴之後，就命令約拿單和亞希瑪斯兩人連夜將作戰計畫傳達給大衛。但是有人發現此兩人的行動，就來向押沙龍密告，押沙龍派遣兩名刺客追殺他們。當他們逃到巴戶琳的時候，眼看就快要被刺客追上，兩人就躲在一個同志家的井裡。那家的婦人將井覆蓋起來，還鋪上麥子偽裝，當追殺的刺客來問她亞希瑪斯和約拿單在哪裡。婦人便謊稱：「他們已經從這裡過河去了。」就這樣協助他們平安到達大衛王面前，讓大衛和跟隨他的人掌握了現況，能夠從容遷移到別的地方去，並且有充分的時間準備應戰。

亞希瑪斯 *Ahimaaz*　　希伯來語「憤怒的兄弟」

飛毛腿全力疾走

亞希瑪斯是祭司撒督的兒子，是個跑得很快的飛毛腿，他和另一個祭司亞比亞他的兒子約拿單兩人一同參與間諜的工作。

因為亞希瑪斯和約拿單的活躍，大衛軍也及時完成了跟押沙龍的叛軍作戰的準備，結果大衛的兒子押沙龍在這次會戰中死亡。他是在騎著騾子的時候，從大橡樹密枝底下經過，頭頸被樹枝繞住、就懸在半空中被敵人殺了，大衛軍也在這次會戰中大獲全勝。司令官約押要將勝利報告給大衛時，亞希瑪斯自告奮勇要去做傳令，約押知道雖然這次作戰勝利，但是大衛的兒子押沙龍死了，對大衛而言並不完全算是喜訊，要是大衛因而發怒很可能會牽怒無辜的傳令兵，於是約押就派了其他比較不重要的人出去報信。而亞希瑪斯並不死心，仍繼續要求約押派他去報信，約押拗不過他、就派他做第二波傳令拖延他出發的時間，但他發揮飛毛腿的實力，很快就追過先出發的傳令兵，第一個跑到大衛面前，報告了戰勝的消息。

巴西萊 *Barzillai*　　希伯來語「造鐵」

富裕老者最後的要求

大衛王因為王子押沙龍叛變而逃離耶路撒冷的時候，基列地方的望族長者巴西萊，曾在物質、經濟各方面援助大衛。當時已經相當年邁的巴西萊，見識多廣而頗有識人之明。

巴西萊聽說逃亡中的大衛一行人來到瑪哈念附近，就帶著糧食、飲料、被褥等必需品去供應給他們。大衛也不忘他在困頓時的解救之恩，戰勝押沙龍後就禮遇巴西萊，邀請他一同到耶路撒冷去。但是他以自己八十歲高齡的理由加以婉拒，而請大衛改帶他的兒子金罕去耶路撒冷。巴西萊是個富裕的老者，也不追求功名利祿，只想平淡地在家鄉度過餘生。不過為人父母的自然會為子女的前途著想，因此就讓兒子到耶路撒冷去為大衛工作。而巴西萊的子孫也很爭氣，不僅是大衛王，一直到所羅門王的時代都還非常禮遇巴西萊家系的人。

示巴 *Sheba*

還差一步的革命家

示巴是反叛大衛的便雅憫人。

大衛當初稱王的時候，是先做了猶大族的王，後來才當上統一全以色列的王，由此可見猶大族和其他的聯合支派（北以色列）之間並非毫無嫌隙，有點類似在同一個國王底下的支派聯合體，猶大族和其他支派之間一直存在著某種程度的緊張關係。而在大衛王鎮壓完押沙龍叛亂之後，兩者的關係更是降到最低點，這時候領頭叛變的人就是示巴。聖經中把他形容成「匪徒」，但是對北以色列的人民來說，他卻是個英雄。示巴的叛亂跟「押沙龍之變」王族內權力鬥爭的性質不太相同，是具有革命意義的行動，因此大衛王說：「比基利的兒子示巴，對我們而言比押沙龍更為危險！」而示巴雖然在北以色列頗受歡迎，卻沒有組織人民的能力。當大衛率領猶大所有士兵去圍剿他時，他立即逃亡到基尼烈湖北方附近，結果就在那裡被殺了。

亞瑪撒 *Amasa*

糊塗的好人鬥不過精明人

示巴叛亂的時候，曾被立為大衛軍元帥的亞瑪撒，據說是大衛的妹妹亞比該的兒子。其個性優柔寡斷而缺乏節操，在「押沙龍之亂」的時候曾擔任押沙龍軍的元帥而與大衛軍對立。在押沙龍死後，又回到曾經為敵方的大衛軍中做司令官。

因為這樣的性格，亞瑪撒做司令官的能力也頗讓人生疑。在示巴叛亂的時候，大衛授命亞瑪撒在三天內召集全猶大國民總動員，但是亞瑪撒並未在期限內完成使命。而且他還相當魯鈍，當初亞瑪撒受命代替約押做總司令，被迫降格的約押當然因此而憎恨他，但他卻毫無警覺。等亞瑪撒終於召集齊了士兵去追擊示巴，在途中跟約押的軍隊會合的時候，約押的刀已經出鞘，亞瑪撒卻仍不防備約押手裡所拿的刀，還親切的迎上前去跟他擁抱，結果立刻被約押的刀刺穿下腹而死了。

迦得 *Gad*

希伯來語「命運」

饑饉？逃亡？還是瘟疫？

迦得是大衛身邊的一位先知，從大衛被掃羅追殺而逃亡的時候開始，他就一直跟著大衛奔波，並隨時提供有益的建言。但因迦得只是負責傳達神意旨的先知，大衛有時也為他所傳達的訊息而受盡折磨。

以色列終於恢復和平之後，大衛開始調查國民人口。因為調查人口也包含有清查士兵人數的意義，也許是對神所恩賜的和平抱持懷疑而為未來的戰爭做準備。因此而被激怒的神就降話，叫迦得去通知大衛，必須從神所定的三樣災害當中選擇一樣。於是迦得來見大衛，對他說：「你願意國中有七年的饑荒呢？或是讓你被敵人追趕三個月？還是在你國中有三日的瘟疫呢？你要自己揣摩思量，決定讓我如何回覆那差我來的。」大衛感到萬分為難，最後選擇了瘟疫，於是神就降三天瘟疫與以色列全國，民間共死了七萬人。大衛見了痛加反省，就向名為亞勞拿的人買了一塊麥田，在那裡建築一座神壇獻祭給神。

亞勞拿 *Araunah*

為神奉獻出一切

亞勞拿是住在首都耶路撒冷附近擁有一座打麥場的農民，信仰堅定、即使為神奉獻出所有財產他也願意。

大衛因為清查全以色列的人口而得罪了神，使得瘟疫要在以色列全國流行。不久後，為神傳播瘟疫的使者出現在亞勞拿的打麥場上，因為這是瘟疫蔓延到耶路撒冷的前兆，大衛看了就大為吃驚，痛切反省自己調查人口的行為。

於是，當天先知迦得就來見大衛，對他說：「你快去耶布斯人亞勞拿的打麥場，在那裡為神築一座壇。」大衛聽了趕緊到迦得所指示的地方去，向亞勞拿說明來意。亞勞拿聽了以後就回答：「請全部都拿去吧，我的國王。你看什麼喜歡就用什麼去獻祭。」不僅是打麥場的土地，連他擁有的一切財產都無條件地提供給大衛。但是大衛仍支付了相當於五百五十公克銀子的代價給他，買取了他的土地。

亞比煞 *Abishag*

給老王暖身

亞比煞是在大衛王老邁之後才進宮的側室，是個像搪瓷娃娃般嬌嫩美貌的女孩。

大衛王治理國家長達四十年，到了後期逐漸老邁，穿再多的衣服仍不覺得暖和。於是臣僕們商量：「不如為我主我王尋找一個年輕處女，使她侍候王、奉養王，讓她睡在王的懷中，好叫我主我王得暖。」於是在以色列全境尋找女子，結果選出了亞比煞。但對年輕的亞比煞來說，作側室侍候老王是非常辛苦的工作，必須小心翼翼不能有絲毫閃失，片刻都不能離開大衛王左右。對大衛王而言，年輕的側室真的也只不過是暖身體用似的，兩人之間沒發生男女關係。

大衛王死後，其中一名對王位虎視眈眈的王子亞多尼雅，曾經想要跟亞比煞結婚以利於取得王位，但是他的計畫卻因下一任國王所羅門而無法得逞。

亞多尼雅 *Adonijah*

希伯來語「主是神」

繼承大衛王位的是我

亞多尼雅是以色列王大衛的第四個兒子，大衛雖是個偉大的國王，但對自己的孩子卻過分寵愛而放任，這樣的管教態度也成為長子「暗嫩事件」、三男「押沙龍之亂」的間接原因。亞多尼雅的事情也頗為類似，在他開始有行為偏差的時候未加以適當管教，結果亞多尼雅就成了非常自尊自大的人。

大衛晚年開始發生選立繼承人問題的時候，亞多尼雅宣言說：「我必作王。」而且已經獲得軍隊司令官約押，以及祭司亞比亞他的支持。還為了組成自己的派閥而聚集其他王子以及家臣們大開宴會，贊同亞多尼雅行動的都是從佔領耶路撒冷之前就為大衛王工作的老家臣。但是反對派勢力的動作也非常迅速，打算利用大衛王的寵愛而將兒子所羅門立為王的拔示巴，立即趕到大衛王面前哭訴，因此大衛王就決定讓所羅門繼承王位。但是亞多尼雅仍不放棄，又計畫跟亞比煞結婚以便取得王位，但是最後卻被所羅門的部下比拿雅所殺。

比拿雅 *Benaiah*

希伯來語「主所建造」

軍人也要汰舊換新

比拿雅是第三代以色列王所羅門的軍事總司令官。在耶路撒冷建立首都之後興起的新一代軍官，在大衛王時代曾擔任護衛隊隊長。跟約押一樣是個徹底的軍人，當大衛王的兒子們在爭繼承權的時候他站在所羅門這邊，和支持亞多尼雅的約押對立。約押和新時代的象徵——比拿雅兩個人之間，正存在著如此奇妙的因緣。

稱王的所羅門立即著手整肅亞多尼雅派中的異己，將從很早以前就服侍大衛的祭司長亞比亞驅逐出耶路撒冷。約押聽見風聲後就陷入恐慌狀態，逃到主的帳幕裡，抓住祭壇的一角，這是恐懼報復的人祈求主救助的行為。但所羅門吩咐比拿雅不用計較細節，只管放手去殺約押。比拿雅來到帳幕，叫約押離開祭壇走出來，因為他也認為在神的帳幕中殺人並不妥當。但約押不肯依從，他說：「我寧可死在這裡。」比拿雅只好進入帳幕去斬殺約押，當他立下如此的汗馬功勞之後，就榮任所羅門王的軍事總司令官了。

示巴女王的國家到底在哪裡？

所羅門王和示巴（也稱希巴，或者沙巴）女王的邂逅，的確有著浪漫傳奇的風情，兩人之間所生的孩子後來成為衣索匹亞初代皇帝的傳說，也並非完全不可思議。東非的衣索匹亞也流傳著這樣的傳說：古代衣索匹亞的首都美羅約（Meroe），從前曾被稱為「沙巴」。第一任皇帝——曼涅里克一世，據說就是示巴女王和所羅門王所生的孩子。衣索匹亞的帝王政體一直持續到西元一九七五年，最後的第二二五世末代皇帝賽拉西，據說仍留有第一任皇帝曼涅里克的血統。

若這個傳說屬實的話，示巴女王的國家應該就在衣索匹亞，但依然只是傳說中的世界。

示巴女王的國家到底在哪裡？其實並不是個很困難的問題。現在一般的學說認為應該是在阿拉伯半島南部的某個角落。這個國家在聖經的其他記載以及伊斯蘭教的古蘭經中，都因貿易盛行、聚集大量金銀寶石與香料而聞名，正好符合聖經中示巴女王帶著大量金銀香料為禮物來見所羅門王的記載。示巴女王來訪，或許是因為仰慕所羅門王的名聲，另一個主要目的應該還是想要拓展貿易關係。

所羅門 *Solomon*

希伯來語「和平的」

將嬰兒活活劈成兩半

　　所羅門是大衛的兒子，後來登基成為第三代以色列的王。肅清了因為爭奪王位而對立的亞多尼雅派異己之後，從此王國的地位屹立不搖，極盡榮華富貴之能。但另一方面，所羅門為人也極為冷靜且充滿知性，甚至有點呆板無趣。

　　關於所羅門的智慧，最具代表性的就是兩個妓女爭奪一個孩子的故事。大意是說住在同一間房子的兩個妓女，各生了一個孩子。其中一個在睡眠中不小心將孩子壓死，於是兩人就爭奪剩下的那個孩子。她們來到所羅門王面前請求裁決，王聽了就命人拿劍來將孩子劈成兩半分給她們。這時候其中一人只求國王不要殺死孩子，寧可將孩子給對方；而另一人卻贊成依照國王的指示把孩子劈開。所羅門王立即裁定說：「請求留下孩子性命的女人，才是孩子真正的母親。」

　　所羅門王的榮華富貴以及他的智慧及名聲很快就傳遍周圍各國，連示巴女王都聞名來訪。另外聖經中雖然沒有記載，不過也有傳說所羅門和示巴女王所生的孩子，後來建立了衣索匹亞王國。

戶蘭 *Huram*

⮑ 希伯來語「我兄弟受讚美」

建造所羅門王的聖殿

所羅門王為了興建聖殿，從腓尼基人的都市——泰爾找來了一名優秀的青銅工匠，這個工匠就是戶蘭。他除了擁有頂尖的工藝技術之外，還充滿智慧、觀察力以及豐富的知識，任何關於青銅的工作都能勝任愉快。

聖殿寬十點五公尺、長三十一點五公尺，並不算很寬敞，但是卻蓋得非常豪華。青銅工匠戶蘭負責的是聖殿內的青銅用品和裝飾品，例如：兩根裝飾用的青銅柱、十二頭銅牛像馱著圓形的銅「海」（水盂），以及其他祭祀用的器具。建造這座聖殿總共花費了七年歲月，完成後就將神的約櫃運進來安置。所羅門王在聖殿完工之後，又接著建築宮殿，他的宮殿比聖殿更大，寬達二十二點五公尺、長四十五公尺、高十三點五公尺，費時十三年才宣告竣工。建造聖殿和宮室用了大量的黎巴嫩香柏木，都是大衛王時代就交情頗深的泰爾王希蘭送來的。而為了建築聖殿和宮室的大型工程，所羅門王總共徵用了三萬名以色列人，每批一萬人，每工作一個月就跟下一批人換班。

哈達 *Hadad*

⮑ 希伯來語「敏銳」

反抗以色列的勢力蠢蠢欲動

哈達是跟所羅門王敵對的以東人，在前任大衛王的時代，以東就已經變成以色列的屬國。哈達則是以東王族的後裔，因致力於以東的解放運動而成為民族英雄。

先前大衛攻擊以東，司令官約押將以東的男丁都虐殺盡了，那時哈達還是幼童，他和幾個父親的臣僕逃往埃及。埃及法老王照顧哈達視同己出，甚至將埃及王后的妹妹賜給他為妻。但他仍然眷念故國，聽說大衛王和約押都死了，就請求埃及法老王讓他回以東去，開始對抗所羅門王所統治的以色列。所羅門王時代雖然是以色列王國最繁榮的時期，但是到了晚期，像哈達所率領的以東人這些抵抗以色列王國的屬國便紛紛嶄露頭角。在王國內部，猶大族和北以色列之間的對立狀況也從未停歇。聖經中的解釋是：因為所羅門王寵愛許多異族女子，以她們為妻、並膜拜她們的神，結果才會造成這樣的問題。這股潮流最後就成了以色列王國分裂的原因。

第五章

南北王國的時代

以色列統一王國的分裂〈以色列王國、猶大王國〉和滅亡

南北王國的時代

　　本章介紹的是：舊約聖經中《列王紀》、《歷代志》、《耶利米書》、《以西結書》中的部分人物。以色列王國在大衛王、所羅門王時代享盡繁華富貴，一旦所羅門王去世，就分裂為南部的猶大王國和北部的以色列王國，以色列民族從此在歷史的驚濤駭浪中掙扎不已。周圍的亞述帝國、新巴比倫帝國等強大的國家接連興盛而起、威脅南北兩王國的生存。結果，以色列王國在西元前七二一年、猶大王國在西元前五八七年相繼滅亡。本章介紹的就是活躍於這個時代的風雲人物，主要故事的登場人物如下：

●分裂為南、北兩王國 --
　　所羅門王死後，王國分裂時相關人物的故事
　　導致王國分裂的人物……耶羅波安、亞希雅、亞比雅、羅波安
　　預告王國分裂的先知……亞希雅、示瑪雅

●以色列王國的王和先知 --------------------------------------
　　以色列王國歷代國王和先知的故事
　　兵變叛亂和異教崇拜……巴沙、心利、暗利、亞哈、耶洗別
　　先知以利亞的故事……以利亞、俄巴底、亞哈謝、米沙
　　先知米該雅的故事……米該雅、西底家
　　先知以利沙的故事……約蘭、以利沙、基哈西、乃縵、哈薛
　　其他先知──約拿、阿摩司／以色列王國滅亡……米拿現、何西阿

●猶大王國的王 --
　　猶大王國歷代國王和先知的故事
　　和週邊各國作戰……亞比雅、亞撒／亞他利雅的叛亂……約蘭、亞他利雅
　　亞述帝國的攻勢……提革拉・毘列色、西拿基立
　　朝向滅亡的序曲……比羅達・巴拉但、以賽亞、戶勒大
　　巴比倫之囚……約雅敬、約雅斤、西底家

●先知耶利米與先知以西結 ----------------------------------
　　活躍於猶大王國末期到巴比倫之囚時代的偉大先知的故事
　　先知耶利米的故事……耶利米、烏利亞／先知以西結……以西結

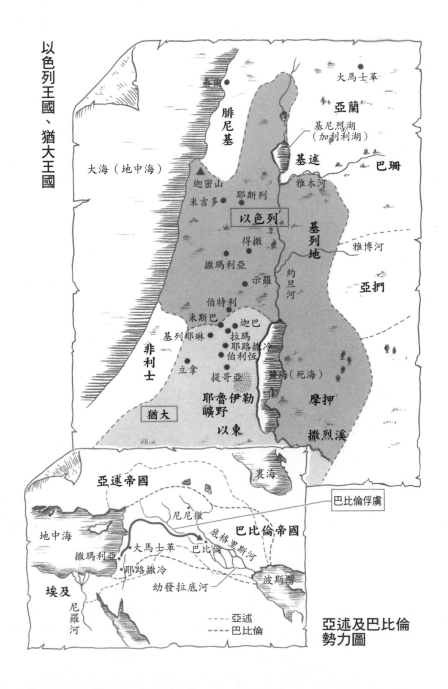

以色列王國、猶大王國

泰爾
腓尼基
大馬士革
亞蘭
基尼烈湖
（加利利湖）
大海（地中海）
基述
巴珊
迦密山
雅木河
耶斯列
米吉多
以色列
基列地
得撒
雅博河
撒瑪利亞
亞捫
示羅
約旦河
伯特利
米斯巴
迦巴
基列耶琳
拉瑪
撒冷
非利士
耶路
伯利恆
立拿
提哥亞
鹽海（死海）
魯
伊勒
摩押
猶大
曠野
以東
撒烈溪

亞述帝國
裏海
尼尼微
巴比倫俘虜
巴比倫帝國
地中海
底格里斯河
撒瑪利亞
大馬士革
巴比倫
耶路撒冷
波斯灣
埃及
幼發拉底河
尼羅河
- - - 亞述
- - - 巴比倫
亞述及巴比倫
勢力圖

耶羅波安 Jeroboam

希伯來語「增加的人們」

以色列分裂——北方的以色列王國

耶羅波安是將以色列分裂為以色列和猶大兩個王國的人，成為分裂後的第一代的以色列國王（西元前九二六年～九〇七年在位）。年輕時從事勞役，吃苦耐勞的態度受到賞識而有機會出人頭地。因為這樣的出身經驗，他很清楚當時貧困的人民過的是如何艱辛的生活。

所羅門王的時代為了建築聖殿和宮殿人民被迫服勞役，耶羅波安雖然也為國王工作，內心卻反對這樣的做法。某次，他偶然遇見先知亞希雅，被告知神將指派他做十二個以色列支派當中十個支派的王，所以後來他就挺身反抗所羅門王，為沉重勞役所苦的以色列及其他各支派也都追隨他造反。所羅門王就在這些動亂發生時去世，由他的兒子羅波安繼承王位，但羅波安卻宣布將強迫人民從事比所羅門王時代更沉重的勞役。因此，以色列北部的人心完全背離羅波安，原本統一的王國也分裂為猶大（南國）和以色列（北國）兩個王國，耶羅波安也就正式成為以色列王國的王了。

亞希雅 Ahijah

希伯來語「主的兄弟」

給你十個支派

亞希雅是西元前十世紀住在聖地示羅的先知，對於北以色列人民的苦難生活非常憂心。

猶大族出身的所羅門王，為了建築聖殿和宮殿而對百姓課以重稅並強迫人民服勞役，不過基本上這些苛政的對象都是北以色列的人民，猶大族的人民則以種種藉口得以豁免，北以色列的人當然對這樣的待遇大為不滿。就在這個時期，神透過亞希雅發出了預言，告知當時在所羅門王之下做監工的耶羅波安，將要做北以色列十個支派的王。亞希雅假裝若無其事地巧遇耶羅波安，將身上穿的新衣撕成十二片，對耶羅波安說：「你可以拿十片。以色列的神——耶和華如此說：『我必從所羅門手裡奪回、撕裂王國，將十個支派賜給你。唯有一個支派，因我的僕人大衛、也因我在以色列眾支派中所選擇的耶路撒冷城之故，仍留給所羅門和他的後裔。』」不久後所羅門王去世，以色列就分裂為南北兩個王國了。

亞比雅 *Abijah*

希伯來語「神是我父」

用生命為父親贖罪

亞比雅是以色列王耶羅波安的兒子，因為父王犯錯受到神的懲罰，在幼年時就逝去，為父償罪而付出短暫的生命。

耶羅波安所犯的錯是崇拜其他民族的神，亞比雅為此付出代價而生了重病。驚慌的耶羅波安要求妻子去探訪先知亞希雅，因為亞希雅是當初預言耶羅波安會做以色列王的先知，所以想要請他告知幼子身上到底發生了什麼事情。這時亞希雅就預言說，耶羅波安所犯的罪必定會使以色列人民在非常淒慘的狀況下死亡。而且還說：「所以你起身回家去吧！你的腳一進城，你兒子就必死了。以色列眾人必為他哀哭，將他葬埋。凡屬耶羅波安的人，惟有他得入墳墓；因為在耶羅波安的家中，只有他向耶和華——以色列的神顯出善行。」正如同他所預言的，耶羅波安的妻子回到家，腳才踏入門檻，他兒子亞比雅就死了。

羅波安 *Rehoboam*

希伯來語「擴張國家」

以色列分裂——南方的猶大王國

羅波安是以色列王國分裂後的第一代猶大國王（西元前九二六年～九一○年在位），無視於賢者的勸告，只傾聽順耳的甜言蜜語，他的愚蠢乃是造成王國分裂的決定性原因。

所羅門王死亡之後，由兒子羅波安繼任王位。所羅門王時代，北以色列人民就已因為重稅和過重的勞役而怨聲載道，這時候已有心理準備：若是羅波安能減輕他們的負擔，就算讓他做全以色列的國王也無妨。曾服侍過所羅門王的老臣們看清民心向背，勸告羅波安歸依人心放棄高壓統治。但是羅波安周圍的年輕臣子卻逆其道而行，反而慫恿羅波安更加重稅賦、課徵更重的勞役。這時候羅波安聽信年輕臣子的意見而不理會老臣們的忠告，並且向北以色列的人民宣布自己的決定。北以色列的人民當然不願意再繼續支持這樣的羅波安。於是，北以色列人民另立耶羅波安為王，而羅波安就只能做猶大一族的王了。

亞多蘭 Adoniram

倒楣的勞役監工

亞多蘭是羅波安王派遣的監工，掌管服勞役的以色列人，從大衛王的時代就一直在同樣的職位上。勞役監工在宮廷中也算是重臣，而且亞多蘭已經接連擔任了三代國王的勞役監工，個性耿直一絲不苟、工作認真。但是因為強迫人民服勞役的監工，工作性質本來就不討好，所以他最後的命運也就很淒慘。

羅波安繼位做了以色列國王，宣布將以更嚴苛的態度、強迫北以色列人服更重的勞役，北以色列人因此不肯承認羅波安為王，著手準備獨自建立以色列王國。但羅波安王仍專斷獨行，竟然還在這樣緊急的狀況下將勞役監工亞多蘭送去北以色列人那裡。他是認為亞多蘭能鎮壓住當地的叛亂，還是希望亞多蘭能壓榨出當地人的勞力，現在已無法得知。總之，北以色列人不但全無歡迎之意，還用石頭打死了他。

示瑪雅 Shemaiah

王國分裂是神的旨意

示瑪雅是西元前十世紀左右，猶大王國最優秀的先知，猶大王羅波安也很重用他。

統一的王國分裂為二、勞役監工亞多蘭在北以色列被人民用石頭打死了以後，羅波安王召集了猶大族和便雅憫族的戰士共十八萬人，打算以武力奪回權力。這時候，示瑪雅來傳達神的意旨、阻止了無謂的戰爭。他前來對國王說：「耶和華如此說：『你們不可去與你們的弟兄以色列人爭戰。各自歸回家去吧！因為這事出於我。』」羅波安王聽了就打消作戰計畫，統一王國分裂成南北兩國也就此成了定局。示瑪雅當時應該是猶大王國中身分最高的先知，當羅波安王在位五年後，埃及法老王示撒率軍來襲時，神的話再度降臨示瑪雅，這時候神已經打算捨棄猶大王國，但因為人們聽了示瑪雅的預言後，深深反省自己的過錯，使得王國逃過被滅亡的命運。

示撒 Shishak

❧ 希伯來語「豪華的家」

榮華富貴已遠去

示撒是建立古代埃及第廿二王朝的國王（西元前九四六年～九一三年在位），出身利比亞卻能做到埃及國王，當然不是簡單的人物。同時，他也是個充滿企圖的野心家。

猶大王羅波安在位第五年，埃及王示撒帶了多得不可勝數的步兵、一千兩百輛戰車、六萬騎兵來進攻，一路攻陷猶大各地的城池堡壘，最後攻進耶路撒冷，使得耶路撒冷人民驚恐萬分。這時候先知示瑪雅來到羅波安王和猶大眾將軍面前，說道：「神如此說：『你們離棄我，我也就離棄你們，將你們交到示撒手中。』」也就是告訴他們，因為猶大的人民膜拜異教的神明，才造成了這次事件。羅波安和將軍們都深切反省，承認耶和華是唯一的神。於是平息了神的怒火，耶路撒冷也免於滅亡的命運。埃及王示撒也只奪取耶路撒冷聖殿和王宮裡的寶物，就滿足地回到埃及去了。

所羅門王的魔法書

雖然是後世牽強附會之作，跟所羅門王也毫無關聯，但是早在中世紀歐洲就曾傳說所羅門王寫了一本名為《雷蒙蓋頓》（Lemegeton）的魔法書。

因為所羅門王的智慧超越常人，古代就有所羅門王以智慧來操縱七十二個惡魔之王的傳說，或許是當初為了打擊惡魔而出現的傳說。據說所羅門王鎮壓了這些惡魔後，封印在黃銅容器內沉入湖底。若故事在這裡結束的話，就沒什麼大問題，但是後來出現了續集，說在所羅門王時代之後過了很久，尋找寶藏的巴比倫人發現了這個容器，就破壞封印放出了惡魔。從此，這七十二個魔王就躲在黑暗的國度中蠢蠢欲動。

於是傳說中所羅門王所寫的魔法書《雷蒙蓋頓》就再度受到矚目，因為這本魔法書裡詳盡說明了七十二個惡魔的特徵，若能解讀其內容，或許就能找到駕馭這些惡魔的方法。

另外值得一提的是：這些惡魔當中，法力最高強也最有名的「彼列」（Belial），是僅次於「路西法」（Lucifer，也稱「撒旦」）的「正統」大惡魔。

巴沙 *Baasha*

發動政變篡取王位

巴沙是南北王國時代第三代的北以色列國王（西元前九〇六～八八三年在位）。導致統一王國分裂的第一代以色列王耶羅波安死後，他的兒子拿答繼位為第二代以色列國王。巴沙原是拿答王麾下的司令官，但是在拿答即位後，翌年就在帶軍上陣與非利士人作戰的時候發動政變，殺死拿答而篡奪了王位。

南方的猶大王國，一直遵守由大衛、所羅門的子孫做國王的傳統；但相對的，北方王國卻沒有這樣的傳統，因此不斷發生血腥的奪權鬥爭。巴沙發動的這次政變只不過是一個開端而已，這樣的背景也使北方王國歷史上出現許多活躍的先知。巴沙稱王後，為了斷絕威脅王權的可能性，就滅盡了耶羅波安一族，統治以色列長達二十年以上，但是仍無法確立長期持續的王權。後來巴沙的兒子以拉登基做第四代國王後不久，也被部下發動政變推翻，如同巴沙對待拿答的方式一樣，以拉也被滅絕了全族。

心利 *Zimri*　　　　　　　　　　　　希伯來語「歌手」

七日天下

心利是第五代以色列國王（西元前八八二年在位），只做了七天的短命國王。

原來心利是第四代以色列國王以拉的家臣，帶領國王半數的戰車部隊。以拉登上王位兩年之後，一次，在首府得撒的宮廷長家裡喝酒醉，心利就趁機殺死他，篡奪了他的王位。而且也跟以拉的父親巴沙一樣，心利稱王之後，立刻將以拉的家族親屬、甚至朋友都悉數殺盡，滅絕了以拉一族。但是心利的政變似乎只是個人的妄動，王國的士兵們並不支持他。當心利稱王時，士兵正在前線跟非利士人作戰，在營中聽說心利叛變，立即在營中擁立總司令官暗利作以色列王。暗利當下率領部隊回頭圍攻得撒城。心利見城池不保，就躲進了王宮的城廓中，發覺已經無力挽回頹勢，便放火焚燒宮殿自焚而死。於是，心利失去了才到手七天的王位。而暗利則坐上第六代北國以色列國王的寶座，統治了以色列十二年。

暗利 Omri

🎵 希伯來語「人們」

遷都撒瑪利亞

暗利是北國以色列王國時代的第六代國王（西元前八七八～八七一年在位）。是個腳踏實地且優秀的政治家，堪稱是以色列王國的中興之祖。

在第四代國王以拉的時代，暗利是帶領軍隊的司令官。戰車隊長心利叛變時，士兵們推擁暗利為王，推翻了心利的政權。同一個時期也出現了另一個爭奪王位的對手提比尼，兩股勢力將以色列撕裂為兩方進行內戰，最後由暗利獲勝稱王。登上王位的暗利，致力於維持以色列和猶大王國之間的和平關係，並且發展國內各項建設，此外還完成了遷都撒瑪利亞的偉業。撒瑪利亞山原來是一處名為撒瑪人的土地，暗利僅以大約七十公斤銀子的代價向撒瑪買下這塊土地。首都撒瑪利亞城，到他兒子亞哈的時代仍持續發展，之後也長期做為以色列王國的首都。不過因為撒瑪利亞原來是不具以色列傳承的異邦土地，成為首都後，當地的宗教信仰也隨即流入以色列，暗利也因此被視為叛離以色列神的國王，聖經中對他並無好評。

亞哈 Ahab

🎵 希伯來語「我父的兄弟」

在悍妻面前抬不起頭來

亞哈是以色列王國時代的第七代國王（西元前八七一～八五二年在位）。跟父王暗利一樣腳踏實地，將以色列發展成北方大國，是個優秀的國王。但因在宗教上信奉腓尼基的巴力神而壓迫耶和華的信仰，而在聖經中被視為惡王。

亞哈信奉巴力神是因為受了妻子耶洗別的影響。耶洗別是腓尼基國王謁巴力的女兒，這樁婚事算是政治婚姻，耶洗別祖國的腓尼基神也因此推廣到以色列國內。王妃個人膜拜祖國的神，在當時算是外交禮節，原本無可厚非，但亞哈也受耶洗別的影響，在首都撒瑪利亞建造巴力的廟，促進異教信仰。因此活躍於當時的先知以利亞對他大加撻伐，但亞哈並不悔改，直到他用惡劣的手段奪取了拿伯的葡萄園之後，才承認自己的確犯了過錯，肯傾聽以利亞的勸誨，甚至因而斷食悔過。於是神的憤怒也消了些許，就將亞哈應得的災禍延後到他兒子的時代。

耶洗別 Jezebel

希伯來語「純潔」

異教的神跟著王妃嫁進來

以色列王國時代的第七代國王亞哈的妻子耶洗別，是個看輕丈夫、我行我素的惡妻，也是個兇悍型的女性。尤其她的宗教信仰為王國帶來了不良影響，聖經上對她的評價特別嚴苛。

耶洗別是腓尼基王謁巴力的女兒，婚後仍膜拜祖國的神祇巴力，而且不僅止於個人的禮拜，還唆使丈夫在國內推廣異教信仰。怕老婆的亞哈王對她言聽計從，甚至在首都撒瑪利亞建造巴力神的聖殿，還讓多達四百五十多人的巴力神祭司和先知住在王宮內。服侍耶和華神的偉大先知以利亞以此激烈地責難耶洗別，他挑戰耶洗別的先知們並且打敗他們，耶洗別甚至曾試圖殺害以利亞。過了許久之後，軍隊司令官耶戶謀反，奪取亞哈的兒子約蘭的王位時，耶洗別知道死期難逃，仍不改頑強個性，毫不慌亂地從宮殿的窗口探身出來對耶戶叫罵：「殺主人的叛徒。」然後就被耶戶的同黨從窗戶扔下摔死了。

拿伯 Naboth

希伯來語「果實」

被王妃奪走的葡萄園

西元前九世紀左右，首都撒瑪利亞的以色列王亞哈的宮殿旁邊，有一座葡萄園，擁有這座葡萄園的主人拿伯是個虔誠敬神的人，卻因王妃耶洗別惡毒的計策而被殘忍的殺害。

事情是這樣發生的：亞哈王想要開一塊自己的菜圃，就叫拿伯把葡萄園賣給他，但是拿伯說，這是祖先代代相傳的土地而不肯讓給他。這也是以色列農民所擁有的宗教權利之一，所以即使動用國王的權力也無法強取，亞哈王也只有生悶氣的份。耶洗別聽說了這件事，立即設計一個惡毒的策略，用王的名義寫一封命令信給與拿伯同城居住的長老，信上寫著：「你們當宣告禁食，叫拿伯坐在民間的高位上，又叫兩個匪徒坐在拿伯對面，作見證控告說：拿伯謗讟神和王了；隨後就把他拉出去用石頭打死。」長老立即按命令行事，拿伯就這樣被眾人用石頭打死了。

耶洗別聽說拿伯已死，就勸亞哈王取得那座葡萄園，如此葡萄園就落入亞哈王的手中。

便‧哈達二世 *Benhadad II*　希伯來語「哈達〈神〉的兒子」

卑躬屈膝的王

便‧哈達二世是亞蘭人的都市大馬士革的王（西元前八五〇年前後在位），是個個性浮躁、輕舉妄動又傲慢的人。

當時大馬士革擁有強大的軍事力量，便‧哈達二世就仗勢欺人，率軍遠征以色列王國的首都撒瑪利亞，向亞哈王提出不合常情的要求。便‧哈達說：「你的金銀都要歸我，你妻子兒女中最美的也要歸我。」完全擺明了是挑釁的行為，但是亞哈王起初還準備接受他的要求，後來聽從長老的勸告才加以拒絕，向便‧哈達應戰。這次會戰在軍備各方面都是大馬士革軍佔了壓倒性的上風，但以色列軍卻幸運地獲勝了。便‧哈達戰敗後立即改變態度，來到亞哈王面前卑躬屈膝說：「王的僕人便‧哈達，求王存留我的性命。」獲勝的亞哈王於是討回了便‧哈達一世時代就被奪取的加利利地的城鎮，並且獲得在大馬士革開設市場的權益。

以利亞 *Elijah*　希伯來語「耶和華是我的主」

與異教徒的奇蹟之戰

以利亞是西元前九世紀左右，以色列王國偉大的先知，活躍於亞哈、亞哈謝兩位國王統治的時代，聖經中也對他大表敬意。

以利亞首次登場，是因亞哈王受王妃耶洗別的影響，在國內推廣巴力神信仰之際。以利亞身穿襤褸破舊的衣物出現在國王面前，預言說因神降怒而將使全國陷入兩年以上的長期乾旱。結果的確如他所言，開始了持續兩年的旱災，到了第三年，以利亞向宮廷中侍奉巴力神的四百五十名先知挑戰，雙方展開了行奇蹟的法力競爭。這場著名的比賽在迦密山上舉行，先由巴力神的先知們向他們的神祈禱，但是什麼事都沒發生；接著由以利亞向耶和華祈求，巨大的火焰就從天而降，將祭品焚燒一空。獲勝的以利亞殺盡了巴力神的先知，然後預言旱災即將結束。很久之後，以利亞之死也跟他所行的奇蹟一樣神祕，當他跟弟子以利沙同行時，火馬所拉的火焰戰車忽然從天而降，就這樣把以利亞帶到天上去了。

俄巴底 *Obadiah*

希伯來語「神的僕人」

奇蹟競賽的幕後策畫人

俄巴底是以色列第七代國王亞哈的宮廷長。受先知以利亞所託，策畫了以利亞和巴力神的先知們的奇蹟對決。

亞哈王宮廷內的宗教信仰非常混亂，只有俄巴底與眾不同，他打從心底虔誠的尊敬以色列的神。當奉拜巴力神的王妃耶洗別大量殘殺耶和華眾先知時，俄巴底偷偷救出一百個先知，藏在洞裡奉養。俄巴底是在首都撒瑪利亞因旱災發生饑饉的時候遇見以利亞的，當時他受亞哈王命令去附近找尋牧草來餵食驢馬，以利亞也出現在那裡，請求俄巴底將亞哈王帶來。因為當時亞哈王憎恨以利亞，俄巴底害怕接受他的請求會為自己招來殺身之禍，但以利亞不斷說服，終於獲得他的信任而將亞哈王帶來。商談的結果，同意讓以利亞向宮廷中祀奉巴力神的四百五十名先知挑戰，看誰才真能招來奇蹟。

先知是什麼？

先知的日文是「預言者」，從字面上來看，就是「說預言的人」。但是日文中的預言又分為「預言」和「予言」兩種。從一般人的用法來看，在事情發生之前預先告知時，在日文通常是使用「予言」一詞。但是聖經中的先知卻是用「預言」這個詞。預言所表達的不僅是單純的未來告知，而是傳達神的意旨。

聖經中頻繁使用的「預言者」，在希伯來語則稱為「拿比」。拿比這個字一般翻譯成「召喚」，也就是「神所呼召者」的意思。因此所謂的「預言者」，就是神召喚來為他傳遞信息的代言人，他聽見神的訊息之後，將這些訊息傳遞給人們。所以先知們所說的，除了預告未來將發生的事情之外，還包括對現在的社會現象的告發。

而且，這些先知最大的特徵是，不說身邊的瑣事。在聖經的故事當中，預言者最活躍的時代，是從掃羅王建立以色列王國起、到猶大王國滅亡為止的這段時期。這時候他們所說的多半是關於社會上的偏頗、宗教上的墮落、甚至國家滅亡等預言。可以說先知們是接受了神的意旨而起、單槍匹馬向歷史現況挑戰的人。

米該雅 *Micaiah*
希伯來語「是誰料事如神？」

真言逆耳

米該雅是西元前九世紀左右，活躍於以色列王亞哈時代的偉大先知。雖然與以利亞各自行動，但也跟以利亞同樣是真正的先知。

當猶大王約沙法來以色列訪問亞哈王時，亞哈王企圖說服約沙法王跟他攜手對抗亞蘭人。約沙法王則無論如何都要先聽過先知們的意見才行，於是亞哈王召集了包括西底家在內的約四百名先知，從所有先知口中都得到了對戰爭肯定的回答。但是約沙法王仍不滿意，還要詢問其他先知的意見，在許多先知都發言過之後，最後被徵詢的先知就是米該雅。亞哈王向來都因為米該雅總是說對他不吉利的預言而討厭他，而這次被徵詢意見時，米該雅起初也只表示跟其他先知大致相同的意見，但是亞哈王再三盤問，他才說出亞哈王將在對亞蘭人的戰爭當中喪命的預言。亞哈王聽了大為震怒，將米該雅關入牢獄中。但亞哈王仍是逃不過米該雅的預言，最後果真在這次戰爭中陣亡了。

西底家 *Zedekiah*
希伯來語「神是正義」

不能說真話的先知

西底家是西元前九世紀左右，服侍第七代以色列王的四百名先知之一。自視甚高，對自己預言的準確度很有自信，但實際上並不能算是真正的先知。

在猶大王約沙法和以色列王亞哈面前，包括西底家在內的四百多名先知，都來預言是否該對亞蘭人作戰。這時，西底家製造了兩個鐵角，說：「耶和華如此說：『你要用這角牴觸亞蘭人，直到將他們滅盡。』」西底家似乎是四百名先知的代表，在他之後發言的先知所說的預言也都相同。但是最後來的先知米該雅，卻預言亞哈必死於對亞蘭人的戰爭之中。而且還說，其他先知的預言都是神派來的使者所設計來讓亞哈王死於戰場的策略。確信自己受了神啟的西底家，聽了米該雅的話非常憤怒，就上前來毆打米該雅的臉頰。結果亞哈王確實戰死沙場，證明了米該雅的預言才是最正確的。

亞哈謝 *Ahaziah*

希伯來語「神將繼續」

看到真先知的力量

　　亞哈謝是亞哈王的兒子，繼位做以色列王國第八代國王（西元前八五二～八五一年在位），所做所為都違背神的教誨。某日他從樓上的欄杆掉下來，從此就這麼病了。

　　生病的亞哈謝差遣使者說：「你們去問巴力西卜神，我這病能好不能好？」巴力西卜神是外邦的神明，所以接受耶和華命令的先知以利亞就來到王的使者面前，指責他們信賴異教神的過錯，並預言國王必定要死。亞哈謝王十分發怒，便派遣五十人隊長去逮捕以利亞，但是他們上到達山頂以利亞那裡時，就有火從天上降下來將他們全部燒滅。國王再次送五十人隊去，仍然被燒殺。第三次被派去的五十人隊，一到以利亞面前就先求他饒命，才免得死於非命。以利亞跟他們一同到王那裡，當著王的面指責他依賴異教神的罪過，並再度預言王必定會死，後來亞哈謝果然病情加重死了。

約蘭 *Joram*

希伯來語「高貴的神」

明天吃我的兒子

　　約蘭是亞哈王的兒子，是以色列王國第九代國王（西元前八五一～八四五年在位）。他是個運氣很背的王，當政期間因接踵發生的叛亂、戰爭而疲於奔命，最後還被發動政變的軍隊司令官耶戶殺死。亞蘭王便‧哈達二世帶著全軍來圍困首都撒瑪利亞，使約蘭王陷入千鈞一髮的危機。正受饑饉所苦的撒瑪利亞城，也因被亞蘭軍圍困而使得慘況更加嚴重。甚至到了一個驢頭要賣一公斤銀子，零點三公升鴿糞價值五十公克銀子的悲慘地步。某天，約蘭王在城牆上行走，一名婦女來申訴，說她跟另一個婦女約定易子而食。先煮了自己的兒子吃了，次日要吃對方兒子的時候，那人卻將兒子藏了起來。約蘭王聽了，才為事態的嚴重悲嘆不已。當時的先知是以利亞的徒弟以利沙，雖然約蘭王也曾受過他的幫助，但他認為會淪落到如此惡劣的慘況是以利沙的怠慢所引起的，因此便想要殺掉他。

米沙 *Mesha*

❧ 希伯來語「解放」

將兒子獻為燔祭

米沙是西元前九世紀左右的摩押王，對宗教狂熱到甚至能將自己的親生兒子獻為燔祭。

摩押位於死海東側，自古以來都是以色列的屬國，亞哈王時代每年都向以色列國王進貢。但亞哈去世、由約蘭繼位做摩押王後，就轉而背叛以色列。以色列的約蘭王和猶大的約沙法王一同出兵去征討摩押王，最初似乎是摩押軍比較有利，因為以色列軍出征行軍七日後所帶的水已經用盡，無力征戰。但遠征軍聽從先知以利沙的話，在山谷中到處挖掘壕溝。到了第二天，雖然沒下雨，山谷中卻充滿了水，於是遠征的部隊也勇氣百倍，一口氣殺得摩押軍四散敗逃，還攻進城破壞堅城美邑、丟石頭蹧踏一切美田、湧泉。摩押王米沙發覺難以取勝，就在城上燒殺自己的兒子獻為燔祭，向摩押的神祈求。摩押的神就降怒於遠征軍，於是情勢立即逆轉，最後由摩押軍得勝。

以利沙 *Elisha*

❧ 希伯來語「神是救主」

幻聽的奇蹟使敵軍退散

以利沙是西元前九世紀左右以色列王國的偉大先知，是大先知以利亞的徒弟；但並不像以利亞那樣孤芳自賞，對於周圍親近的先知都不遺餘力地加以指導，唯獨不能忍受的就是別人嘲笑他的禿頭。某次一群孩童用他的禿頭開玩笑，他就用咒語讓兩頭熊出現，殺死了其中四十二個孩童。

約蘭王在位時期，以利沙曾以奇蹟解救了首都撒瑪利亞的危機。那時撒瑪利亞被亞蘭軍包圍，物價高騰，甚至有人易子而食來維持生命。約蘭王認為慘況的事態都是因為以利沙的怠慢所引起的，因而想要殺掉他。以利沙就賭氣似地預言，明天這個時候物價會便宜得讓人吃驚。當天夜晚奇蹟果然出現，神在亞蘭軍陣營中發出戰車、軍馬的聲響，巨大的轟隆聲響徹雲霄，嚇得亞蘭軍四散逃走。而他們來不及帶走的金銀、衣物、武器、糧食、家畜等等，數量非常龐大，這些過多的戰利物資，讓撒瑪利亞的物價一夜之間就跌到以利沙所預言的程度。

基哈西 *Gehazi*

因要求報酬而受懲罰

西元前九世紀左右，活躍於以色列王國的先知以利沙，有個僕人名為基哈西。基哈西是個勤奮工作的人，但是頭腦不太聰明。約蘭王時代，以利沙時常受一位富裕的夫人照顧、供養，以利沙想要報答她的恩惠，聽基哈西說：「她沒有子嗣，丈夫也已年邁。」於是以利沙就召來夫人，告訴她將會生兒子。果然不久後她就如同以利沙所預言的生了兒子。但孩子長大後突然死亡，夫人悲嘆說：「早知如此，不如一開始就不要生。」以利沙吩咐基哈西把他的手杖拿去放在孩子臉上，但是沒有動靜。於是以利沙前來向神祈禱，孩子就甦醒了。基哈西雖無特殊能力，但還能忠實的為以利沙工作。不過在以利沙幫助了亞蘭王的將軍乃縵之後，基哈西卻偷偷去向乃縵索取報酬，因此罹患了嚴重的皮膚病，最後不得不離開以利沙身邊。

乃縵 *Naaman*

在約旦河沐浴

乃縵是西元前九世紀左右亞蘭王便·哈達二世的將軍，是個有才幹的人，但是患了嚴重的皮膚病。

服侍乃縵妻子的少女，某天對乃縵說：「主人若去見撒瑪利亞的先知，必能治好嚴重的皮膚病。」於是，乃縵來到了以色列首都撒瑪利亞。先知以利沙對他說：「你去在約旦河中沐浴七回，身體就必復原，而得潔淨。」乃縵卻發怒說：「我在哪裡沐浴不得潔淨？何必大老遠來這裡？」乃縵不聽以利沙的話，轉身就要回去。但他的部下勸阻他：「不過就是沐浴啊，何妨試試看。」於是乃縵姑且嘗試沐浴療法，果真皮膚病就完全治好了。驚訝的乃縵準備了禮物要送給以利沙，但以利沙不收。而私下接受禮物的基哈西，卻因此受罰，罹患了皮膚病。

哈薛 *Hazael*

希伯來語「神看見」

用浸濕的布蒙住王的臉

哈薛是西元前九世紀左右的亞蘭王，個性冷酷無情，暗殺了罹病的國王便・哈達二世後篡位稱王。

哈薛還在做亞蘭的將軍時，以色列王國的先知以利沙就已經知道他會稱王，當時以利沙訪問亞蘭的首都大馬士革，正在患病的國王便・哈達二世吩咐哈薛說：「你帶著禮物去見神的人（以利沙），託求他問神的意旨，看我這病能好不能好？」哈薛問了，以利沙就告訴他說：「王的病必能好，但他必定要死。」以利沙說著就流下眼淚，因為他知道，不久後哈薛就會成為亞蘭王，給以色列帶來災難。哈薛回去以後只回答王說：「他說你的病一定會好。」卻在次日拿浸濕的布巾蒙住國王的臉、把國王悶死，哈薛就篡了他的位。哈薛稱王之後的亞蘭王國雄霸全巴勒斯坦、敘利亞地區，然而，也正如以利沙所預言的，以色列人的夢魘就此開始。

耶戶 *Jehu*

希伯來語「神的人」

其他人焉能平安

耶戶是以色列王國的第十代國王（西元前八四五～八一八年在位）。原是前任國王約蘭軍隊的指揮官，個性冷酷，殺人不眨眼。

約蘭王時代的以色列，不斷跟亞蘭人的國家大馬士革爭戰。某次在約旦河東岸的山地作戰受傷的王，將指揮前線的任務交給耶戶，自己先回耶斯列的宮殿。這時候，先知以利沙派遣一個徒弟去見耶戶，吩咐他稱王，並為前王妃耶洗別所犯的罪復仇。約蘭王的家臣知道這件事之後立刻叛變，宣布擁立耶戶為王，展開了喋血政變。當時耶戶正率軍朝著耶斯列前進，約蘭乘車來到城壁外迎接他，問候他說：「耶戶啊，平安嗎？」耶戶說：「你母親耶洗別的淫行邪術這樣多，焉能平安呢？」約蘭這才發覺他背叛，但為時已晚，一族人全部被耶戶殺盡。耶戶同時也肅清了所有異教神巴力的祭司，確立了穩固的王權。

約拿達 Jonadab
希伯來語「主的慈惠深遠」

殘酷的宗教改革

　　約拿達是約蘭王時代居住於沙漠的遊牧民族之一。耶戶發動政變殺死約蘭王奪得以色列政權時，約拿達曾幫助他殺光了所有巴力神的祭司。話說，耶戶在耶斯列叛變成功之後，在朝向首都撒瑪利亞前進的途中，遇見了約拿達。約拿達立即表明支持耶戶的忠誠，乘上耶戶的車一同來到撒瑪利亞。耶戶謊稱自己比亞哈王更熱心事奉巴力神，便召集全以色列的巴力祭司前來給神獻大祭，讓祭司都聚集在巴力神殿中。這時候約拿達跟著耶戶一同行動，事先安排八十名士兵守在殿外，按照耶戶的吩咐封閉出口，將這些巴力的祭司全部殺盡，並且連巴力神殿也全部破壞無遺。單看這個事件或許會覺得約拿達跟耶戶同樣地殘酷無情，但在聖經中，約拿達卻是個虔誠的人物。活躍於其後的先知耶利米，甚至還舉出他的名字做為對神忠實的義人典範。大概是因為殺害巴力神的祭司也可視為一種正當的宗教改革吧，因而才與信仰虔誠的評價不相衝突了。

約哈斯 Jehoahaz
希伯來語「神所擁有」

持續衰退的以色列王國

　　約哈斯是以色列王國的第十一代國王（西元前八一八～八〇二年在位），是前代國王耶戶的兒子。雖然政權期間很長，卻沒什麼建樹。說起父王耶戶也不是什麼賢能的政治家，從耶戶時代起，以色列王國就走上衰退的道路，到了約哈斯時代，國力更是衰微不振。耶戶在發動政變的時候，殺死了亞哈王的王妃耶洗別，因為耶洗別是腓尼基的貿易都市泰爾的公主，這個事件使得以色列和泰爾的關係斷絕。另外，也由於猶大王亞哈謝被捲入這場政變而死，使得與猶大王國之間的邦交也因此斷絕，造成以色列更加衰退。同時，因為當時以色列跟亞蘭人交戰不斷地戰敗，因而喪失了許多國土，最後變成亞蘭的屬國。亞蘭人更解除了以色列軍的武裝，只給約哈斯留下五十名騎兵、十輛戰車及一萬名步兵。此時的以色列人勉強維持生活，乃是因為亞述人勢力的興起，牽制了亞蘭人，而非約哈斯的政治能力所致。

約阿施 *Jehoash*

希伯來語「神所賦予」

看你能射幾箭？

約阿施是以色列王國的第十二代國王（西元前八○二～七八七年在位），是個賢明的君主。當亞述人佔領了亞蘭人的都市大馬士革的時候，他見機不可失，立刻趁亂收復了之前被亞蘭人奪取的國土。

但是約阿施這些貢獻也沒脫離先知以利沙預言的範圍。那時候約阿施才剛當上以色列的王，以利沙就患了重病，在他生命垂危之際，約阿施前來探訪。以利沙要約阿施從朝東的窗戶向敵國亞蘭射箭，約阿施便照著他的話做，以利沙向他說明這是戰勝敵國的箭。然後又叫約阿施向地面射箭，他便朝地面射了三箭，以利沙看了，惋惜地表示他應當要再射擊五、六次，說：「現在，你只能打敗亞蘭人三次了。」後來，如同以利沙所預言，約阿施果真擊敗了亞蘭人三次，收復了之前被亞蘭人奪取的國土。但他的勝利也僅止於此，無法完全地征服亞蘭人。

耶羅波安二世 *Jeroboam II*

希伯來語「增加的人們」

擴張南北兩王國

耶羅波安二世是以色列王國的第十三代國王（西元前七八七～七四七年在位）。他可算是個幸運的王，在他當政的時代，原先構成威脅的鄰國亞蘭王國便解體了；亞述帝國也進入衰退時期，讓他得以趁機發展以色列的經濟，使國家欣欣向榮。

從父王約阿施時代就已經開始復興以色列，到了耶羅波安二世更加推進這些政策，不斷收復失土，這是先知約拿所預言的「從哈馬口直到亞拉巴海（死海）」一帶的邊界國土。同一時期，南邊的猶大王國也在擴張領土，使得南、北兩國的領土已經恢復到大衛王時代的最大疆界。收復領土也就等於控制了貿易所經之路的權力，以色列因而獲得通商、通行稅等收入。經濟繁榮、生活水準提高，首都撒瑪利亞也建造了不少嶄新豪華的宮殿。但是經濟上的富裕僅屬於少數特權階級，一般百姓的貧富差距反而更加擴大。被人稱為「記述先知」的阿摩司、何西阿兩人也在這個時代登場，他們的作品控訴了當時社會上的外在浮華和內部矛盾。

約拿 *Jonah*

希伯來語「鴿子」

被吞進大魚腹中的先知

　　約拿是西元前八世紀左右以色列王國的先知，活躍於耶羅波安二世的時代。約拿身為先知卻不願意聽從神的命令傳授預言，因而發生了一段奇妙的冒險故事。

　　某日神的話降臨約拿身上，說：「你起來往尼尼微大城（亞述帝國的首都）去，向那城的居民傳我的話語。」但是約拿卻不願意遵從，反而乘上另一條船要逃往他施（撒丁島）去。約拿在船底睡覺的時候，暴風雨襲擊船隻，船員們向神祈禱，並且抽籤來追究到底是誰使船隻遭到災難襲擊，結果中籤的人是約拿，他只好承認自己背棄神的命令而潛逃。於是船員們向神禱告，並抓住約拿的手腳將他拋進海裡去，風浪立即平靜了下來。約拿被海中一條巨大的魚吞噬，他在魚腹中向神祈禱了三天三夜，最後大魚才把他吐回陸地上，原來這條魚是神派來的。於是，約拿只好乖乖地接受神的命令，到尼尼微城去傳神的預言。

阿摩司 *Amos*
希伯來語「**負重擔的人**」

最早的記述先知

　　阿摩司是西元前八世紀左右的先知，是第一個將預言內容寫成文書的先知（記述先知），他的言語記載於《阿摩司書》中。

　　阿摩司是出身於伯利恆南部提哥亞村的牧羊人，身上帶著鄉下人的樸拙氣息，而不是像同時代的先知以賽亞、耶利米那樣的都市人。某天阿摩司受到神的召喚，就遠赴耶羅波安二世時代的以色列城市──伯特利，激烈指摘當時的王政造成宗教社會的墮落：「耶和華必從錫安吼叫、從耶路撒冷發聲，牧人的草場要悲哀、迦密的山頂要枯乾。」他責難的矛頭首先指向以色列王國周圍的各國，然後逐漸轉向，最後朝向猶大王國和以色列王國。這個時代以色列的經濟雖然相當繁榮，但是貧富差距甚大，阿摩司敏銳的指出這個現狀所面臨的問題，並警告說以色列終將滅亡，國王也會被殺。然而，阿摩司活動的時間非常短暫，最長大概也只有幾個月時間而已。

亞瑪謝 *Amaziah*
希伯來語「**主的力量**」

視流浪先知如眼中釘

　　亞瑪謝是西元前八世紀左右以色列王國聖地──伯特利的祭司，是個保守而濫用權威的人，一直想要把在伯特利傳預言的阿摩司趕出城去。

　　亞瑪謝對於阿摩司這個流浪先知，非常看不順眼，尤其討厭他責難耶羅波安二世和以色列。於是就派使者到以色列王耶羅波安二世那裡去告狀說：「阿摩司在以色列家中圖謀背叛你；他所說的一切話，這國擔當不起；因為阿摩司說：『耶羅波安必被刀殺，以色列民一定被擄走，離開這塊土地。』」然後亞瑪謝又命令阿摩司遠離伯特利城，不准再回來。但是阿摩司不為所動，他對亞瑪謝說：「我原不是先知，也不是先知的弟子。我是個牧人、又是栽種桑樹的。是主選召我，叫我不再跟從羊群，對我說：『你去向我民以色列說預言。』」然後，阿摩司就不再理會亞瑪謝，繼續待在伯特利城從事傳遞預言的活動。

何西阿 *Hosea*

希伯來語「救贖」

妻背叛、夫原諒

　　何西阿是西元前八世紀左右以色列王國的先知，最初並非因神召喚，而是經歷過不幸的婚姻才開竅成為先知的。

　　何西阿活躍於耶羅波安二世後期到以色列王國滅亡這段時間，雖然耶羅波安二世時代的以色列達到了前所未有的繁榮，但之後迅速衰落敗壞。當時何西阿嚴厲地批判社會上的惡行以及偶像崇拜的流行，他甚至因此提到以色列的滅亡，但這並不表示神放棄了以色列的子民。他的預言特徵是：將以色列比喻為姦淫的妻子背叛丈夫，神就像寬容的丈夫，雖然先稍予懲罰，將妻子趕出家門，但最後只要洗清了罪惡就能被赦免。如此傳遞神的意旨是源自於何西阿不幸的婚姻生活，因為妻子歌篾跟何西阿結婚後，竟背叛丈夫跟別的男人跑了，但是何西阿仍繼續愛著拋棄他的妻子，被寬恕的妻子最後終於重回他的懷抱。何西阿就以自己的經驗來比喻神和以色列的關係。

歌篾 *Gomer*

希伯來語「殘火」

淫婦

　　歌篾是西元前八世紀以色列的先知何西阿的妻子，是個不貞潔的女人，曾一度捨棄何西阿跟別的男人私奔，最後又重回何西阿身邊。歌篾起初跟何西阿結婚，生了三個孩子，歌篾似乎這時就已經跟其他男人有了關係，所以何西阿給孩子們取的都是以色列人視為不吉利的名字。第一個孩子用的是耶戶殺死前國王的地點「耶斯列」做為名字；第二個孩子取名「羅路哈瑪」（不蒙憐憫）；最後一個孩子叫「羅阿米」（非我子民）。歌篾生下這些孩子以後，就離棄何西阿跟別的男人共同生活。何西阿深深為此所苦，說：「告發吧！告發你們的母親，因為她不是我的妻子，我也不是她的丈夫。」但是何西阿並未完全捨棄妻子。後來，神對他說：「你再去愛一個淫婦，就是明明受丈夫所愛卻去追隨情人的女人；好像以色列人，雖然偏向別的神、喜愛葡萄餅，耶和華還是愛他們。」所以何西阿又迎回歌篾，重新共同生活。

米拿現 *Menahem*

♣ 希伯來語「安慰者」

王位高於一切

　　米拿現是以色列王國的第十六代國王（西元前七四七～七三八年在位），為維持自己的王權而不擇手段，是個目中無人又殘酷無比的王。

　　以色列王國自耶羅波安二世之後，就完全陷入黑暗時代。耶羅波安二世死後，他的兒子撒迦利雅作以色列王，才維持六個月，政權就被名為沙龍的傳奇人物推翻。不過沙龍又在一個月後在首都撒瑪利亞被殺死，這次謀反稱王的人，就是同樣來歷不明的米拿現。當時撒瑪利亞周邊各地叛亂四起，米拿現每每都以武力強制鎮壓，其中某個城鎮的住民因為關閉城門沒迎入米拿現而被攻擊。米拿現攻陷之後，將城中所有的孕婦都剖裂殺死。如此殘暴不堪的米拿現，稱王之後為了維持政權也毫不顧慮情面。亞述王來攻擊以色列國的時候，米拿現選擇臣服而非為國家的獨立作戰。他大量搜括國內富豪的銀子，進貢給亞述王，因此維持了自己的王權。

比加 *Pekah*

♣ 希伯來語「張開眼睛」

滅亡的第一步

　　比加是以色列王國的第十八代國王（西元前七三五～七三二年在位），在政策上犯了致命的錯誤，將以色列王國導向衰退的命運。

　　以色列從第十六代國王米拿現的時代起，就被迫歸順於亞述帝國，米拿現的兒子比加轄也繼承父親的亞述政策。但他的副官比加對該政策非常不滿，帶領五十名同夥殺了比加轄而篡位稱王。比加稱王後，立即跟大馬士革的亞蘭王利汛聯手，打算共同對抗亞述帝國。比加和利汛兩人也要求猶大王國加入聯合陣線，但是猶大王亞哈斯拒絕了他們的提議，於是比加就攻擊亞哈斯、圍困耶路撒冷。但是亞哈斯不服輸，去向亞述王提革拉・毘列色討救兵。亞述王應聲出兵先攻打大馬士革，將利汛處死，然後攻擊以色列。將約旦河東岸地方、加利利，以及海岸平原地帶全部併吞。於是以色列喪失了三分之二的領土，被逼迫到接近滅亡的死角上。

何細亞 *Hoshea*

<small>希伯來語「拯救」</small>

以色列王國滅亡——消失的十個支派

　　何細亞是以色列王國的第十九代國王（西元前七三一～七二三年在位），在前任國王比加的時代，以色列就已被亞述帝國侵略，喪失了大部分領土，變成只統治首都撒瑪利亞周邊地方的小國家。何細亞在這樣的時代還特地起兵篡位，稱王之後就改變比加王時代的政策，改採臣服於亞述帝國的路線，向亞述王進貢、依照亞述王的指示行動。但是亞述王提革拉·毘列色一死，何細亞就轉變態度，跟埃及聯手反抗亞述，這個錯誤的決策最後斷絕了他的後路。亞述帝國的新王撒縵以色攻擊小國以色列，逮捕何細亞王，把他鎖禁在監牢裡。撒瑪利亞城雖然被撒縵以色軍圍困，但仍頑強抵抗了兩年多，直到西元前七二一年淪陷，以色列王國就此畫下滅亡的句點。

　　以色列滅亡後，構成王國的以色列各支派，被其他民族混血同化而喪失了獨特性，稱為「消失的十個支派」。

以色列的十二個支派

　　以色列王國滅亡，屬於以色列的十個支派也跟著消失，對於這十個支派中是否包括便雅憫（Benjamin）支派，則並無定論，所以很難正確指出這十個支派。

　　依照傳說，以色列原本有十二個支派，是別名「以色列」的雅各的十二個兒子的後裔子孫，包括：呂便（Reuben）、西緬（Simeon）、利未（Levi）、猶大（Judah）、但（Dan）、拿弗他利（Naphtali）、迦得（Gad）、亞設（Asher）、以薩加（Issachar）、西布倫（Zebulun）、約瑟（Joseph），以及便雅憫等十二支派。

　　其中，約瑟一族又分為以法蓮（Ephraim）、瑪拿西（Manasseh）兩派，所以當以色列民族進入迦南之地的時候，其實有十三個支派，不過當中分配到迦南地方領土的，是利未族之外的十二支派。利未族是為神服務的特殊支派，他們在全國各地分配到四十八個城鎮來代替領土。

　　此外，西緬一族也在大衛王時代之前就完全被猶大支派吸收合併，實質上早已消滅了。

　　因此問題就更複雜了，在提到屬於北部以色列王國的十個支派時，可能是將約瑟的支派算成兩個支派，所以便雅憫族可能包括在內、也可能並不算在內。

撒縵以色 五世 *Shalmaneser V* 亞述語「神是指導者」

亞述帝國稱霸世界

撒縵以色五世是西元前八世紀的亞述國王（西元前七二六～七二二年在位），也是消滅以色列王國的人。在他父王提革拉‧毘列色王的時代，以色列王臣服於亞述帝國，每年固定向亞述王進貢。但是提革拉‧毘列色一死，何細亞就轉變態度開始反抗亞述帝國。新王撒縵以色無法坐視事態發生，便帶領軍隊進攻以色列，逮捕了何細亞王，並圍攻撒瑪利亞城，終於滅掉了以色列王國。

聖經的敘述中，直到撒瑪利亞淪陷為止，亞述王都是撒縵以色五世。但是從歷史來看，撒瑪利亞淪陷時，已經是撒珥根二世做亞述王的時代了。撒瑪利亞淪陷後，撒珥根二世徹底實施「徙民政策」政策。也就是將撒瑪利亞城中的富人和有影響力的人都擄至亞述，再把其他民族的統治階級移入撒瑪利亞城。因此，使得構成以色列王國的十二支派都跟其他的民族通婚混血，從此消失在歷史中了。

亞比雅 *Abijah* 希伯來語「神是我父」

持續與兄弟國作戰

亞比雅是猶大王國的第二代國王（西元前九一〇～九〇八年在位），又名亞比央，是羅波安王的兒子，在統治猶大王國十七年的父王逝世後繼位為王。個性執著、好戰，不斷跟父王的宿敵以色列王國的耶羅波安交戰。

戰爭主要的導火線是在兩國邊界上原屬便雅憫支派的土地爭奪戰，當時通常是亞比雅比耶羅波安佔優勢。有一次亞比雅率兵四十萬人，挑戰耶羅波安的勇士八十萬人。耶羅波安迂迴繞到猶大人的後面埋設伏兵，從前後兩方夾擊猶大人。猶大人大驚，就呼求神救助，祭司也吹號，使得以色列大軍混亂潰逃。猶大人趁機追擊，一口氣消滅了以色列五十萬精兵，亞比雅就戰勝了耶羅波安，攻佔了伯特利、耶沙拿、以法拉（以弗倫）這幾座城和週邊的村落。此後亞比雅在位的時代，耶羅波安一直無法擴張勢力。

亞撒 *Asa*

希伯來語「被創造」

南北兩王國的國界

亞撒是猶大王國的第三代國王（西元前九〇八～八六八年在位），前代王亞比雅的弟弟，是個信仰虔誠堅定、毫不妥協的人物，雖然先祖代代的王都崇敬異教的神祇，在猶大國內建築了許多異教的神壇和神像，但亞撒當政後，將異教的建築全部破壞殆盡，因此蒙神所愛，得以統治猶大王國長達四十一年，國內安定、天下太平。亞撒也是個優秀的政治家，當時南北王國長期處於戰爭狀態，亞撒也不斷跟以色列國王巴沙交戰。某次，以色列國王巴沙來到猶大王國的領土內打算修築要塞，這時亞撒立即送了許多金銀財寶去給亞蘭王便·哈達一世，請他與以色列王國斷絕邦交，轉向支持猶大王國。後來他的計策成功了，便·哈達一世開始從北方攻擊以色列王國，巴沙王不得不回國去防衛北方陣線。亞撒王趁機將敵人巴沙王運來的建材搬去修築米斯巴和迦巴的要塞。於是貫穿米斯巴東西方向的陣線就成了兩王國之間的疆界。

亞撒利雅 *Azariah*

希伯來語「神所幫助的人」

無法容忍異教崇拜

亞撒利雅是猶大王國亞撒王時代的先知。之前的猶大王都崇拜異教的神明，亞撒利雅無法坐視下去，就勸亞撒王走向真正信仰的道路。

亞撒王本身就是信仰堅定的人，但對於採取強烈手段卻猶豫不決，這時候亞撒利雅就到亞撒王面前去，振振有詞地主張只要走正確的道路，將來必定能得報償：「亞撒哪！猶大和便雅憫的眾人哪！請聽我說，你們若順從耶和華，耶和華必與你們同在……你們所行的必得賞賜。」亞撒王聽見這話，就壯起膽來展開行動，在猶大、便雅憫全地，以及以法蓮山地所奪的各城，將祭祀異教神明的神像、祭壇全都拆掉，而且又重新修築耶路撒冷的聖殿。然後亞撒王也在耶路撒冷召集住在猶大王國內的人民，舉行大型祭典儀式，並對人民立下契約。凡不尋求耶和華的人，無論是誰都一律處死刑。

哈拿尼 *Hanani*
希伯來語「深情」

不可依靠異教徒的王

　　哈拿尼是亞撒王時代在猶大王國活動的先知，是個一絲不苟的人，認為無論有什麼理由，都絕對不能背離神的道路。即使只是為求一時方便所採用的有效手段，也不能允許。

　　正當以色列王國的巴沙王在拉瑪修築要塞的時候，猶大王國的亞撒王向亞蘭王便‧哈達一世請求協助。這其實是相當現實又有效的方法，便‧哈達一世在巴沙王之後的時代也經常來拖累以色列，對猶大王國幫助頗大，但是此舉也等於是依賴耶和華之外的異教力量，所以先知哈拿尼為此非常不悅。他去見猶大王亞撒，對他說：「因你仰賴亞蘭王，沒有仰賴你的神——耶和華，所以亞蘭王的軍隊脫離了你的支配……你這事行得愚昧，此後，你必爭戰不斷。」這樣的言語觸怒了亞撒王，將哈拿尼囚在監獄裡。但神也因而懲罰亞撒，讓他晚年為腳病所苦。

約沙法 *Jehoshaphat*
希伯來語「神下裁決」

僅依靠大聲讚美神的力量

　　約沙法是猶大王國的第四代國王（西元前八六八～八四七年在位），王國分裂後出場的國王當中，約沙法是足以與希西家、約西亞齊名的偉大國王之一。這樣的評價標準在聖經中很常見，約沙法跟父王一樣熱心於宗教改革、敬神虔誠，所以能夠享受和平繁榮以為回報。

　　神幫助約沙法的最好一個例子，就是在與摩押人、亞捫人交戰時所行的奇蹟。這次戰爭，猶大王國毫無還手的能力，恐懼的人民和國王都聚集在聖殿中向耶和華禱告。於是，神的言語就降臨利未人雅哈悉，說神會給他們力量。約沙法和人民們相信這些話，就在伯利恆南部的提哥亞曠野整軍備戰。當摩押人、亞捫人的大軍來到面前時，他們也不應戰，只是大聲讚美神。結果敵軍陣營竟然開始自亂陣腳，混亂地開始自相殘殺，因此而保住了猶大王國的和平。

雅哈悉 Jahaziel

希伯來語「神都明白」

站著不動就能獲勝

雅哈悉是約沙法王時代住在猶大王國的利未人。利未族人原來就擔任聖殿的工作，宗教色彩特別強烈。或許正因如此，利未人有時候也會像先知一樣聽見神的聲音。

亞捫人和摩押人的大軍來攻擊猶大人時，約沙法王和人民們恐慌地向神祈禱，聖靈突然降臨雅哈悉，他就忽然變了個樣，開口說：「猶大眾人、耶路撒冷的居民和約沙法王，你們請聽。耶和華對你們如此說：『不要因這大軍恐懼驚惶；因為勝敗不在乎你們，乃在乎神。明日你們要下去迎敵，他們是從洗斯坡上來，你們必在耶魯伊勒曠野前的谷口遇見他們。這時你們不要爭戰，要擺陣站著，看耶和華為你們施行拯救。猶大眾人和耶路撒冷的居民啊！不要恐懼驚惶。』」次日果真如他所說，敵人的大軍還沒跟猶大的軍隊作戰，就先自亂陣腳互相殘殺，結果讓猶大軍隊毫不費力就大獲全勝。

約蘭 Jehoram

希伯來語「高貴的神」

內臟墜落的懲罰

約蘭是猶大王國的第五代國王（西元前八四七～八四五年在位），是個邪惡至極的王，因此神對他和他的國家都下了詛咒。

約蘭是七個兄弟中的長男，卅二歲登基為王。那時父王約沙法將許多金銀財寶、猶大的城池、要塞都分配給兄弟們，引起約蘭的不滿而開始蠻橫反抗。當他坐上王位以後，就利用權力殺死所有兄弟以及跟他作對的高官們。而且因為約蘭娶了以色列王亞哈的女兒亞他利雅為妻，也受妻子影響開始崇拜異教的神，因此觸怒了以色列的神。於是在他統治的時代，原本歸順猶大王國的以東人和立拿人都開始叛亂、脫離他的支配，削弱了王國的力量。使得猶大王國國力式微，無法抵禦遊牧民族入侵，非利士人和阿拉伯人就趁機來攻擊耶路撒冷，擄掠了王宮裡所有的財物和他的妻子、兒女。約蘭本人也受到神的懲罰，腹部患了不治之症，最後因內臟脫墜出體外而死。

亞哈謝 *Ahaziah*

希伯來語「神將繼續」

崇拜異教的結果

亞哈謝是猶大王國的第六代國王（西元前八四五年在位），又名約哈斯，只做了一年的短命國王。由於他和他的父王背離神的信仰，結果招致了不幸的命運。

亞哈謝是猶大王約蘭的么兒，非利士人和阿拉伯的遊牧民族來攻擊耶路撒冷的時候，除了他之外，其他王子都被殺光了，而亞哈謝也因為跟父王一樣不敬神，所以當上國王後，也很快就喪命了。亞哈謝做王的時候，跟以色列王約蘭結為同盟，抵抗共同的敵人——亞蘭王國。以色列王在與亞蘭人作戰的時候負了傷，亞哈謝因而離開戰場，到耶斯列城來探望在此避難療傷的以色列王。不巧這時以色列將軍耶戶起兵謀反，進攻耶斯列城。耶戶殺害了君主成為以色列王，又追捕已逃亡到首都撒瑪利亞的亞哈謝將他殺害。

亞他利雅 *Athaliah*

希伯來語「崇高的神」

繼承王位的母親

亞他利雅是第七代以色列王亞哈和妻子耶洗別的女兒，也是猶大王國的第六代國王亞哈謝的母親，她可說是為猶大王國帶來不幸的元凶。

為了強化南北兩王國的同盟關係，亞他利雅從以色列嫁來作猶大王約蘭的妻子。她跟腓尼基出身的母親一樣崇拜異教的神，給約蘭王帶來了負面的影響。不僅如此，她甚至企圖斷絕大衛王的後裔，篡奪猶大王國，在聽到兒子亞哈謝被捲入以色列將軍耶戶叛變而死的消息時，她立刻殺害所有王族，自己篡位做了猶大王國第七代國王（西元前八四五～八四〇年在位）。幸而亞哈謝的一個兒子約阿施被機警地救出，大衛王的血統才得以保住。這次事件發生後，亞他利雅統治了王國六年。但是七年後，以祭司耶何耶大為中心的一股革命勢力出現，亞他利雅立即陷入孤立無援的狀態，窮途末路之際大聲呼喊：「造反！造反了！」卻沒人來救助她，最後就這麼被殺害了。

耶何耶大 *Jehoiada*

希伯來語「主知曉一切」

保住大衛王族的血統

耶何耶大是西元前九世紀左右，亞哈謝王時代首都撒瑪利亞的大祭司。信仰篤實，是個賢明勇敢的英雄人物。

猶大國王亞哈謝被以色列將軍耶戶殺害，亞哈謝的母親亞他利雅篡奪猶大王位的時候，幾乎所有王族都被亞他利雅殺盡，只有亞哈謝剛出生的兒子約阿施，被前任王約蘭的女兒約示巴機警地救了出來。耶何耶大便將他們藏在聖殿，亞他利雅在位的期間都由耶何耶大照顧幼主。到了第七年，耶何耶大召集軍隊中的百夫長們到聖殿來，跟他們立約宣布約阿施為新王：「看哪！王的兒子必當作王，正如耶和華指著大衛子孫所應許的話。」然後為約阿施戴上冠冕、塗抹油膏，正式成為國王。眾人就喜悅讚美說：「願王萬歲！」亞他利雅聽到後，雖然試圖抵抗，卻無人追隨她，耶何耶大就得以輕易地捉住她，並將她處死了。

約阿施 *Joash*

希伯來語「神所賦予」

七歲登基

約阿施是猶大王國的第八代國王（西元前八四〇～八〇一年在位），因大祭司耶何耶大的庇護，七歲就被擁立為王。可能因為如此，他很容易受到周圍的人影響，是個優柔寡斷的人。

耶何耶大是個非常賢明的人，照顧幼主約阿施無微不至，也不斷為他提出賢德的建議，所以在他有生之年，國王的行為都還算忠於神。治理王國第廿三年的時候，還積極修築聖殿。但是之後耶何耶大去世，約阿施王就開始背離神的道路。當時猶大王國的高官顯貴中也有一些崇信異教神明的人，聽多了他們的論調，耳濡目染的約阿施王也逐漸開始跟隨他們行動。耶何耶大的兒子撒迦利亞聽了神的話語來警告他們，約阿施卻命令部下將撒迦利亞殺掉。這樣的行動屢試不爽因而觸怒了神，便要下手懲罰他。撒迦利亞死後才滿一年，亞蘭人的軍隊就來攻擊猶大王國的首都耶路撒冷，許多高官顯貴都被殺，約阿施也身負重傷，於是撒迦利亞的親信就趁機暗殺了他。

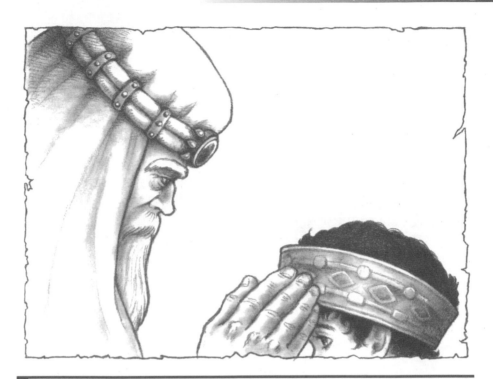

撒迦利亞 *Zechariah*

希伯來語「神記得」

神鑒察一切

　　撒迦利亞是約阿施王時代的大祭司耶何耶大的兒子。偉大的信仰家耶何耶大死後，約阿施和猶大王國的許多臣民都開始信奉異教，所以當時出現了不少先知提出警告，勸大家回到以色列人原來信仰神的道路上，撒迦利亞也是其中之一。

　　那時，聖靈感動了撒迦利亞，他就站出來說：「神如此說：你們為何干犯耶和華的誡命，以致不得亨通呢？因為你們離棄耶和華，所以他也離棄你們。」但是約阿施王和人民都不聽他的勸告，甚至約阿施王還下令逮捕、並用石頭打死了他。約阿施從前在耶路撒冷的聖殿曾被耶何耶大所救，卻在同樣的聖殿前庭，將耶何耶大的兒子撒迦利亞殺死。撒迦利亞一定覺得很冤枉，因此在臨死前下詛咒般地說：「願耶和華鑒察一切，為我伸冤！」

亞瑪謝 *Amaziah*

希伯來語「主的力量」

奮勇爭戰

　　亞瑪謝是猶大王國的第九代國王（西元前八〇一～七八七年在位），雖然虔誠敬神，但是過於相信自己的實力，不懂得見好就收的道理。

　　他一登基就把殺他父王的臣僕處死，卻沒有處死他們的家族，此乃依照摩西律法書所說的：「不可因子殺父，也不可因父殺子，各人要為本身的罪而死。」從這個舉動也看得出來，亞瑪謝原本是個遵守神的誡律的人。但是在某次戰爭中戰勝了以東人之後，他就過於相信本國的力量，進而對以色列王國宣戰。當時的以色列國王約阿施看出他的狂妄自大，勸他不要為自己招災惹禍，但是亞瑪謝不肯聽從。於是兩國爆發戰爭，猶大王國慘敗，以色列軍連耶路撒冷的城牆都破壞殆盡，並掠奪了聖殿的財寶。經過這次戰爭之後，亞瑪謝仍然在位一段很長的時間，但已失去了人民的擁戴，最後被謀反勢力殺害。

烏西雅 *Uzziah*

希伯來語「神就是力量」

嚴重的皮膚病

　　烏西雅又名亞撒利雅，是猶大王國的第十代國王（西元前七八七～七三六年在位），政治手腕優異過人。

　　烏西雅王和以色列王國維持著友好的關係，所以這段時期的猶大王國和以色列王國都能平安繁榮，南北兩王國的版圖也已經恢復到能與大衛王時代匹敵的程度。而且在內政方面，烏西雅王振興農業、重整軍備，建立了物質豐裕的國家。父王時代被以色列軍破壞的耶路撒冷城牆也重新整修，另外又在城牆城樓上裝設能投石射箭的機關。但是烏西雅的人生到了最後卻變得悲慘無比。因為某次他自己到聖殿上焚香，這是唯有祭司才被允許的行為。祭司亞撒利雅立即來抨擊他，但他不僅不承認錯誤，還惱羞成怒責罵祭司。於是神的憤怒降臨烏西雅身上，當他還沒責罵完，就患了嚴重的皮膚病，因此被隔離、承受痛苦，直到死亡。

約坦 *Jotham*

敬神的模範生

約坦是猶大王國的第十一代國王（西元前七五九～七四四年在位），父王烏西雅是歷代猶大王中屈指可數的優秀人物，約坦謹遵父親教誨，悉心統理國家，是個像模範生般守規矩的國王。

約坦是從父王烏西雅因皮膚病被隔離時就開始治理國家，可能當時還是攝政而非國王身分。但是約坦的確是個理想的政治家，在軍事、政治各方面都維持了猶大王國的繁榮。他除了繼承父王的政策，繼續修復聖殿、城牆的工程之外，又在猶大山地興建城池、在樹林中築起要塞和高塔，使城塞的數目比父王的時代更增加許多。雖然聖經上並無確切記載，不過約坦治理國家的時候，父王烏西雅仍然健在，所以他很可能時常去探望因皮膚病而被隔離的父王，徵求父親對政治行政上的意見。後來亞捫國王聽說烏西雅患病的事，就起兵叛變攻打猶大王國，但被約坦打敗了，之後連續三年，每年都向約坦進貢銀子、小麥、大麥等物品。聖經中照例明言，約坦的成功是來自於他虔誠的信仰。

亞哈斯 *Ahaz*

憧憬異教習俗的王

亞哈斯是猶大王國的第十二代國王（西元前七四四～七二九年在位），在猶大王國中算是代表性的惡人，所作所為看在神的眼中沒有一件是義的，而且還染上了迦南土地自古以來的異教傳統惡習。

亞哈斯治理國家到了後期，亞蘭人跟以色列王國聯手來攻打猶大王國，這時他差遣使者帶著金銀去向亞述王提革拉・毘列色求援說：「我是你的僕人、你的兒子。現在亞蘭王和以色列王攻擊我，求你來救我脫離他們的手。」如此靠亞述王的力量為他解決了猶大王國的急難。但因為依賴異教徒的力量，乃是背離神的錯誤行為，所以這時候已開始活躍的偉大先知以賽亞就譴責他的行為。可惜亞哈斯不但不聽以賽亞的話，還專程去大馬士革拜訪亞述王提革拉・毘列色。他在那裡看見一座異教徒的聖壇深受感動，便在耶路撒冷也建造了一座相同的祭壇，用來祭拜以色列的神。

提革拉·毘列色 *Tiglath Pileser*
締造世界性帝國

亞述語「我信賴以撒拉(Esharra)的兒子」

　　提革拉·毘列色是亞述帝國的國王（西元前七四四～七二七年在位），是個非常能幹又積極進取的人。

　　在他當權之前，採取徵兵制度的亞述帝國，向來只在需要的時候徵用自由農民或者農奴來編成軍隊。但後來他改採職業軍人方式設置常備軍，配備三人乘坐的戰車，並且改良步兵用的武器和攻城器具，大幅強化軍事力量，開始侵略鄰近各國。以色列王國也因此喪失東部和北部的領土，向滅亡之路踏出了第一步。後來，大馬士革王利汛和以色列王比加聯手，結成反亞述同盟，也呼籲猶大王亞哈斯加入，但猶大王拒絕了，於是大馬士革的亞蘭人就跟北以色列的聯合軍一同來攻打猶大王國。但這時亞哈斯去向亞述王提革拉·毘列色討救兵，對亞述王而言這個要求正中下懷，就立即出兵攻打大馬士革、殺死利汛。這個時代亞述帝國也征服了巴比倫，締造了巨大的帝國版圖。

烏利亞 *Uriah*
違背本意建造異教的祭壇

希伯來語「耶和華是我的光」

　　烏利亞是服侍猶大王國亞哈斯的祭司。活躍於同一時代並曾預言以色列王國滅亡的偉大先知以賽亞，曾列舉烏利亞的名字作為證明自己預言能力的證人，由此可見烏利亞是個相當受信賴的人物。但是他後來被逼遵從國王的命令，並非十全十美、毫無缺點。

　　一次，亞哈斯王到大馬士革去拜訪亞述王提革拉·毘列色時，看見一座異教徒的祭壇便大為讚嘆，就將祭壇的詳細設計圖樣和製作說明書送到祭司烏利亞那裡。站在烏利亞的立場，一定不願意見到異教徒的祭壇，但是國王的命令不能違抗，他只能依亞哈斯王的指示，在耶路撒冷建築一座異教的祭壇，趕在亞哈斯王回來之前完工了。亞哈斯王歸國後很高興的用這個祭壇獻祭，並且告訴烏利亞早晚獻祭品的詳細規則。自此之後，烏利亞也都依照國王指示的方式獻上祭品，不過這個祭壇所供奉的仍然是以色列的神。

俄德 *Oded*
希伯來語「復活」

猶大的還給猶大

　　俄德是西元前八世紀猶大國王亞哈斯時代，以色列王國的先知，苦口婆心地勸誡並指出以色列南北分裂的愚昧。

　　猶人王亞哈斯不肯參加亞蘭人和以色列王國抵抗亞述帝國的聯軍，因此而被亞蘭、以色列聯軍攻擊。這次戰爭中，猶大王國不但財物損失慘重，而且還有大量人民被俘虜到以色列的首都撒瑪利亞去。此時俄德登場，他前往撒瑪利亞向以色列軍隊說：「因為耶和華——你們列祖的神惱怒猶大人，所以將他們交在你們手裡，你們竟怒氣沖天，大行殺戮……但你們豈不也有得罪耶和華——你們神的事嗎？現在你們當聽我說，要將擄來的弟兄釋放回去，因為耶和華已經向你們大發烈怒。」俄德說的話似乎打動了軍心，肯聽從俄德勸告的人越來越多，結果將軍和士兵們都放棄他們的俘虜和戰利品，放他們回到猶大去了。

希西家 *Hezekiah*
希伯來語「神的力量」

善良卻不善政治的王

　　希西家是猶大王國的第十三代國王（西元前七二八～七〇〇年在位），父王亞哈斯的時代，猶大人民都崇拜異教的神明。但是希西家堅決進行宗教改革，破壞異教神明的祭壇，努力恢復耶和華的信仰。

　　但是在現實政治上，他卻沒有足夠的力量實現自己的意志。從父王亞哈斯的時代起，猶大就成了亞述帝國的附庸國，但是信仰堅定的希西家不滿意這樣的狀況，就和埃及、巴比倫聯手，企圖反抗亞述，他的嘗試剛開始似乎是有點成功，但很快就被亞述王西拿基立粉碎殆盡。亞述軍來攻打猶大，佔領了四十六個城鎮，希西家非常驚恐，立即向亞述王認錯：「我犯了過錯，只求你離開我的國土；凡你罰我的，我必承當。」此後，猶大王國只能重回亞述帝國之下做附庸國了。

西拿基立 *Sennacherib*

亞述語「神增加兄弟」

大帝國的暴君

繼撒珥根二世之後登基做亞述王的西拿基立（西元前七〇四～六八一年在位）是個什麼事都用暴力解決、自私任性而且自我中心的暴君。

提革拉·毘列色王時代就已經非常強大的亞述帝國，到了西拿基立王的時代，統治了從美索不達米亞到埃及的龐大帝國，繁榮至極。但是只要統治上產生嫌隙，這些地區就會趁機恢復獨立。在撒珥根二世去世的時候，猶大國王希西家就帶頭叛變，和埃及、巴比倫聯手反抗亞述帝國。西拿基立繼位後即展開行動，鎮壓了巴比倫，西元前七〇一年又攻入主導謀反的猶大王國，並且征服了猶大四十六個要塞和無數的村莊，差點就連首都耶路撒冷都被攻破。希西家在危急之下徵求偉大的先知以賽亞的意見，以賽亞預言說：「亞述軍必定撤軍、不會攻擊耶路撒冷城。」讓希西家勇氣倍增，後來果然如以賽亞所預言，亞述軍撤離了耶路撒冷，但是猶大也不得不再度成為亞述的附庸國。

拉伯沙基 *Rabshakeh*

亞述語「獻酌長官」

你是無能的國王

西元前七世紀左右，為亞述王西拿基立服務的高官拉伯沙基，以西拿基立王特使的身分，高傲地來到猶大王國首都耶路撒冷。

猶大國王希西家策動叛亂時，西拿基立攻佔了許多猶大的城鎮。之後，他派遣特使拉伯沙基到耶路撒冷來，說服大家放棄無謂的抵抗。當拉伯沙基到了耶路撒冷，就在眾人面前用傲慢無禮的態度對以色列代表團說話。他故意用眾人都聽得見的聲量指責希西家王的無能，勸告大家遵從亞述王。他說：「你們不要被希西家欺哄了；希西家勸導你們說耶和華必拯救你們，你們不要聽他的話。看其他列國的神有哪一個能救他本國脫離亞述王的手呢？」耶路撒冷的代表團聽了便慌了手腳，請求拉伯沙基用人民聽不懂的其他語言說話，但是他完全置之不理，還是繼續用猶大的語言大聲說話。這讓希西家非常頭痛、無所適從，就去向先知以賽亞求助。

以利亞敬 *Eliakim*
希伯來語「願神增進力量」

城牆上的人民都在聽

以利亞敬是西元前七世紀左右，猶大王國的宮廷長。亞述王西拿基立派遣特使拉伯沙基來到猶大王國的首都耶路撒冷時，以利亞敬便是代表團中的一份子，個性認真死板，有點過分小心翼翼。

拉伯沙基是個傲慢的人，他用高傲的態度責難希西家王，聽得以利亞敬坐立難安。他們交談的地方在耶路撒冷城牆旁邊，城牆上有很多人民圍觀，以利亞敬不希望談話的內容被人民聽到，就對拉伯沙基說：「我們懂得亞蘭人的言語，請你用亞蘭語說話，因為城牆上百姓都在傾聽，請你別說猶大的語言。」但是拉伯沙基完全不理會他的要求，這大概也是來耶路撒冷的目的之一，他從頭到尾都刻意用猶大的語言說話，以利亞敬也只能惶惶然地聽著。

比羅達·巴拉但 *Merodach Baladan*
亞述語「神授與我兒子」

被擄到巴比倫的預言

比羅達·巴拉但是西元前八世紀左右巴比倫國的王（西元前七二一～七一〇年在位），曾遭亞述王撒珥根二世放逐國外，但仍不氣餒的抵抗亞述王、歸復王位。開始進行反亞述帝國作戰的猶大王希西家也一直跟他保持密切聯絡。當希西家受病痛所苦時，他也派遣使者帶著書信禮物去探望，因此而結成了反抗亞述聯盟。但是聖經上卻說，他所派去的使者是讓猶大王國滅亡的遠因。因為使者到訪的時候，受到希西家熱烈地歡迎，甚至連金庫、武器庫、倉庫，都打開給他們看。於是先知以賽亞來對希西家說：「總有一天，凡你王宮裡所有的，並你列祖積蓄到如今的，都要被擄到巴比倫去，一樣都不留下。這是耶和華說的。並且從你本身所生的眾子中，必有被擄去在巴比倫王宮裡當太監的。」以賽亞就這樣預言了他們被擄到巴比倫成為階下囚的命運。

以賽亞 *Isaiah*
希伯來語「神的救恩」
唯有仰賴神

　　以賽亞是西元前八世紀左右活躍於猶大王國、也是聖經中最偉大的先知之一。在西元前七四〇年烏西雅王去世時，以賽亞受到神的啟示而成為先知，活躍於約坦、亞哈斯、希西家三代為王的時代，身分崇高到甚至有資格直接在王面前直言，但他的想法卻時常跟國王對立。

　　以賽亞活躍的時代，埃及和亞述都很強盛，被夾在兩國之間的猶大王國，卻和以色列王國交惡，所以有時候在政治上、經濟上都必須跟其他國家合作才能生存。但是以賽亞卻主張：除了信靠自己的神耶和華之外，不應依賴其他外來的力量。對以賽亞來說，被世俗的力量所左右是非常愚昧的行為，應該仰賴在民族歷史中發揮作用的神的力量才是。曾向亞述求援的亞哈斯王，也曾因此禁止以賽亞在耶路撒冷城內公開活動。據說舊約聖經中《以賽亞書》當中有部分（第一～三十五章）便是以賽亞當時實際說過的話。

瑪拿西 *Manasseh*
希伯來語「遺忘」
異教信仰復活

　　瑪拿西是猶大王國的第十四代國王（西元前六九六～六四二年在位），十二歲登基為王，治國五十五年，是南北王國中在位時間最長的國王，當然也一定擁有相當的統治能力。可是聖經中對他不但沒有任何讚美的字句，反而責備他是個惡王。

　　瑪拿西反對父王希西家進行宗教改革的政策，並在猶大王國內恢復對迦南土地神的信仰。重建那些被希西家破壞的神壇、舉行以色列神所禁止的儀式、使用咒語、靈媒等妖術。神的先知當然極力批判他的行為，說：「因猶大王瑪拿西行這些可憎的惡事比先前亞摩利人所行的更甚，使猶大人拜他的偶像，陷在罪裡；所以耶和華——以色列的神如此說：『看吧！我必降禍與耶路撒冷和猶大。』」果真後來瑪拿西就被俘虜到巴比倫去接受懲罰，回來之後，才洗心革面虔誠地信仰以色列的神。

約西亞 Josiah
希伯來語「神所治癒」

優秀國王的典範

　　約西亞是猶大王國的第十六代國王（西元前六三九～六〇九年在位，是第十五代王亞們的兒子。在所羅門王之後的猶大國王當中，獲得和希西家齊名的最高評價。

　　約西亞登基的時候才八歲，卻從年輕時代就非常熱中於信仰。治理國家第八年就積極信仰以色列的神，到了第十二年更破壞猶大王國內的異教神壇。第十八年開始正式進行宗教改革，這一年在修繕耶路撒冷聖殿工程時，發現了『律法書』（據說是聖經正典《申命記》的雛形），開啟了宗教改革的端由。因為約西亞發現當時所舉行的宗教儀式並不合乎律法書上所規定的內容，就根據此書的記載進行宗教改革。而且這次改革並不僅止於猶大王國內，其效果更遠及已被亞述帝國所滅的以色列王國領土。換句話說，約西亞懷抱著再度統一南北以色列的期望。但是他在後來和埃及的戰爭中喪生，統一南北以色列的夢想於焉破滅，宗教改革的企圖也再度受挫。

希勒家 Hilkiah
希伯來語「神的份」

冷靜的宗教改革者

　　希勒家是西元前七世紀左右、約西亞時代的大祭司，約西亞治國十八年，在整修中的聖殿中發現了『律法書』，以此契機而著手進行宗教改革。當時發現這部律法的人，就是希勒家。

　　他忠實牢靠地為國王盡力，卻不像約西亞王那樣敏感、情緒化。當約西亞王在發現當時舉行的宗教儀式並不符合『律法書』規定的時候，曾激動得「撕裂衣服」反省悔悟；但希勒家反而始終都保持冷靜，並無特別驚訝的表現。為了明瞭神對這部『律法書』的評判，他們去詢問女先知戶勒大的意見，結果戶勒大預言說，將有很大的悲劇降臨耶路撒冷，希勒家聽了也只是冷靜而忠實地傳達給國王。雖然希勒家的態度看起來似乎有點冷淡，但這並不表示輕忽怠慢，因為他是個非常忠實遵守國王命令的人。後來，約西亞王下令宗教改革、破壞異教神的祭壇和祭祀用具時，希勒家就是受命執行的祭司之一。

戶勒大 *Huldah*   希伯來語「鼬鼠」、「黃鼠狼」

郊外的女先知

西元前七世紀前後猶大王國的女先知戶勒大，是個說話不會模稜兩可的真先知，很受國王的信賴。在耶路撒冷的聖殿中發現『律法書』的時候，約西亞王對律法書內容感到非常訝異而不知該何去何從，就派祭司希勒家和書記沙番等人去郊外見女先知戶勒大，但是戶勒大的預言對約西亞而言卻殘酷無比。她預言說約西亞王死後猶大王國就會滅亡：

「耶和華如此說：我必照著猶大王所讀那書上的一切話，降禍與這塊土地和其上的居民。因為他們離棄我，向別的神燒香，用他們手所做的惹我發怒，所以我的忿怒必向這地方發作，總不止息。」雖然約西亞王本身是虔誠信仰的人，但是神並不因此而原諒整個民族的罪行。

尼哥 *Neco*

埃及的謀略家

尼哥是西元前七世紀的埃及國王（西元前六〇九～五九四年在位）。第十六代猶大國王約西亞在米吉多平原跟埃及人爭戰之中喪命，這時候的埃及王就是尼哥。尼哥採取和父王薩姆提克一世同樣的政策，向巴勒斯坦地方擴張。他是個相當有謀略的人，當美索不達米亞的新興勢力——巴比倫開始擴張勢力範圍時，他為了牽制巴比倫，不惜跟之前曾統治埃及的亞述帝國聯手。西元前六〇九年，尼哥率領埃及軍沿著巴勒斯坦海岸平原朝美索不達米亞北上，也是為了援助正在跟新巴比倫苦戰的亞述軍而來。但是敵視亞述的猶大王約西亞，為了阻止埃及軍北上而率軍出陣。尼哥派人來對約西亞說自己並無意跟猶大作戰，勸告約西亞退回，但是約西亞不聽，執意抗戰到底。結果約西亞戰死沙場，猶大王國也被納入埃及統治之下。可是埃及的統治時期也不長，因為他很快就被新巴比倫王國所滅。

約雅敬 *Jehoiakim*

踏出滅亡的第一步

約雅敬是猶大王國的第十八代國王（西元前六〇八～五九八年在位），在國家即將滅亡的風雨飄搖時代，卻只剩這個不得要領的愚昧君王。

約西亞死後，人民擁立他的兒子約哈斯作第十七代國王。約哈斯跟父王同樣敵視埃及。因此統治猶大王國的埃及王廢了他的王位、把他軟禁在埃及。此時埃及王尼哥看中約哈斯的哥哥以利雅敬，就立他為王，並命令他改名為約雅敬。猶大王國被埃及統治，不得不加重國民稅賦來供應埃及貢品。在這樣艱苦的情況下，約雅敬王還為自己修築宮殿，因而遭到先知耶利米的批判。西元前六〇五年，新巴比倫帝國從埃及手中奪取了巴勒斯坦的統治權，數年後，約雅敬自不量力的企圖反抗巴比倫，結果在西元前五九七年被巴比倫的正規軍進攻，第一批巴比倫俘虜就這樣被帶走了。

約雅斤 *Jehoiachin*

第一批巴比倫俘虜

約雅斤是猶大王國的第十九代國王（西元前五九八～五九七年在位），也是第一次遭到巴比倫俘虜的倒楣國王。

父王約雅敬企圖反抗新巴比倫帝國的統治，惹惱了巴比倫王──尼布甲尼。約雅敬在首都耶路撒冷被正規軍攻擊之前死亡，王子約雅斤倉促登基來對抗巴比倫軍。但是當時才十八歲的約雅斤並無化解頹勢的力量，敵軍一旦包圍耶路撒冷，他就毫無抵抗地投降了。結果，雖然讓耶路撒冷免於戰火摧殘，但包含國王約雅斤在內的王族、宦官、軍官、戰士、技師們，猶大王國有八千多個人才都被俘虜帶到巴比倫去，這就是西元前五九七年的第一次巴比倫俘虜事件。猶大王國因此完全喪失了抵禦外侮的能力。約雅斤被虜到巴比倫後，被關閉在牢獄之中，不過三十七年之後登基的新巴比倫王將他放出，並且待之以禮，讓他有權跟國王一同進食。

西底家 *Zedekiah*

希伯來語「神是正義」

猶大王國滅亡

　　西底家是猶大王國的第二十代國王（西元前五九七～五八七年在位），也是前任王約雅斤的叔叔。他背負不幸的命運，被迫面對猶大亡國的不堪。

　　第一次巴比倫俘虜事件之後，巴比倫王尼布甲尼撒將王位交給他，當時猶大的領土大多被巴比倫佔領，他的統治也不過是由巴比倫在幕後操控的傀儡政權。因為王位是尼布甲尼撒所給予的，所以西底家也只能聽從巴比倫的命令，但是到了西元前五八九年，西底家以埃及作靠山，跟隨周邊各國的腳步，一同背叛巴比倫。巴比倫王立即率領全軍來包圍耶路撒冷。西元前五八七年徹底破壞耶路撒冷城，西底家也被逮捕，送到尼布甲尼撒面前來，親眼目睹自己的兒子們被殺死，西底家自己也被剜出眼睛，用銅鍊鎖著帶到巴比倫去。猶大就此亡國，成為巴比倫的一個屬省，開始了此後長達七十年的「巴比倫俘虜時代」。

舊約時代的城鎮

　　無論以色列王國或猶大王國，被其他國家攻擊的時候，許多城鎮和村莊都在短時間內被佔領。不僅因為這些來犯的外邦擁有強大的軍力，再者，這些城鎮或村莊的規模本來也不大。即使以色列的首都耶路撒冷，用城牆圍起來的城內面積也只有一平方多公里，更不用說其他大部分的城鎮，有的規模甚至小得不到兩百平方公尺。

　　然而，城鎮跟村莊最大的不同，在於周圍是否有城牆包圍，而非取決於規模的大小。用城牆圍起來的算是城市，沒有城牆的則是農業用的村落，所以村莊比城鎮更容易落入敵人手中。戰爭四起的時代，居住在村莊的人民相當危險，所以人們都集中到城中居住。到了和平的時期，一年當中有三分之二的時間，人民都可以在村裡安然度過，其餘時間則在城中生活。

　　因為一般的城鎮都很小，住在城牆內人家的數目多半也在兩百戶以下，推測居民的數目大概也只有一千多人。尤其因為道路也並未特別鋪設，房子之間的空隙就當做道路使用，所以多半是狹窄而蜿蜒的崎嶇小路。垃圾污水四處散亂、污穢不堪。正因為是這樣地毫無章法，在外國侵入的時候自然就特別容易遭受侵略。

耶利米 *Jeremiah*

母親啊！為何生下我？

耶利米是西元前七世紀到六世紀，活躍於猶大王國的先知，是記述先知中最偉大的人物之一。在苦口婆心勸告人們向善的同時，天生細膩的情感也為他帶來沉重的負擔。

西元前六二六年，約西亞王時代，十八歲的耶利米受召開始從事先知的活動。當時猶大王國已走向衰退、接著而來的是成為巴比倫俘虜的滅亡命運。在這樣的時代背景下，耶利米舉發宗教上、社會上的惡行，預言災難的到來，但是人們卻無法理解。於是哀嘆不已的耶利米去向神訴苦：「我有災禍了！我的母親哪，妳為何生我？國內人民都說我是相爭相競的人，我與人無爭，人人卻都咒罵我。」即使如此，他仍不放棄努力，在最糟糕的情形中也設法找尋較好的對策。約西亞死後，他說服新王向新巴比倫帝國降服，猶大滅亡後又為重建祖國而奔走。但是終其一生都得不到人們的認同與理解，最後就在埃及結束了他波折起伏的生涯。

巴施戶珥 *Pashhur*

從四面八方逼近的驚嚇

巴施戶珥是西元前六世紀，約雅敬時代猶大王國耶路撒冷聖殿的最高總管祭司，是個冥頑不靈的愛國主義猶太教徒。

某日，耶利米站在聖殿院中，對眾人說：「萬軍之耶和華——以色列的神如此說：『我必使我所說的一切災禍臨到這城和屬城的一切城邑，因為他們硬著頸項不聽我的話。』」約雅敬王時代，新巴比倫帝國開始威脅猶大王國，耶利米的預言預告了猶大王國的敗北，愛國的祭司巴施戶珥聽了非常生氣，不但用暴力毆打先知，還用枷鎖將他捆綁在聖殿附近的門邊、拘留了一夜。次日，巴施戶珥開枷將耶利米釋放。於是耶利米對他說：「耶和華不是叫你的名為巴施戶珥，乃是叫你瑪歌珥·米撒畢（就是「四面驚嚇」的意思）。」接著耶利米又預言了被巴比倫俘虜的事件：「主說：『我必將猶大人全交在巴比倫王的手中，要將他們擄到巴比倫去。』」但是，這次巴施戶珥便沒有因此懲罰他。

烏利亞 *Uriah*

被處死的悲劇先知

烏利亞是西元前六世紀約雅敬王時代猶大王國的先知，活躍於大先知耶利米的時代，最後卻被王處死，是個悲劇性人物。

烏利亞出身於首都耶路撒冷西北的基列‧耶琳，他預言的內容跟耶利米完全相同，約雅敬王聽見了烏利亞的話就想要置他於死。烏利亞聽見逃往埃及去，但約雅敬王派人去埃及追捕他，他們從埃及將烏利亞帶回，就在約雅敬王面前殺死了他。然而，國王並非只殺死他就能洩心頭之恨，還把他的屍首拋在平民的墳地上，不准埋葬。這件事對耶利米而言並非事不關己，因為他也很可能落入同樣的命運。幸好還有一些相信他的信徒保護著他。在約西亞時代發現『律法書』的時候，奉國王命令去郊外拜訪女先知戶勒大的亞希甘，也是耶利米的信徒之一，他曾經保護耶利米躲過被追殺的危機。

雅撒尼亞 *Jaazaniah*

住帳棚的遊牧民族

雅撒尼亞是西元前六世紀約雅敬時代的遊牧民族，以色列利甲族人的大家長。利甲族人遵從先祖約拿達的囑咐，全族人都謹守禁欲的簡樸生活：不喝酒，也不蓋房子，一生都住在帳棚裡。跟墮落的猶大國人比起來，他們驚人的虔誠信仰，時常成為典範出現在耶利米的故事中。

某日，神的話降臨到耶利米，命令他去請利甲族人喝酒。於是他就去找雅撒尼亞一族，請他們喝葡萄酒。但是他們卻說：「我們的先祖曾經吩咐過，我們不能喝酒。」神當然早就知道他們不喝酒，此舉乃是為了讓耶利米注意到他們的存在而派他前去。耶利米在此大受感動，對利甲族的人說：「萬軍之耶和華──以色列的神如此說：『因你們聽從你們先祖約拿達的吩咐，謹守他的一切誡命，照他所吩咐你們的去行，所以利甲的兒子約拿達一族必定永遠不斷絕。』」

巴錄 *Baruch*

希伯來語「受祝福」

記述先知的預言

巴錄是先知耶利米的弟子，猶大王國滅亡後跟著耶利米逃亡埃及，獻身為耶利米盡忠。

《耶利米書》的前身，是巴錄從耶利米口中，將耶和華對耶利米所說的一切預言寫在書卷上的口述筆記。最早寫於約雅敬王第四年，當時神的言語降臨耶利米，王吩咐他記下預言的內容，耶利米就找巴錄來進行口述筆記。書卷上記載的預言，於翌年的禁食日在耶路撒冷聖殿向聚會的眾人宣讀。當時因為耶利米被禁止進入聖殿，所以由巴錄宣讀書卷。官員當中雖然也有跟耶利米敵對的人，不過也有些協助他的人，尤其是在王宮中工作的猶底族人，聽到他預言的內容都大吃一驚，明白這預言會為他招來殺身之禍，因此立即建議耶利米和巴錄躲藏起來。之後，耶利米的預言也在約雅敬王面前宣讀過。

猶底 *Jehudi*

希伯來語「猶大的人」

用刀將書卷割破焚燒

猶底是西元前六世紀左右，在猶大王約雅敬宮廷中工作的官員。他曾協助當時的先知耶利米，而耶利米弟子巴錄筆記的預言能夠在眾官員面前宣讀，也是猶底的功勞。

巴錄在耶路撒冷聖殿向眾人宣讀耶利米的預言時，幾個官員也想知道預言的內容，就派猶底去找巴錄來為他們宣讀書卷。他們聽了以後，認為應該要唸給國王聽，猶底知道此舉可能會給耶利米和巴錄招來殺身之禍，就指示官員先把兩人藏起來，然後猶底才到國王的宮殿去，在火盆前面唸給王和左右侍立的眾官員聽。當他們聽到內容後並不恐懼，猶底才唸了三、四篇，王就用刀將書卷割破，扔在火盆中，直到整個書卷在火中燒盡為止，然後命人去逮捕耶利米和巴錄。耶利米聽說約雅敬王燒了書卷之後，就再度讓巴錄進行口述筆記。

哈拿尼雅 *Hananiah*

❧ 希伯來語「耶和華恩惠深遠」

偽先知窮途末路

　　哈拿尼雅是西元前六世紀左右猶大王國的先知。在這危機的時代，他說的不是災難而是和平即將到來的偽預言，因此反而比真先知耶利米更受歡迎。

　　最後一位國王西底家即位後，耶利米受神的指示製作木軛套在自己頭頸上，預言巴比倫將把軛加諸猶大人民身上。這時候先知哈拿尼雅也在進行預言活動，但他預言的卻是和平的到來。某天，兩人在耶路撒冷聖殿前庭對決，圍觀的群眾們聽不出來誰是誰非。於是，哈拿尼雅將耶利米頸項上的軛取下敲碎，大聲預言說：「神必如此為我們敲碎巴比倫王的軛。」民眾為此非常歡喜鼓舞，這次對決結果是讓哈拿尼雅贏得了勝利。但是之後神的話語再次降臨耶利米，說神將以鐵軛取代木軛來加諸眾民身上。耶利米便在下一回合對決時，將這些話告訴哈拿尼雅，並且預言哈拿尼雅將在今年內死亡。果然正如他所預言的，不久哈拿尼雅果真就死了。

以利亞薩 *Elasah*

❧ 希伯來語「神所做」

滿七十年以後

　　以利亞薩是西元前六世紀前後，猶大王西底家的手下。先知耶利米從耶路撒冷寄信給第一次被俘虜到巴比倫之囚的猶大人民時，就是以利亞薩替他送信的。以利亞薩是西底家王派去見尼布甲尼撒王的正式使者之一，他受命將先知耶利米的信件帶去給巴比倫的俘虜們。

　　這封信的內容如同耶利米所一貫主張的，勸告大家要順從巴比倫。因為俘虜期間會持續很久，所以要求住在巴比倫的猶大人民要在當地蓋造房屋、勤勞工作、繁衍子孫。被擄去做階下囚是神所定的命運，所以不應該違逆巴比倫，要儘量維持生活的安定。不過，先知耶利米也說明巴比倫並非永遠強盛不衰，他說：「耶和華如此說：『為巴比倫所定的七十年滿了以後，我要眷顧你們，向你們成就我的恩言，使你們仍回此地。』」

西萊雅 *Seraiah*　　　　　　　　希伯來語「神的戰士」

巴比倫也將如此沉沒

　　西萊雅是西元前六世紀左右，猶大王西底家臣下的營長，先知耶利米弟子巴錄的兄弟。第一批「巴比倫之囚」之後四年，他跟隨猶大王西底家去巴比倫的時候，耶利米將預言書交給他帶去。

　　先知耶利米託西底家王的官員以利亞薩帶去的書信中，曾預言這些住在巴比倫的猶大居民將能在七十年後回到祖國。而耶利米交給西萊雅的書卷中，是否也寫了類似的預言呢？他將書卷交給西萊雅時，吩咐他到了巴比倫後務必在眾人面前宣讀書卷上的話；又說：「耶和華啊，你曾論到這地方說：『要剪除，甚至連人帶牲畜沒有在這裡居住的，必永遠荒涼。』」並且耶利米也吩咐他唸完以後就要把書卷綁在一塊石頭上，扔進幼發拉底河中。他說：「巴比倫必將因耶和華所要降與他的災禍，如此沉下去，不再興起，人民也必困乏。」西萊雅也聽從耶利米的話，忠實地照做了。

以色列俘虜在巴比倫的生活

　　滅亡的猶大王國的中上階級人民被俘虜到巴比倫去，史稱「巴比倫之囚」。俘虜前後共有三次：西元前五九七年、前五八七年、前五八三年，總共將近兩萬名以色列人被俘虜到巴比倫，居住在首都巴比倫和大都會尼普爾等地。對以色列人來說雖然成為階下囚是件悲慘的事，但其實在巴比倫的生活似乎還不算太壞。

　　聖經中關於巴比倫城市的描述，除了指責崇拜偶像、占星術等被以色列人視為惡行的習慣之外，沒有其他的說明。其實當時的巴比倫是堪稱古代世界奇蹟之一的壯麗城市。周圍以城牆圍繞的巴比倫城入口，著名的亞斯他錄（Isthar，金星女神）城門上鑲有兩種神獸裝飾，宮廷謁見用的大廳也裝飾了富麗堂皇的五彩馬賽克。當時的以色列人看到這樣的光景，想必一定都會大開眼界。

　　「巴比倫之囚」所受的待遇也很寬大。以色列人居住在巴比倫的各大城市中都擁有相當充分的自由，可以擁有私人財產、遵行自己的宗教習慣、也能自由行動、拜會朋友。大部分以色列人從事農業、畜牧、漁業等職業，也有人成為城市的基層官員。如此看來，他們雖然名為俘虜，卻仍有些人能積蓄相當的財富，甚至成為富人。

西番雅 *Zephanish*

✿ 希伯來語「主所隱藏」

危機必會再來

西番雅是西元前六世紀左右，西底家王治下猶大王國的副祭司。個性認真、在國王身邊共同憂國憂民的智囊人物。雖然立場和先知耶利米並不相同，但某些思想也曾經引起共鳴。

第一次「巴比倫之囚」之後，巴比倫王立西底家為猶大王，但西底家屈服於國內反抗巴比倫勢力的壓力，於西元前五八八年有勇無謀地企圖反抗巴比倫，結果招致報復性攻擊。西底家王知道事情不妙，就派西番雅做使者去見耶利米，請耶利米為大家禱告。雖然西番雅也是反巴比倫派的人，但一直很尊敬耶利米，他謙卑地說：「求你為我們禱告耶和華——我們的神。」耶利米依照神降的話告訴他：「因為埃及軍前來為猶大王國解圍，所以現在包圍耶路撒冷的巴比倫軍隊會暫時退卻，但是不久後一定還會捲土重來，放火焚燒耶路撒冷。」雖然他的預言完全正確，但人們在耶路撒冷危險解除之後，就馬上忘記巴比倫威脅的危機了。

伊利雅 *Irijah*

✿ 希伯來語「願神看見」

將背叛者關進地牢

伊利雅是西元前六世紀左右西底家王的侍衛長，屬於宮廷內反抗巴比倫勢力的一員，頭腦頑固不靈，因為耶利米勸說大家臣服於巴比倫之下而怨恨他。

西底家是猶大王國最後一位國王，治理到後期發生了巴比倫軍隊包圍耶路撒冷的大事件。在此危機暫時解除的時候，耶利米為處理去世親戚土地的繼承問題，準備出耶路撒冷城。這下被伊利雅看見了，就說耶利米一定是打算去向巴比倫投降。雖然耶利米極力否認，但他一點都聽不進去，將耶利米抓去見官。因為這些官員一向討厭耶利米，以前就一直要求國王將他處死，所以他們聽了伊利雅的話非常惱怒，就毆打他、將他囚在地下監牢中。地下監牢本來就是淹水的地方，幸好當時沒淹水，只有淤泥，耶利米就被繩子捆綁垂吊、陷在淤泥中，長期拘留在牢獄裡。

以伯・米勒 *Ebedmel* 希伯來語「王的僕人」

將先知拉上來的衣索比亞人

　　以伯・米勒是猶大王西底家的衣索比亞太監，是個心地善良充滿同情心的好人。先知耶利米因為勸說人民臣服於巴比倫而被捕入獄、關在積滿淤泥的地下牢裡，幾乎送命。幸而遇到善心的以伯・米勒伸出援手才能死裡逃生。

　　以伯・米勒，聽說耶利米下獄非常吃驚，立即進宮對王說：「我的王啊，這些人向先知耶利米一味地行惡，將他關在淤泥的地下牢中；耶利米在那裡必因飢餓而死。」於是以伯・米勒獲得王的許可，帶領人手到地下牢去，用碎布和破爛的衣服做繩子，將耶利米從水牢中拉上來。雖然耶利米此後仍被關在王宮中，但至少免除了威脅性命的危險。後來以伯・米勒因為拯救耶利米的善行而受到神的恩典。這件事發生後不久，猶大王國就被巴比倫所滅，但是神保證即使滅亡的日子到來，以伯・米勒也必定會得救。

尼布撒拉旦 *Nebuzaradan* 亞述語「尼布獲賜子孫」

你現在自由了

　　尼布撒拉旦是西元前六世紀時、巴比倫王尼布甲尼撒提的侍衛長，是個彬彬有禮的紳士。

　　尼布甲尼撒提王在西元前五八七年進攻猶大王國首都耶路撒冷，徹底破壞了耶路撒冷城，而且捕捉了城內除貧窮農民之外所有的有力人士，全部帶回巴比倫做俘虜（第二次「巴比倫之囚」）。擔任這項工作的人就是尼布撒拉旦。但他對待以色列俘虜的態度並不苛刻，尤其因為國王特地吩咐過他要善待先知耶利米，所以他對耶利米始終恭敬有禮。當俘虜們來到耶路撒冷北方的拉瑪之地時，他就對耶利米說：「你現在自由了。你若願與我同往巴比倫去，就可以去，我必厚待你；你若看與我同往巴比倫去不好，就不必去。」然後尼布撒拉旦就釋放了耶利米，又將糧食分給他，建議他去投奔猶大總督基大利。耶利米就這樣留在耶路撒冷了。

基大利 Gedaliah
🌿 希伯來語「偉大的耶和華」

侍奉巴比倫的王

　　西元前六世紀時，猶大王國的首都耶路撒冷城淪陷時，巴比倫帝國任命希伯來人基大利做猶大總督。基大利是個親巴比倫的現實主義論者，他因此獲得猶大總督的地位，但並非惡劣的賣國行為。

　　猶大王國滅亡後，先知耶利米暫時棲身於基大利那裡。猶大總督的工作主要是照顧還留在猶大土地上的人民，基大利認真盡責地處理這些事務，不但逃難在外的難民因此逐漸回歸猶大的土地上從事農業，逃亡的士兵們也回到猶大的地方來了。基大利對這些人說：「不要怕服事巴比倫人，只管住在這地，服事巴比倫王，就可以得福。至於我，我要住在米斯巴（總督府），應付那些到我們這裡來的巴比倫人；你們只要收集儲藏葡萄酒、油，和夏天的果實，住在你們所能確保的城中。」由於基大利的努力，這些人民雖然窮困但至少仍能維持安定無虞的生活。

約哈難 Johanan
🌿 希伯來語「神的慈悲」

無法阻止暗殺

　　約哈難是西元前六世紀時猶大王國滅亡時的軍長之一，是個寧可選擇現實而非神的人。

　　首都耶路撒冷城毀壞以後，約哈難先和其他軍長們一同在曠野避難，等基大利當了總督，他就回到耶路撒冷發誓為總督效忠。幾個月之後，他聽說一位猶大王族以實瑪利計畫暗殺基大利，便立即去向基大利報告：「若你被暗殺，聚集到你這裡來的猶大人都會再度分散，以致猶大剩下的人都滅亡。求你容我去殺尼探雅的兒子以實瑪利吧！」但基大利不肯聽信他的忠告，因而被暗殺於總督府中，而且以實瑪利又俘虜了官邸中其他人。約哈難知道了這件事就立即帶著其他軍長去追討，終於在基遍追上了他們，以實瑪利就丟下俘虜逃跑了。約哈難擔心巴比倫王會因此報復，就帶著先知耶利米和巴錄逃亡到埃及去了。

以實瑪利 *Ishmael*

꜀ 希伯來語「神聽見」

恐怖份子叛亂

以實瑪利是西元前六世紀時殘存的猶大王族之一，暗殺了猶大總督基大利，徹底反抗巴比倫帝國的統治，是個冷血的恐怖主義份子。

約哈難事先已經聽說他計畫殺害基大利，但基大利認為他以前在猶大宮廷中工作時就已經認識以實瑪利，所以不聽信來自約哈難的情報。於是以實瑪利趁機帶領十名手下來到總督府米斯巴，基大利歡迎老朋友的到來並請他們一同吃飯。飯席上以實瑪利和他帶來的那十個人突然起身殺害基大利，並且連在場的猶大人和巴比倫人都一併殺害。次日，有一群人來耶路撒冷朝拜，以實瑪利將他們迎入城中，又殺害了七十人，然後又俘虜了其餘的猶大人民一同逃亡。當一行人來到基遍時，被約哈難和其他曾向基大利效忠的軍長們追趕上，竟然就捨棄俘虜而帶著部下逃跑。據說以實瑪利後來逃到亞捫人的地方去了。

亞撒利雅 *Azariah*

꜀ 希伯來語「神所助」

逃亡到埃及去

亞撒利雅是西元前六世紀時猶大民族的領導人之一，在猶大總督基大利被暗殺後，策畫逃亡埃及的現實主義論者。

由於暗殺總督是可能招惹宗主國巴比倫報復的重大事件，猶大民族因而感到人心惶惶。這時候許多領導人都考慮要捨棄猶大的土地逃亡到埃及去，亞撒利雅也是其中之一。但是因為大家都還舉棋不定，亞撒利雅就和軍長約哈難一同去找先知耶利米商量。過了十天，耶和華的話臨到耶利米，叫大家留在猶大之地不要去埃及。想去埃及的亞撒利雅對此大表不滿地說：「你說謊！」而不聽耶利米的話，就自行召集散居各地的猶大子民，決定逃亡到埃及去，還將耶利米以及弟子巴錄都帶去。這簡直是蔑視神的行為，所以後來民族重生的時候，這些逃亡埃及的人們就沒機會參與了。

以西結 *Ezekiel*

希伯來語「神強大的力量」

神啟先知的鼻祖

　　以西結是西元前六世紀前半期，巴比倫之囚時代的希伯來祭司及先知。他跟以賽亞、耶利米比較起來，是相當富有神話色彩的先知。

　　以西結在第一次「巴比倫之囚」時被俘往巴比倫，五年之後在當地看見奇幻的異象：見狂風從北方颳來，隨後有一朵閃爍著火光的大雲，周圍有光輝；又從其中出現四個奇妙的生物，他們有人的形像、各有四個臉面，四個翅膀，頭以上有穹蒼的形像。在他們頭以上的穹蒼之上有彷彿藍寶石形像的寶座，在寶座上有彷彿火焰燃燒發出光芒的人的形像。這是神的形象，他對以西結說：「人子啊，我差你往悖逆的國民以色列人那裡去。他們和他們的列祖違背我，直到今日。這些人面無羞恥、心裡剛硬，我差遣你往他們那裡去。」於是以西結就成了先知，此後他也時常見到異象，他就對人們解說他在異象中所看見的神的意志。奇怪的幻象似乎時常會找上他，甚至還曾有空中飄浮的奇妙經歷，以西結就這樣在巴比倫活躍了大約二十年。

第六章

巴比倫之囚
的時代

亞述帝國和新巴比倫尼亞帝國統治下的以色列人

巴比倫之囚的時代

　　本章介紹的是：舊約聖經中《但以理書》、《以斯拉記》、《尼希米記》、《以斯帖記》，以及舊約聖經續篇《多俾亞傳》、《但以理書補遺─蘇撒納記》中的部分人物。以色列王國和猶大王國的人民，在國家滅亡之後被俘虜到亞述帝國的首都尼尼微城和新巴比倫尼亞帝國的首都巴比倫城，失去國家流離失所的猶太人，當亞述和新巴比倫尼亞帝國相繼滅亡、波斯帝國的時代到來之後，大多數人仍繼續住在當地，這些國家都有不同的生活習慣和宗教信仰，所以住在當地的離散猶太人，在民族意識和宗教上都受到很大的打擊。但是即使在這樣的逆境當中，也仍有一些人保有了民族獨特的文化傳承。這裡所介紹的就是這些人的故事，主要的登場人物如下：

●托彼特的故事

　　以色列王國滅亡之後住在亞述的以色列人托彼特的故事。
　　托彼特的不幸……托彼特、阿希加
　　天使的幫助……多俾亞、撒辣、阿匝黎雅

●但以理的故事

　　猶大王國滅亡之後住在巴比倫尼亞帝國的虔誠信徒但以理的故事。
　　賢能的少年但以理……但以理、亞施毘拿、亞略
　　仍保有信仰的猶大少年們……尼布甲尼撒、哈拿尼雅
　　美女蘇撒納……蘇撒納、約雅金

●重建耶路撒冷聖殿

　　波斯帝國時代，為重建荒廢不堪的耶路撒冷聖殿而奮鬥的猶太人民的故事。
　　開始重建聖殿……塞魯士、設巴薩、所羅巴伯
　　先知的鼓勵……哈該、撒迦利亞
　　總督尼希米的活躍……尼希米、哈拿尼、亞達薛西一世
　　書記官以斯拉的宗教改革……以斯拉、示迦尼

●以斯帖的故事

　　美麗的猶太人以斯帖成為波斯王后，解救了民族危機的故事。
　　以斯帖的故事……以斯帖、亞哈隨魯、末底改、哈曼

波斯帝國

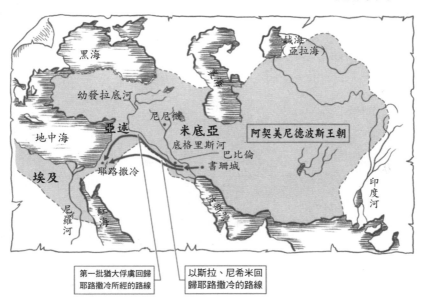

黑海

幼發拉底河

亞述

地中海

尼尼微

米底亞

底格里斯河

巴比倫

書珊城

阿契美尼德波斯王朝

印度河

埃及

耶路撒冷

尼羅河

紅海

鹹海
（亞拉海）

第一批猶大俘虜回歸
耶路撒冷所經的路線

以斯拉、尼希米回
歸耶路撒冷的路線

歸還後的耶路撒冷

從聖經的敘述，很難推斷城牆和城
門的位置。有些人主張說城牆（比
這張圖上的）更向西南邊突出。

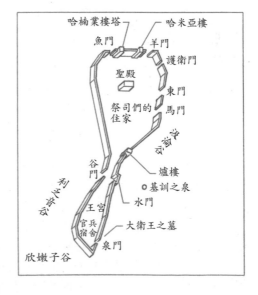

哈楠業樓塔

哈米亞樓

魚門

羊門

聖殿

護衛門

東門

祭司們的
住家

馬門

爐樓

基訓之泉

谷門

水門

王宮

官兵
宿舍

大衛王之墓

欣嫩子谷

泉門

托彼特 *Tobit*

&ح 希伯來語「我的神」

神用計畫找回幸福

以色列人被俘虜到亞述的捕囚時代（西元前七二二～六一二年），活躍於這個時代的托彼特，是歷史故事《托彼特傳》的主人翁。

托彼特雖然住在亞述國的首都尼尼微城，卻是個信仰虔誠的人，他拒絕接受異教徒的飲食，若見到以色列人被殘殺，就趁夜將屍體埋葬，因此遭致亞述王西拿基立反感，沒收了他的財產，他只好留下妻子亞納和兒子多俾亞，隻身逃離尼尼微城。國王死後，他雖能再度回到尼尼微城，但才過不久又因鴿糞掉入眼中而失明，甚至因一些雞毛蒜皮的小事而跟妻子鬧得不愉快。不順遂的事情一再發生，托彼特絕望喪氣，甚至向神祈禱，與其苟活不如讓他死了痛快。神聽了以後就為他計畫找回人生的幸福，將同族中信仰特別堅定的女孩撒辣嫁給托彼特的兒子多俾亞為妻，並且讓托彼特的眼睛得以治癒，為此特別派天使辣法耳來幫忙，幫助托彼特找回他的幸福人生。

阿希加 *Ahikar*

&ح 亞蘭語「珍貴的兄弟」

拯救窮困的叔父

阿希加是托彼特的姪子，身為西元前八世紀前後亞述帝國的總管，負責管理財政，是個信仰虔誠且有教養的人。在前任亞述王西拿基立的時候，就已經很受重用，厄撒哈冬繼位為王以後更任命他做財政管理官，掌管全國政務大權。

阿希加的叔父托彼特也是信仰深厚而認真勤懇的人，因為私底下埋葬被西拿基立王處死的同胞而遭王記恨，在首都尼尼微待不下去。阿希加很清楚托彼特的虔誠信仰，所以厄撒哈冬一繼位為王，阿希加就立即在新王面前為托彼特求情，托彼特才得以平安回家，再度安居在尼尼微城。

阿希加心地善良，見別人有危難就無法坐視不管，當托彼特因失明而陷入窮困的時候，阿希加總是不忘記找機會幫助他們的家計。阿希加在托彼特失明兩年後被派到厄藍去工作，在他離開尼尼微城之前，都還一直照顧著托彼特一家人的生活。

多俾亞 *Tobias*

希伯來語「神為善」

跟天使同行

多俾亞住在亞述帝國的首都尼尼微城，是以色列人托彼特的獨子，也是虔誠敬神又孝順父母的年輕人。

因為失明而自暴自棄的托彼特認為自己來日不多，就把多俾亞叫來，告訴他親戚加貝羅的事情。以前托彼特做貿易商人時，把數百公斤的銀子寄放在米底亞的加貝羅家裡，現在要叫多俾亞去將銀子取回來，但是年輕的多俾亞連去米底亞的路都不認得，讓他單獨出門實在很不放心。這時候來了個自稱阿匝黎雅的青年說願意幫他帶路，原來阿匝黎雅就是天使辣法耳的化身。他在旅途中幫多俾亞抓了一隻大魚，挖出魚的膽、心和肝，做成能治療失明的藥和驅逐惡靈的藥交給多俾亞，還勸多俾亞跟同族人的女兒撒辣結婚，多俾亞聽了他的話，果然愛上撒辣，在旅途中跟撒辣結了婚，也順利拿回父親寄放在加貝羅那裡的銀錢，回家後又用阿匝黎雅的靈藥治療了父親失明的眼睛。

撒辣 *Sarah*

希伯來語「王妃」

用魚的氣味趕走惡靈

撒辣是嫁給托彼特的兒子多俾亞的同族女子。托彼特的親戚辣古耳和妻子厄得納所生的女兒撒辣，跟雙親一同住在米底亞地方，是個深謀遠慮、勇氣過人而且非常美麗的女孩，卻因惡靈纏身而陷入不幸的際遇。撒辣在之前已經嫁過七次丈夫，但七個男人都在洞房夜之前被惡魔阿斯摩太殺死，因此連婢女都看不起他，嘲笑她說：「是妳殺了妳的丈夫，妳已嫁過七個丈夫，但是妳連他們中的一個姓氏都沒有得到。」憂傷的撒辣向神祈禱，神聽到了就派遣天使辣法耳到地上來，幫助她跟多俾亞成婚。到了新婚洞房之夜，多俾亞按照天使辣法耳的指示，取出旅途中所捕獲的大魚的心臟和肝臟，放在香爐的火炭上燒，用魚的氣味制伏了惡魔，惡魔便逃往埃及去。辣法耳也追去抓住惡魔、捆綁手腳讓它無法作怪。兩人終於能順利完婚，後來多俾亞就帶著撒辣回到故鄉去了。

厄得納 *Edna*

別氣餒！我的女兒

　　厄得納是後來嫁給托俾特的兒子多俾亞為妻的撒辣的母親，是個心地善良充滿愛心的女人。

　　厄得納的女兒撒辣嫁了七次都不成功，每次都被惡魔從中破壞，新郎在進洞房之前就被殺害，讓撒辣陷入不幸的命運，這對厄得納而言也一直是心中最大的隱痛。直到天使辣法耳引導親戚青年多俾亞來訪，決定把撒辣嫁給他的時候，厄得納還跟女兒一同為未知的命運感到懼怕而流淚。雖然如此，他還是很快就擦乾眼淚，鼓勵女兒説：「願天上的大主使妳變憂為喜。女兒，妳放心去吧！」幸而天使辣法耳幫助多俾亞，沒讓他丟掉性命，兩人也順利完婚了。等婚禮的筵席結束，兩人一同啟程前往尼尼微城多俾亞的父親身邊時，厄得納又向多俾亞説：「親愛的多俾亞！我把我的女兒託付給你，你一生不要使她難受。願上主護送你平安回去！希望我能在有生之年看見你和撒辣的子女！」多俾亞和撒辣回到尼尼微城，跟多俾亞的父母同住，照顧父母直到他們去世。然後兩人又回到米底亞去照顧撒辣的父母，陪他們安享天年。

辣古耳 *Raguel*

半夜去為新郎掘墳墓

　　辣古耳是托俾特的親戚、撒辣的父親，是個善良又疼愛女兒的好爸爸，住在米底亞地方，由衷歡迎托俾特的兒子多俾亞來訪。但聽到托俾特失明的消息，又跟家族一同為他的不幸悲嘆。

　　辣古耳是個正直無欺的人，多俾亞來請求將撒辣嫁給他的時候，他也很老實地告訴他撒辣被惡魔附身，到目前為止跟撒辣結婚的七個男人都在新婚之夜前就被殺死的過去。不過一旦明白了多俾亞要娶撒辣的堅定決心，就同意了他們的婚事。但在為多俾亞和撒辣準備了洞房之後，又悲觀的認為翌晨一定會看見多俾亞的屍體，所以就在半夜起床，帶著僕人去為新郎挖掘墳墓，他説：「恐怕他死了，我們又要受到譏笑與辱罵。」但是第二天早晨，他看見多俾亞沒死，就趕緊在天亮前把墳墓填平，辣古耳本人也跟妻子厄得納一同向神祝禱感謝。婚筵結束之後，多俾亞和撒辣準備動身前往尼尼微城，疼愛女兒的辣古耳又把所有財產分成兩半，其中一半交給多俾亞，才將他們送出門。

加貝羅 *Gabael*

保管了廿年的銀子

　　加貝羅是托彼特的親戚，住在米底亞地方，廿年前托彼特交託給他數百公斤的銀子，他一直小心翼翼保管著，的確是善良且值得信賴的人。

　　托彼特以前曾是貿易商人，常到米底亞去交易，那時候將大量銀子交給加貝羅保管。後來因為換了國王，與米底亞之間的交通斷絕，托彼特無法到米底亞那裡去取回銀子。廿年後托彼特才想起這筆銀子，就吩咐兒子多俾亞去取回來。但是因為多俾亞在途中跟撒辣結婚而耽擱了，就請和他同行的天使辣法耳替他去找加貝羅。天使辣法耳把銀子的契據帶去交給加貝羅，並轉告了多俾亞請他參加婚禮的事，於是加貝羅數了從廿年前就封著口的幾袋銀子交給天使辣法耳，然後歡天喜地的趕去參加婚禮。在婚禮上看見多俾亞出來迎接他，加貝羅喜極而泣，便祝福他說：「願上主賜予你、你的妻子和你的岳父岳母天上的祝福！願天主受讚揚！」

亞納 *Anna*

翹首期盼兒子歸來

　　亞納是托彼特的妻子，雖然心地溫柔，卻永遠有擔不完的心。

　　他的兒子多俾亞為了取回父親寄放在親戚加貝羅那裡的銀子而出遠門，途中因為跟撒辣結婚而耽擱了行程，過了預定的日期仍沒回來。托彼特雖然也憂慮兒子是否遇到了什麼麻煩，但是亞納焦急的程度更甚過他許多：「我的孩子已死了，已不在人間了！」她悲哭著：「兒啊！你是我眼中的光，我竟把你放走了！」雖然托彼特用盡方法安慰她，但是亞納都聽不進去：「給我住嘴！別騙我啦！我的孩子已經死了！」雖然這麼說，但她還是每天去外面觀望等待，太陽下了山她才回家繼續哀哭。後來，當這個苦苦期盼的兒子終於回到家的時候，她簡直是欣喜若狂，一看見兒子的身影出現就趕快通知托彼特，然後自己飛奔出門外，抱緊兒子的頸項就放聲大哭。

阿匝黎雅 *Azariah*

希伯來語「神所助」

神前的七天使之一

阿匝黎雅是跟托彼特的兒子多俾亞一同遠行的同伴，多虧他的忠言，讓多俾亞能順利跟撒辣結婚。他化身為人的形像，自稱是跟多俾亞同族的人，實際上是受神指派來到人間的天使辣法耳。

阿匝黎雅在旅途之中都化身為人，因此沒人發現他是天使，不過多俾亞還是乖乖聽從他的建議，將大魚的心臟和肝臟放在香爐上燒，驅逐了附在撒辣身上的惡魔，回家後又用大魚膽囊治癒了父親失明的眼睛。多俾亞的父母在所居住的尼尼微城為兩位新人舉行婚筵之後，多俾亞要將他在旅途中所得來的錢財分一半給阿匝黎雅作為酬勞，阿匝黎雅卻不肯接受，他私下對托彼特和多俾亞說明：「托彼特啊！當你和撒辣在祈禱時，我便把你們的懇求呈到上主的榮耀前；我是辣法耳，是侍立在上主的榮耀前的七位天使之一。」說完，辣法耳便升天而去了。

但以理 *Daniel*
希伯來語「神是我的審判」

講解詭異的夢

但以理是西元前六世紀前後被俘虜到巴比倫的猶太人民，後來做到巴比倫宮廷的高官，雖然為巴比倫工作，但仍持續堅守自己對耶和華的信仰。

巴比倫尼亞王尼布甲尼撒從猶太人的王室後裔和貴族中選出沒有殘疾、相貌俊美、通達各樣學問、聰明機敏、俱備足以侍立在王宮裡的少年來教養，但以理便是其中之一。雖然被選中的少年人數不在少數，但以理卻是其中最優秀的。直到巴比倫王做了詭異的夢時，他的能力終於得以充分發揮。那時候王做了一個奇怪的夢，招來了個巴比倫所有術士、占卜師，不說明夢的內容而要求他們解答夢中的謎題，結果誰也解不出來。但以理知道了以後，卻能不問夢境的內容而加以解答。國王在夢中看見一座巨大人像，頭是精金的，胸膛和膀臂是銀的，肚腹和腰是銅的，腿是鐵的，腳是半鐵半泥的。但以理講解說：人像的頭表示巴比倫，其他的部分表示其他比巴比倫弱小的國家，之後神的國度將要到來。國王非常佩服他的見解，當下提拔他，任命他做治理巴比倫尼亞全國各省的長官。

亞施毘拿 *Ashpenaz*

只要素菜和水

亞施毘拿是西元前六世紀時巴比倫尼亞王尼布甲尼撒宮廷的太監長，個性軟弱而膽小怕事。當時國王在第一次被俘虜到巴比倫的猶大王室後裔和貴族中，選擇優秀人才並加以培育，亞施毘拿就是負責這項工作。

被選出的少年們在宮廷中受教養三年，每日派定宮廷的酒膳賜給他們。其中以但以理為首、哈拿尼雅、米沙利、亞撒利雅等四個人的表現特別優異，因為他們是虔誠的教徒，決心不要讓宮廷的酒肉玷污自己，就去請求亞施毘拿許可。亞施毘拿雖然為人親善，卻沒什麼擔當，他為難地對但以理說：「我懼怕我主我王，他已經派定你們的飲食；倘若他見你們的面貌比你們同歲的少年人肌瘦，我的頭就難保了。」但以理請他嘗試十天，只給他們素菜、清水過活，十天之後，四人的面貌確實比用王膳的其他少年更加俊美肥胖，之後就放心讓他們只靠素菜、清水生活了。

亞略 *Arioch*

找到能解夢的少年

亞略是西元前六世紀時，巴比倫尼亞王尼布甲尼撒宮廷中的一個賢明的護衛長。某天，尼布甲尼撒因為做了一個奇怪的夢而心裡煩亂，找來巴比倫的術士、占卜師，不告訴他們夢的內容而要求解答謎題，他們都說不知道內容該如何解答呢？王因此氣忿忿地大發烈怒，吩咐護衛長亞略滅絕巴比倫所有的哲士。

政府高官亞略接下這項重要的任務，起初打算執行國王命令，但是遇到但以理之後卻改變了想法。因為但以理對他說：「請求王寬限一點時間，我就可以將夢境的解答告訴王。」第二天但以理進去見亞略，對他說：「請不要滅絕巴比倫的哲士，求你領我到王面前，我要將夢的講解告訴王。」亞略雖然知道這件事情若出了任何差錯，自己的性命也難保，但仍壓抑自己的恐懼，將但以理領到王面前。幸好如此，但以理才有機會在王的面前展露自己的才能。

尼布甲尼撒 *Nebuchadnezzar* ❧ 亞述語「神看守疆界石」

將少年扔入烈火之中

尼布甲尼撒是西元前六世紀前後巴比倫尼亞帝國的王（西元前六〇四～五六二年在位），是滅亡了猶大王國的人。曾兩次捕捉猶太民族的俘虜，屢屢在《但以理書》中出現，被描寫為極度情緒化的暴君。因為但以理解開了他做的怪夢，他立即重用但以理，任命他擔任治理巴比倫尼亞全國各省的長官。另一方面，他對於看不順眼的人也毫不猶豫的下手殘殺。

但以理和其他被俘虜的少年受了教育之後，開始在宮廷中服務。某天，國王忽然下令在杜拉造了一座高達廿七公尺的巨大金像，命令人民在規定的時刻俯伏敬拜。但是住在當地的猶大俘虜中卻有人拒絕膜拜，就是跟但以理一同在宮廷服務的哈拿尼雅、米沙利、亞撒利雅三個人。於是有人前來控告這些猶太人，尼布甲尼撒王怒氣填膺，把他們抓來直接命令他們膜拜，但三人仍然不從，王就變了臉色，吩咐人把爐燒熱，比尋常更加七倍，然後將三人扔入烈火的爐中。

哈拿尼雅 *Hananiah*   希伯來語「耶和華慈惠無邊」

我看見四個人！

西元前六世紀，巴比倫尼亞王尼布甲尼撒宮廷中有一些猶大來的俘虜，其中一名少年哈拿尼雅是但以理的朋友。因為受到巴比倫的長官——但以理的推薦之下，哈拿尼雅、米沙利、亞撒利雅三個人都在首都做行政官員。但是這三名少年雖然做了行政官，仍依然虔誠信仰以色列的神，因而惹怒國王，招致殺身之禍。

當時國王在杜拉造了一座金像，命令人民俯伏敬拜，但信仰耶和華的三名少年卻拒絕接受命令，引發國王的憤怒，將三人扔入烈火的爐中。然而奇妙的事情發生了，這三個人明明都被捆綁著丟落在烈火的爐中，火焰中卻能看見四個人的身影，而且還能自由行走。目擊這現象的國王驚異於他們信仰的耶和華神的偉大力量，就讓三人從火爐中出來，將他們拔擢到更高的地位。

伯沙撒王 *Belshazzar*   巴比倫語「伯沙會守護國王」

空中的手指寫下神祕文字

伯沙撒王是繼承尼布甲尼撒王位的巴比倫尼亞王，最後因自己傲慢不柔的行為而死。

當時伯沙撒王為他的一千大臣設下盛筵飲酒，令人將他父王尼布甲尼撒從耶路撒冷聖殿中所掠劫的金銀器皿拿來做成杯盤，與貴族及妃嬪們飲酒作樂，忽然空中浮現人的手指，在王宮與燈檯對面的粉牆上寫字。驚惶的國王吩咐：「誰能解讀這文字，必讓他身穿紫袍，項帶金鍊，在我國中位列第三。」當中有人想起先前但以理曾為先王解開怪夢的謎，就建議將但以理找來。但以理為國王解釋奇怪文字的意義，說是因為國王的傲慢行為觸怒了神，因而寫下這些字，意思是說巴比倫的時代即將結束，接下來是波斯人的時代。但以理因解開神祕文字之謎而獲得國內第三高的地位，而伯沙撒王卻在當天夜晚就被人殺害了。

大流士 Darius

扔到獅子坑中

米底亞國王大流士，繼承了伯沙撒的波斯王國。他雖然是個心地善良的人，但是站在國王的立場，不得不將但以理關進獅子坑中。

大流士王的時代，但以理被任命為三名總理大臣之一，統籌管理屬下的一百廿個總督，但是其他大臣和總督們為了陷害但以理，就要求國王發布一條禁令：「三十日內，不拘任何人，若在王以外，或向神或向人求什麼，就必扔在獅子坑中。」

但以理明知國王發布這條禁令，仍照舊一日三次向自己的神祈禱。官員們確認了他的行動違反禁令，就去向國王告狀，要求他將但以理投入獅子坑中。非常看重但以理的大流士王躊躇不已，但一方面又為大臣們所迫，最後不得不將但以理投入獅子坑中。翌日早晨，擔心得睡不著覺的大流士王趕到獅子坑前，卻看見但以理毫無損傷，衷心佩服他所信仰的神，於是下令叫人民也都要敬畏這個神。

《但以理書》中的異象和夢兆

本書主要在於介紹聖經中多采多姿的故事，把重點放在登場的各個人物身上，因此刻意排除了不成故事的詩歌部分、以及充滿幻覺體驗的異象神啟等部分，這裡所介紹的但以理故事中，也同樣有許多本書並未加以介紹的篇章。

但以理的故事出自舊約聖經正典《但以理書》，這部經書主要以兩個部分構成：第一部分包含但以理在內的四個聰明少年在巴比倫宮廷工作，無論遇到什麼困難都不屈服始終能貫徹自己的信仰，這也是本書中介紹的故事。

但另一部分的故事並無登場人物，所以這裡並未介紹，敘述的是但以理看見異象和夢兆而預言未來的部分，據說是聖經中最早出現的啟示思想。所謂的啟示思想是指神的啟示：人類歷史經過某些階段最後終至結束，之後神的國度就能實現。單純預告世界末日的預言，在比《但以理書》更古老的文書中也曾經出現過，但是將末日定位為人類歷史過程的說法，最早始於《但以理書》（詳細說明請參見拙著《世紀末——神的末日文書》）。

蘇撒納 *Susanna*
被長老設計陷害的美女

　　蘇撒納是西元前六世紀前後住在巴比倫的猶太人約雅金的妻子，貞節賢淑卻被誣陷通姦，幸好機智的但以理解救了她的危機。

　　控告蘇撒納通姦的是在猶太人社會上具有長老地位的裁判官，他們對美麗的蘇撒納起了邪念，想要把她弄到手，但被蘇撒納嚴詞拒絕，在惱羞成怒之下，便誣陷蘇撒納通姦。他們在丈夫約雅金的大宅院裡，許多族的人面前對蘇撒納舉行審判，提出控訴的是擁有權威的長老，大家都毫不考慮地相信他們的證詞，很快就判處蘇撒納死刑。蘇撒納求告無門，流淚向神祈禱，神聽到了，就感動但以理的心靈，在蘇撒納被處刑之前趕到現場重開審判，但以理將兩個長老分開審問，分別問他們看到蘇撒納和別的男人在一起的時候是在什麼樹下，結果一個長老回答說是在乳香樹下，另一個卻說是在樟樹下。因此證明長老做的是偽證，蘇撒納的污名也得以洗清，兩個滿懷惡意的長老也被處了死刑。

約雅金 *Joakim*

希伯來語「神所注定」

娶美女為妻的苦處

約雅金是西元前六世紀左右被俘虜到巴比倫的猶太人民，是蘇撒納的丈夫，也是個虔誠敬神的人。

約雅金家境富裕，又擁有寬廣的庭園，因此猶太人民常聚集在他家，其中有兩個愚劣的長老，控告他的妻子蘇撒納通姦，原來是長老對美麗的蘇撒納起了邪念。某天，他們看見蘇撒納在庭園中沐浴，就對她說：「看，園門關了，沒有人能看見我們，我們早就愛上了你，你要答應我們，與我們交合罷！不然，我們就要作證控告妳，說有一個青年人同妳在一起，所以妳纔打發婢女們離開妳。」但蘇撒納寧可被控告也不願意讓他們得逞，就嚴詞拒絕了他們。長老們果真在眾人面前誣告蘇撒納，使她被判死刑，約雅金大嘆不服卻感無力。幸而但以理及時出現，還給蘇撒納清白，約雅金夫婦才得以恢復平靜的生活。

舊約聖經還有續篇？

這裡介紹的蘇撒納故事，是收錄在舊約聖經續篇中的《但以理書補遺——蘇撒納記》中的故事。

但是一般人對舊約聖經續篇可能並不熟悉。

其實，聖經原本的面貌並不是現在所看到的一冊書，很多並未收進現在聖經中的篇章，在古代卻也被視為聖經的一部分來閱讀。在這樣的歷史當中，從西元前三世紀後期開始，為了許多移居地中海沿岸且已經不懂得希伯來語的猶太人，將希伯來語的聖經翻譯成希臘文，整理成一冊稱為《七十賢士譯本》的聖經。據說耶穌和他的弟子活躍的時代，他們所閱讀的就是這本聖經。但是因為《七十賢士譯本》的聖經變成了基督教教會的舊約聖經，後來猶太教方面就在西元前一世紀末期另行編纂獨立的聖經正典，後來這部聖經廣為流傳，而成為現在新教教會認定的舊約聖經。

結果就是：《七十賢士譯本》的聖經所包含的內容中，有十五篇章節是並未收入新教教會的舊約聖經中的，這些章節就成了舊約聖經的外典。這裡稱為舊約聖經續篇的內容就是指這些外典。現在日本一般在市面上販賣的「日本聖經協會」的日語版聖經也都含有這個部分，任何人都能輕易閱讀。（「台灣聖經公會」的版本則未編入這些章節。）

塞魯士 *Cyrus*

波斯語「兒子」

建立帝國的天才

塞魯士是波斯王（西元前五五九～五三〇年在位）。原本臣服於米底亞王國支配下的弱小民族波斯，在天才英雄塞魯士的領導下，僅數年間就成長為雄霸一方的巨大帝國。以「寬容的征服者」而名聲遠播，從此更改變了猶太人的命運。

塞魯士在西元前五三九年消滅了新巴比倫尼亞帝國之後，發揮他著名的寬容精神，不但容許被俘虜到巴比倫尼亞的猶太人回歸巴勒斯坦，並且允許他們重建耶路撒冷聖殿，他下詔：「波斯王塞魯士如此說：『天上的神已將天下萬國賜給我，又囑咐我在猶大的耶路撒冷為他建造殿宇。在你們中間凡作他子民的，無論寄居何處，都可以上猶大的耶路撒冷，在耶路撒冷重建以色列神的殿。』」於是，原本住在巴比倫尼亞的猶太人當中，願意回去的人就都回歸耶路撒冷去了。但很多人也因在巴比倫尼亞的生活相當安適，而繼續留在當地，這些人還獻出大量禮物送給回歸耶路撒冷的人們。

設巴薩 *Sheshbazzar*

波斯語「拜火者」

帶領第一批人民走向重生

波斯王塞魯士消滅新巴比倫尼亞帝國的時代，設巴薩當時住在巴比倫，他也是猶大王族之一。西元前五三八年塞魯士王容許猶太民族回歸巴勒斯坦時，設巴薩便帶領第一批人民回歸故鄉。

塞魯士王很信賴設巴薩，任命他做波斯國屬地猶大省的總督，並且將巴比倫人從耶路撒冷聖殿掠奪來的物品歸還給猶大的人民。設巴薩歸鄉的時候，就帶著這批物品回耶路撒冷。當時回歸的被虜人民總數約為四萬兩千三百六十人，不過實際上應該少於這個數目。設巴薩到達耶路撒冷之後，就按照塞魯士王的指示，將原本屬於聖殿的物品歸還原地，並著手重建聖殿的根基。但是建築工程受到住在周圍的其他民族妨礙，重建工作被迫中止。猶大總督設巴薩也忽然消失無蹤，恐怕是被暗殺了。重建聖殿的工程一直拖到廿年後，大流士一世時才有機會重新動工。

所羅巴伯 *Zerubbabel*　　希伯來語「巴比倫的嫩枝」
所羅巴伯的聖殿

　　西元前五二〇年正式重建耶路撒冷聖殿的工程，是由當時猶大省總督所羅巴伯所領導。他是從被擄之地歸還的人民領袖，信仰心堅定而有行動力，作為猶太人民的領袖，受到先知哈該和撒迦利亞的重視和期待。

　　這個時期周圍的各民族常來設法妨礙聖殿的建設，幸而猶太民族重建聖殿的工作得到當時剛繼位的波斯王大流士一世的支持，他命令猶大周圍其他各波斯屬省的人民也來幫忙從事建設，因此這次聖殿工程得以順利進行。新聖殿（第二聖殿）終於在西元前五一五年完工了。奇怪的是，在聖殿工程重新開工之後不久，所羅巴伯就失蹤了，其餘工程都是在大祭司耶書亞的指導下完成的。即使如此，所羅巴伯對重建聖殿的貢獻仍非常重大，所以第二聖殿也被稱為「所羅巴伯的聖殿」。先知撒迦利亞更將所羅巴伯和終將來到的彌賽亞（救世主）的時代相提並論，對他的貢獻大加讚賞，後來福音書中的耶穌族譜中也記載有所羅巴伯的名字。

哈該 *Haggai*　　希伯來語「祝祭的」
如彗星般轉瞬即逝的老先知

　　西元前六世紀，巴比倫尼亞的俘虜逐漸回歸耶路撒冷城，出現一位短暫地活躍，而後隨即如彗星般殞落的老先知哈該，僅在西元前五二〇年六月到九月之間頻繁的傳遞預言，內容是：「責備被擄者從巴比倫尼亞回來後，仍以種種理由為藉口，放任聖殿廢墟於不顧，勸告大家若要恢復本族的光榮，最好趕快重建聖殿。」他的預言打動了人心，於是猶大總督所羅巴伯和大祭司耶書亞開始為重建聖殿而奔走。同一時期，撒瑪利亞等地也有重建聖殿的對抗勢力存在，使得總督所羅巴伯大為苦惱，先知哈該因此稱他為神所選的人物而鼓勵他，在《哈該書》中記載著西元前五八七年，哈該曾親眼目睹被破壞的所羅門聖殿，所以當他進行預言活動時，應該已經是超過七十歲的高齡了。他在短暫的預言活動之後不久就逝世，無法親眼見到第二聖殿完工，不過他給人們留下深刻的印象，也是推進聖殿重建的大功臣。

撒迦利亞 *Zechariah*

🔖 希伯來語「神記得」

鼓舞聖殿工程的幻象

西元前六世紀，和哈該同時期活躍於耶路撒冷呼籲大家重建聖殿的先知撒迦利亞，比哈該晚兩個月，從西元前五二〇年八月開始他的預言活動。

撒迦利亞和先知以西結、但以理同樣會看見象徵性的異象，在這些奇幻異象當中，將所羅巴伯和終將來到的救世主形象相提並論。

在一個異象中神吩咐他說：「所羅巴伯的手立了這殿的根基，他的手也必完成這工程。」

在另一個異象中，神又宣言說所羅巴伯正是重建聖殿、接受王者的榮耀、統治他子民的那人。撒迦利亞如此將所羅巴伯描繪成英雄的形象，勸勉大家追隨他重建聖殿。而且撒迦利亞又預言那成為猶太民族夢魘的四個國家即將滅亡，而耶路撒冷將會擴張並取回榮耀，如此重新點燃人們的信心，讓人們充滿熱忱地投入聖殿的重建工程。

達乃 *Tattenai*

本來是要找麻煩的

西元前六世紀，波斯王任命達乃做統治幼發拉底河河西各地區的大總督。他的個性中規中矩，本來因為反對重建聖殿而和猶大總督所羅巴伯敵對。

猶太民族開始重建聖殿的工程之後，當時的河西總督達乃立即來找麻煩說：「誰降旨讓你們建造這殿，修飾這些牆呢？」為了阻斷工程的進行，還寫信給波斯王大流士一世，但是信件內容卻相當客觀中肯，一點也不像站在反對重建聖殿工程立場的口氣。因為猶太人民主張說是塞魯士王命令他們重建聖殿的，當時的猶大省總督設巴薩甚至獲得許可，將巴比倫人從耶路撒冷聖殿掠奪來的祭祀用具都帶回來。達乃寫給波斯王的信中也完整地引用了這個說法，並請求波斯王降旨調查以前的文書，於是在尋查巴比倫典籍時，找到能證實這個說法的記錄。結果猶太民族就正式獲得波斯王的認可，重新動工修建聖殿。

大流士一世 *Darius I* ❧ 波斯語「支持善行的人」

援重建聖殿

　　鎮壓各地的叛亂，奠定波斯王國強盛國勢的波斯王大流士一世（西元前五二一～四八六年在位），是個堂堂正正的大人物，在佔領政策上有著寬宏的胸襟。在猶大重建聖殿這件事上也是如此，一旦得知是塞魯士王許可過的工程，大流士一世也就從善如流表示許可。這時候原本想要妨礙聖殿建設的大總督達乃，接到大流士一世的命令：「河西省大總督達乃以及在河西省的官員們，你們不要干涉建殿的工程。要讓猶大總督和猶太人的領袖在原處重建上帝的聖殿。我現在命令你們要幫助他們重建，而且他們所需的費用要儘快從河西省稅收的部分撥出。」接收到這樣的命令，猶太人便開始順利地重建聖殿。於是就在重新動工後五年，也就是西元前五一五年，聖殿終於竣工了。

尼希米 *Nehemiah* ❧ 希伯來語「主帶來安慰」

修築城牆只要五十二天

　　尼希米是西元前五世紀前後猶太人的領袖，和書記官以斯拉同為猶太民族的中興投注熱情與奔走的英雄人物。

　　西元前五一五年第二聖殿才剛完工，但當時耶路撒冷社會卻已經陷入犯法、墮落的生活，傾圮的城牆也放置不顧。尼希米也是被擄到巴比倫居住的人民之一，當時已成為波斯王亞達薛西側近的要人，聽說了耶路撒冷的慘狀以後感到坐立不安，立即向國王訴說苦衷，於是尼希米就被任命為猶大省總督，回歸耶路撒冷率領眾人修築城牆。而且尼希米也是個優秀的領袖，在波斯的官員參巴拉、亞捫人多比雅同謀要來擾亂工程時，還派人嚴陣以待，徹底警戒，僅用了五十二天就修築完城牆。之後，他更終生住在當地領導人民，為耶路撒冷盡力盡心，而且為減了輕人民的負擔，在他擔任總督的十二年期間內，甚至從未收取過任何薪水或報酬。

哈拿尼 *Hanani*
希伯來語「深情」

使兄長悲傷的光景

　　哈拿尼是西元前五世紀的猶太人尼希米的兄弟，因見到猶太民族悲慘的狀況而心痛，心地善良的他將現狀告訴尼希米，促成了尼希米回歸耶路撒冷的契機。

　　因為兄弟尼希米在為波斯王亞達薛西工作，哈拿尼帶著朋友來波斯首都的時候，就順道來宮廷探訪，在那裡尼希米問起耶路撒冷的狀況，哈拿尼就照實回答：「那些被擄回歸的人在猶大省遭大難、受凌辱；並且將耶路撒冷的城牆拆毀，城門被火焚燒。」尼希米聽見這話受到很大的衝擊，突然坐下哭泣，連接幾日不斷禁食禱告，最後下定決心向國王請求，因此就被派去指導耶路撒冷的人民。他的兄弟哈拿尼始終盡力支持他，雖然哈拿尼並不像尼希米一樣是個英雄人物，卻勤懇的忠於尼希米，城牆完成之後尼希米就將耶路撒冷的行政工作交給他。

亞達薛西一世 *Artaxerxes I*
波斯語「勇敢的勇士」

寬宏大量的大王

　　波斯王亞達薛西一世（西元前四六四～四二四年在位），是個愛好和平、不喜爭端的穩健派人物，對於想為重建耶路撒冷盡心盡力的屬下，也展現出寬宏大量的胸懷。

　　聽了哈拿尼訴說耶路撒冷的慘狀之後，尼希米心情沉重，在國王面前工作時也愁眉苦臉，波斯王亞達薛西一世看了就對他說：「你既沒有病，為甚麼面帶愁容呢？必是你心中愁煩吧！」國王的體貼讓尼希米能誠實地說出心中的期望：「僕人若在王眼前蒙恩，王能容許我的話，求王差遣我往猶大，到我列祖墳墓所在的那城去，我好重新建造。」寬大的國王體諒他的心情，完全按照尼希米的希望去安排，而且還賜下詔書給幼發拉底河河西地區所有總督，讓他能平安通過這些區域，並命令管理森林的人提供他建築耶路撒冷城牆所需的木材。因為國王的寬容和厚愛，尼希米才能平安到達耶路撒冷，順利完成重建城牆的工程。

參巴拉 *Sanballat*

亞述語「月神拯救性命」

欺人太甚的惡徒

猶太人領袖尼希米所領導的耶路撒冷城牆修復工程，不斷遭到陰險的參巴拉妨礙破壞。

參巴拉是住在耶路撒冷的和倫人，原本擔任波斯政府的行政工作，聽說修復城牆的工程動工了，就帶著同夥來現場搗亂，嘲笑他們說：「這些軟弱的猶太人在做甚麼呢？要保護自己嗎？要獻祭嗎？要一日成功嗎？要從土堆裡拿出火燒的石頭再立牆嗎？」一旦修築工程順利進行，又帶著同夥攻擊耶路撒冷，用暴力妨礙工程進行。從事修築工作的人們就帶弓箭、刀劍、槍等武器，邊防禦邊持續修築，最後城牆終於快要完工了，參巴拉就採取最後的強烈手段，計畫暗殺尼希米。但是尼希米察覺他們的計畫，防備得滴水不漏，讓他們無機可乘，無功而返。如此，雖然參巴拉的阻礙企圖全部都失敗，城牆也順利修築完成了，但尼希米仍餘怒未消，後來將參巴拉的女婿放逐到遠方去。

多比雅 *Tobiah*

自私自利的狡獪地主

西元前五世紀住在耶路撒冷的多比雅是屬於地主階級的猶太人，卻跟政府官員參巴拉一同妨礙尼希米修築城牆的工程。

參巴拉到修築城牆的現場去嘲笑猶太人的時候，多比雅也跟在後面嗤笑說：「他們所修造的石牆，就是狐狸上去也必崩倒。」之後又繼續跟參巴拉妨礙修築工作。因為多比雅很富有而且跟猶大貴族又有姻親關係，所以就透過這層關係打探尼希米的動靜。尼希米也不能不看在猶大貴族的面子上偶爾接見多比雅，每次貴族們都對多比雅讚聲不絕，而且只要尼希米說了什麼，他們就馬上寫信聯絡多比雅。多比雅更是個只顧自己利益、毫無信仰可言的人，尼希米在做了十二年總督後暫時休假離開耶路撒冷之際，多比雅就趁機利用裙帶關係拉攏祭司，把聖殿的祭司室整個挪為私用。尼希米回來看了為之氣結，立即不客氣地將多比雅私人的家具用品全部扔到外面去。

以斯拉 Ezra

希伯來語「幫助」

一切依照律法

西元前五世紀後期，跟總督尼希米活躍於同時期的耶路撒冷祭司兼書記官以斯拉，熱心致力於宗教改革，對於猶太民族的中興貢獻很大。

以斯拉的宗教改革基本上是嚴密的律法主義，他從巴比倫將摩西的律法書帶回耶路撒冷，跟祭司以及長老們共同詳細研究，並在人民面前宣讀，徹底尊重律法而且認真地施行，以斯拉研究律法的結果，當看見「以色列人應該要在七月節住在帳棚裡」的文字，就立即恢復舉行「住棚節」（紀念摩西出埃及在曠野徘徊的祭典）。此外，以斯拉還致力於推動「禁止雜婚」的規定。猶太人從很早以前就有「只許跟同族人結婚」的規定，但是紀律逐漸鬆弛而不再受到重視，到了這個時代已經有很多猶大族人跟異族女性結婚，以斯拉為此大傷腦筋，便召集所有猶太人來到聖殿前面，命令他們不可跟異族女子通婚，甚至已經娶異族妻子的人也必須休妻。

示迦尼 *Shecaniah*

希伯來語「與神同住」

異族的妻子都要休掉

示迦尼是西元前五世紀左右住在耶路撒冷的猶大族男性，當書記官以斯拉打算根據律法嚴厲禁止猶大男子跟異族女性通婚的時候，示迦尼率先挺身響應。

他對以斯拉說：「我們在此地娶了外邦女子為妻，干犯了我們的神，然而以色列人還有指望。現在當與我們的神立約，休這一切的妻，離絕她們所生的，照著我主和那因神命令戰兢之人所議定的，按律法而行。你起來，這是你當辦的事，我們必幫助你，你當奮勉而行。」以斯拉聽了這話就召集猶太民族所有男子到耶路撒冷來，宣布禁止他們跟異民族的女子通婚，並命令已經結婚的人休妻。在場眾人都大聲表示贊成：「我們必照著你的話行。」當然也有些人反對這個決定，不過是少數。

猶太人的祭典

《尼希米記》中記載著書記官以斯拉恢復「住棚節」的故事。除了「住棚節」之外，猶太教還有許多其他祭典，比較近代才出現的有：紀念（將於下一節介紹的故事）以斯帖的「普珥節」（西元前五世紀開始）；猶大‧瑪加伯（Judah Maccabee）時代才開始的「光明節」（也稱修殿節，西元前二世紀開始）。其他還有許多在以色列歷史上很早期就已經開始的祭典，猶太教的其他重要祭典如下：

「逾越節」是猶太新年中最重要的節日，從猶太曆一月十四日（現行曆法的四月初）的黃昏開始的一個星期內，人們要吃沒發酵的「除酵麵包」，是在紀念出埃及的祭典。

「七七節」（五旬節），在逾越節過後五十天（七個星期加一天），開始收割小麥的時候舉行，是感謝收成的祭典。

「住棚節」在猶太曆的七月十五日～二十一日舉行，祭典期間搭建帳棚暫居，紀念以色列人民在曠野住帳棚的日子。

「安息日」是無論什麼時期，每七天都有一個用於安息的日子，紀念《創世記》中的故事：神用了六天的時間創造世界，而在第七天休息。人們應放下所有工作、利用這一天來緬懷偉大的神。

以斯帖 *Ester*

美麗又可愛的女戰士

以西元前五世紀左右的波斯為舞台的歷史故事《以斯帖記》，其中的女主角以斯就是做了亞哈隨魯王王后的以斯帖。她美麗可愛，而且如同戰士般勇敢，後來解救了猶太民族存亡的危機而成為英雄人物。

以斯帖本來是住在波斯的一名離散猶太人，很小就失去父母成為孤兒，堂兄末底改收她為自己的女兒並將她撫養長大。當時王后瓦實提被廢，國王正在找尋新王后，以斯帖便從眾多美女中脫穎而出成為最受寵愛的王后。但是當時波斯宮廷中的宰相哈曼存心不良，企圖消滅所有猶太人，以斯帖得知之後就為拯救民族而伸出援手。她預備了酒席讓哈曼也來同席，在酒席上對國王訴苦說自己的族人瀕臨滅絕的危機，同時批判哈曼的做法。寵愛以斯帖的國王聽了非常憤怒，立即將哈曼處以死刑，於是哈曼消滅猶太人的計畫中挫。得救的猶太人便以「普珥節」來紀念此事，後來也成為猶太民族的祭典之一。

亞哈隨魯 *Xerxes*

請看我的美麗王后

亞哈隨魯王（薛西斯，西元前四八五～四六五年在位）是《以斯帖記》中的波斯國王，以斯帖的丈夫，雖然不能稱為惡人，卻很情緒化、暴躁易怒。以斯帖故事的開端也肇因於他這樣的性格。

亞哈隨魯王即位第三年的時候，他招請各省的貴族、大臣與首領到宮廷來，連接擺設了一百八十日的筵席。在席上，一時興起要讓各等臣民艷羨他美麗的王后瓦實提，就命令王后戴后冠來參加酒筵，依照當時波斯的習慣酒席是必須男女分開舉行的，只有王后擁有特權可以參加男性們的酒筵，但是因為瓦實提王后也同時在宮殿中舉行仕女們的酒筵，就拒絕聽從國王的意旨前去。怒火中燒的國王不給她辯解的機會，片面聽取側近的大臣建議、就剝奪了王后的地位，還立下新法命令她不得再出現在國王面前，因此后座成了虛席。後來就將《以斯帖記》的女主角以斯帖迎進宮了。

米母干 *Memucan*
波斯語「有威嚴」

國內的婦女都會藐視自己的丈夫

波斯王亞哈隨魯的側近有七名顧問大臣，米母干是其中之一。他非常重視自古以來的傳統習慣和律法，無論對象是誰，都要放在同一尺度下衡量，思想缺乏彈性、個性偏激。王后瓦實提不聽從國王的命令拒絕出席酒筵的時候，米母干也激烈撻伐，結果造成王后被廢的荒謬結果。

酒席中因為王后的作為而發怒的亞哈隨魯王，詢問側近的大臣應該如何懲罰王后的時候，米母干回答說：「王后瓦實提這事，不但得罪王，並且有害於王各省的臣民；因為王后這事必傳到眾婦人的耳中，說：『國王吩咐王后瓦實提到王面前，她卻不來。』她們就會藐視自己的丈夫。」因此米母干就主張應該禁止瓦實提出現在國王面前，並將王后的身分賜給其他女子。國王聽了，也同意這個想法，於是就依照米母干的提議，廢了王后瓦實提。

希該 *Hegai*

整整十二個月的美容過程

希該是波斯王亞哈隨魯宮廷中的太監，掌管後宮的女子，是個有良心的宦官。

亞哈隨魯王廢了瓦實提王后之後，王的侍臣就在波斯國內各地為王尋找美貌的處女，聚集到首都書珊城的宮殿、住在後宮，被國王看上的女子就可以立為新王后。按照規定，這些女子剛來到後宮時，前十二個月會提供她們各種化妝品，加上指壓按摩等服務，讓她們美上加美，然後再送到國王面前，這段時間負責管理她們的人就是太監希該。希該每天要應付眾多女子，其中以斯帖最受他的喜愛，他特別用心照顧以斯帖，讓她隨時不缺化妝品、美食及各種用品。並且派了七個宮女服侍她，給她住的也是後宮中最好的地方。個性開朗的以斯帖，也一直毫無異議地聽從希該的意見，只隱瞞了一件事，就是自己出身猶大的事實，因為養父末底改曾特別交代她不能告訴任何人。

沙甲 *Shaashgaz*

波斯語「愛美的人」

第二院妃嬪的監督官

波斯王亞哈隨魯的侍從官，太監沙甲跟希該同樣負責監督後宮內院，不過他掌管的是至少已跟國王共度過一夜的女子所住的第二院。

來到後宮的女子們，經過一整年的美容保養之後，就輪流去見國王，輪到的女子離開後宮前往王宮的時候，可以要求任何想要的東西。他們在黃昏時來到宮中見國王，次日早晨不再回到原來的地方，而是改住在內院妃嬪用的第二院，此時便交由沙甲負責管理。成為王后候選人的以斯帖也同樣按照安排好的順序進宮，之後也同樣來到沙甲管理的第二院。但是她跟其他女子有一點關鍵性的不同：輪到她進宮的時候，個性內斂溫順的以斯帖，除了希該分派給她的物品之外，其他一無所求；加上她美麗出眾的外表，使得以斯帖無論走到哪裡都受人喜愛，亞哈隨魯王也特別寵愛她，最後終於將她迎入宮中，立為王后。

末底改 *Mordecai*

希伯來語「奉獻給神」

除了神以外決不屈膝跪拜

末底改是西元前五世紀左右住在波斯首都書珊城的離散猶太人之一，他是亞哈隨魯王的新王后以斯帖的堂兄，將從小失去父母的以斯帖當作女兒般撫養。信仰虔誠得幾近頑固的嚴謹個性，讓宰相哈曼對他恨之入骨。

這時候意氣風發的宰相哈曼，地位僅次於國王，因而驕縱得目中無人。他進出王宮的時候，王宮門前的一切臣僕都得向哈曼跪拜致敬，惟獨末底改無論在那裡見到他都不跪不拜。以斯帖進宮之後，末底改惦記著她的安危，天天去王宮門前張望，守衛的臣僕每次都勸他向哈曼跪拜，但他從來不聽勸告。因此哈曼對他恨之入骨，一知道他是猶太人之後，就計畫撲滅所有住在波斯的猶太人。幸而以斯帖及時出手解救，哈曼的狡計才沒得逞，反而讓末底改獲得了極高的榮譽。

哈曼 *Haman*

昂首闊步的驕傲

西元前五世紀左右波斯王亞哈隨魯的宰相哈曼，是個非常傲慢的人。

當時王宮門前的所有臣僕看到哈曼都得向他跪拜。以斯帖的養父末底改，每天都來王宮門前張望，卻從來不向哈曼跪拜，哈曼因此懷恨在心，在他知道末底改是猶太人之後，就設下陰謀要在猶太曆十二月十三日那天撲滅全波斯國內所有猶太人。但是後來不小心走漏了風聲，讓王后以斯帖得知此消息，以斯帖便馬上去見國王，請求國王帶哈曼來赴她專為三人準備的酒筵。哈曼不知道這是為粉碎他狡計的鴻門宴，還因為王后以斯帖特別招待他而喜不自勝，更回家在親朋好友面前得意得自吹自擂。到了酒筵當天，哈曼去赴筵，以斯帖就在國王面前指摘哈曼打算滅絕自己族人的詭計，哈曼才發現原來以斯帖也是猶太人，驚慌得無所適從。但這時後悔也為時已晚，哈曼因而被處死刑。

細利斯 *Zeresh*　　　　　　　　　　　波斯語「金」

做個絞刑架如何？

亞哈隨魯王的宰相哈曼的妻子細利斯，雖然頭腦聰明伶俐，個性卻陰險冷酷。

丈夫哈曼因為受王后以斯帖招待而欣喜，在親朋好友面前得意炫耀的時候，也順口抱怨末底改的態度不遜：「王后以斯帖還專為王和我舉行了一個筵會，而且請我們明天再去呢！可是，每當我看見那個猶太人末底改坐在王宮門口，我就覺得這一切對我毫無意義。」他的妻子細利斯聽了就建議說：「你為什麼不下令建一座五丈（約廿三公尺）高的絞刑架呢？明天早上，你可以請求王把末底改吊在上面。這樣，你就可以快快樂樂地去赴筵了。」哈曼認為這是好主意，就叫人造了絞刑架。不過因為以斯帖暴露了哈曼的狡計之後，在旁邊侍候國王的太監哈波拿，便告訴國王說哈曼家裡有座吊人的絞刑架。萬萬沒想到，最後被吊上絞刑架的人卻是哈曼自己。

第七章

以色列重生的時代

民族重生的夢想、虛構的「友弟德」故事以及「瑪加伯之亂」

以色列重生的時代

本章介紹的是：舊約聖經續篇《友弟德傳》、《瑪加伯傳》中出現的一部分人物。

王國滅亡之後，猶太民族就喪失了屬於自己的國家，僅依靠耶路撒冷聖殿和以大祭司為中心的宗教共同體，勉強維持著民族的獨特性。即使到了波斯帝國時代，許多猶太人都能回歸猶大的土地，但本質上也幾乎並未獲得太大的改善。猶大的土地還是受到他國的支配，猶太人也無法擁有政治上的權力。

但是馬其頓的亞歷山大大帝在建立了橫跨巴勒斯坦區域的巨大帝國之後不久便逝世，巨大帝國立即分崩離析，其中一部分國土落入敘利亞王國統治之下，因而改變了猶太人的處境。

尤其當敘利亞王安提約古四世登基以後，猶太人的命運更是完全改觀。在敘利亞王國安提約古四世的統治之下，猶太地區也開始強力推行希臘化政策，猶太人被迫重新面對自己的文化、思考如何定義猶太人等基本課題。在這樣的環境下，猶太人追求獨立的意識逐漸高漲，最後終於成功獲得民族的獨立。

這裡所介紹的就是這個時代的故事，主要的登場人物如下：

●美女友弟德的故事 --

為猶太民族冒險犯難的美女友弟德的故事，雖然是虛構的時空背景，但因為它寫於西元前二世紀左右，故仍在此章加以介紹。

友弟德的故事……友弟德、阿法撒得、敖齊雅、敖羅斐乃

●瑪加伯叛亂的故事 --

西元前二世紀左右發生在敘利亞統治下的猶太人叛變事件，猶太人終於因此贏得了獨立。

被暴君迫害的猶太人……安提約古四世厄丕法乃、敖尼雅三世
掀起瑪加伯之亂……瑪塔提雅、猶大·瑪加伯、厄肋阿匝爾、辣齊斯
策士約納堂……約納堂、亞歷山大·巴勒斯
猶太·哈斯蒙王國興起……息孟、安提約古七世

瑪加伯的時代

腓尼基

仆托肋買

大海（地中海）

加里利

加里利湖

雅木河

基列地

撒瑪利亞

拜突里雅城
（推測的位置）

雅博河

約旦河

亞捫人

雅木尼雅

摩下

猶太

耶利哥

厄瑪烏

耶路撒冷

希伯崙

鹽海
（死海）

亞嫩河

依杜默雅

瑪加伯時代的猶太
猶太哈斯蒙王國的領土

敘利亞帝國

鹹海（亞拉海）

黑海

雅典

裏海

斯巴達

克里特

洛多

安提約基雅

安息國
（大月氏）

地中海

賽浦路斯

特黎頓里

耶路撒冷

厄克巴塔納

巴比倫

托勒密王朝
埃及

西流古王朝敘利亞

阿拉伯

阿拉伯海

友弟德 *Judith*

ఌ 希伯來語「猶太女性」

以美貌作為武器的女子

　　寫於西元前二世紀左右的故事《友弟德傳》，主人翁友弟德是個貞節賢淑而且貌美的寡婦，具有強烈愛國心的勇敢女性。

　　故事的舞台設定在一個並不存在的亞述王——拿步高的時代。某次這個國王派大批軍隊進攻西側的疆界，大軍壓境消滅了沿途許多國家，很快就侵入以色列的土地，包圍了拜突里雅城。這時候，友弟德運用巧妙的計策解救了以色列的危機。她穿上漂亮的服裝，把自己打扮得光彩奪目，帶領侍女出城來到亞述軍的陣營。假稱手上有重要的軍事情報，要求見軍隊總司令敖羅斐乃。敖羅斐乃對友弟德的情報雖然很感興趣，但友弟德的美貌更是把他沖昏了頭，就請友弟德晚上到自己的帳棚裡談，敖羅斐乃支開周圍的侍衛，躺在床上等友弟德。不料友弟德趁機拔出預藏的短劍，抓住敖羅斐乃的頭髮將頭顱割下，然後立即逃回拜突里雅城。亞述軍隊因此群龍無首、無心作戰，以色列的危機也得以解除。

阿法撒得 *Arphaxad*

挑戰者的失敗

　　《友弟德傳》中登場的米底亞王阿法撒得，是亞述王拿步高的死對頭。阿法撒得為了對抗亞述帝國的擴張，令人用石塊建了壁壘圍護首都厄克巴塔納城、並修築起城門。城門寬闊足以讓他的精兵強將列隊通過。拿步高王得知後，立即出兵攻打阿法撒得王，多不勝數的米底亞居民和周圍人民都加入阿法撒得王的陣營共同抗戰，拿步高王也派遣使者到以色列和西側各國去請他們一同出兵，但是西側各國都看輕他，拒絕參加作戰。拿步高王對此事懷恨在心，自行率軍大敗米底亞，米底亞全軍不支敗退。拿步高王就佔領厄克巴塔納城並且大肆破壞。阿法撒得王逃到山區藏匿，拿步高王親自帶兵追趕，最後擲槍殺了阿法撒得王。亞述軍雖然如此大獲全勝，但拿步高王對西側各國仍然餘恨未消，所以後來又大肆舉兵壓境。

拿步高 *Nebuchadnezzar*　亞述語「神保護國境碑石」

蠻橫的勝利者

　　《友弟德傳》中登場的亞述王拿步高，建立稱霸世界的大帝國，因而驕傲得自以為可以匹敵萬能的神。

　　某次在和米底亞作戰的時候，他呼籲包含以色列在內的西側各國來協助，但是各國都不予理會。他便對此懷恨在心，在戰勝米底亞之後，就召來軍隊總司令敖羅斐乃，對他說：「你要從我這裡出發，率領真正的勇士十二萬步兵、一萬兩千名騎兵，去攻打西方所有的國家，懲罰那裡所有的民族，因為他們曾無視我的命令。」敖羅斐乃聽命便率領大軍往西出發，各國都驚慌失措、立即向拿步高王表示恭順臣服，但敖羅斐乃仍毫不留情地大肆破壞，最後來到了以色列，在拜突里雅城附近紮營。以色列雖然決心全面抗戰，但都市被包圍，陷入了缺水乏糧的危機狀態。

阿希約爾 Achior

🔖 希伯來語「光的兄弟」

與神所保佑的人為友

《友弟德傳》中登場的亞捫人的統帥阿希約爾，知識淵博、熟知以色列人的歷史。

拿步高王派來的亞述大軍所向披靡、勢不可擋地侵入以色列時，總司令敖羅斐乃召集加入亞述軍的各國將領，詢問他們以色列到底是什麼樣的民族。這時熟悉以色列狀況的阿希約爾，就對總司令從頭說起以色列的歷史，告訴他說以色列人只要不做不義的事，就會受他們的神保佑，所以以色列人絕對無法被消滅。阿希約爾的說明激怒了總司令，命令部下將他逮捕並送到以色列人所住的拜突里雅城，讓他跟以色列人共存亡。但是拜突里雅城的長老們聽了阿希約爾的說明就鼓勵他，歡迎他加入以色列的陣容，以色列戰勝之後他就改信猶太教。

敖齊雅 Uzziah

🔖 希伯來語「神是我的力量」

再堅持五天

約旦河西岸，友弟德所住的拜突里雅城中，有一位長老名為敖齊雅，心地善良但略顯軟弱。

亞述大軍侵入以色列的時候，耶路撒冷的大祭司約雅金表明抗戰到底的態度，包含敖齊雅在內的長老們也在積極準備應戰。但當敵軍包圍拜突里雅城持續了三十四天之後，人民連飲水都成問題，便開始埋怨長老們為何不向敵人求和。這時敖齊雅便對他們說：「再堅持五天，這期間內，我們的神必不會永遠棄我們於不顧。」不然的話就開城向敵人投降。然而他的話讓虔誠的友弟德下定決心展開行動，她來到長老們面前喊話，先指摘說敖齊雅的話雖是出於善意，但是不應該如此試探神的心意，而要大家真心誠意去信靠神的帶領。敖齊雅聽了這番話非常感動，就允許友弟德帶領侍女出城去進行她的祕密作戰計畫。

敖羅斐乃 *Holofernes*
希臘語「狡猾」

這麼美的女人怎能放過

　　《友弟德傳》中登場的亞述軍總司令敖羅斐乃，是個非常忠實地遵從拿步高王的命令的軍人，不過他的致命弱點就是無法抵抗美女的魅力。

　　亞述軍包圍了以色列的拜突里雅城之後，截斷水源讓城內的以色列人恐慌不已，幾乎已經勝利在望了。但就在這時候，住在拜突里雅城的美女友弟德，扮成密告者前來探訪亞述軍營，營中所有亞述士兵看見她的美貌都驚為天人，敖羅斐乃也不例外地為她神魂顛倒。而且友弟德所帶來的情報又對亞述的軍情極為有利，所以總司令當然竭盡全力來招待她，到了第四天，敖羅斐乃終於按捺不住，對身邊的宦官巴哥阿說：「你去勸說你照顧的那個希伯來女人，叫她來和我們一起吃喝作樂。如果我們不能引誘她過來，會被天下人恥笑的。」於是，敖羅斐乃將友弟德請到自己帳棚內，結果中了友弟德的計而被砍掉了腦袋。

巴哥阿 *Bagoas*
希伯來語「宦官」

主人的腦袋不見了

　　巴哥阿是亞述軍總司令官敖羅斐乃麾下的宦官。

　　他是個忠誠又小心謹慎的人，負責照顧總司令官身邊的一切瑣事，幫他安排女人似乎也包括在工作範圍內。當以色列美女友弟德來拜訪亞述陣營時，敖羅斐乃對她動了邪念，就吩咐巴哥阿去說服她，把友弟德帶來敖羅斐乃的營帳。結果總司令官因而被殺，這對於巴哥阿而言，是個令人震驚的非常事件。友弟德帶著敖羅斐乃的頭顱回到拜突里雅城後，第二天早晨巴哥阿在營帳中發現主人的無頭屍體，就驚聲尖叫並大聲哭喊起來，他飛奔到軍隊裡，大叫著：「那些奴隸欺騙了我們！一個希伯來女人讓拿步高王的軍隊蒙受了恥辱，你們看！敖羅斐乃倒在地上，腦袋不見了！」亞述的軍官也被突發事件嚇得驚慌失措，無法自抑，士兵更是四散奔逃。而且所有以色列人都在這時候乘勝追擊，亞述軍受到致命的打擊而潰敗逃走。

約雅金 *Joakim*

每天都是慶典

《友弟德傳》中登場的耶路撒冷大祭司約雅金，率領長老會議的長老們共同治理國家，他擅長軍事戰略，因而獲得人民的信賴和支持。當亞述軍侵入以色列時，他明確的指示拜突里雅城的居民要小心防衛通往山地的道路。但因他終究是個缺乏實戰經驗的大祭司，除了留在耶路撒冷向神祈禱之外，也幫不上其他忙。雖然如此，他憂國憂民的情操並不輸給任何人，當他聽到美女友弟德勇敢的行為造成亞述軍致命打擊的事蹟，興奮得帶領耶路撒冷的長老議員們，特地趕到拜突里雅城來見友弟德。他們來到友弟德面前，祝福她說：「妳是耶路撒冷的驕傲和喜悅！你是以色列的榮耀！妳是我們民族的光榮！」然後大家分配戰利品，在拜突里雅城舉行慶祝活動長達三十天之久。之後又從拜突里雅城出發遊行到耶路撒冷去，友弟德在人民的歡呼中前進，並留在耶路撒冷歡欣慶祝，慶典持續了三個月。

當時以色列人的服裝

美麗的女英雄友弟德為了誘惑敵軍領袖敖羅斐乃，費盡心思穿著打扮，身上所有服飾都非常講究，當時穿著的到底是什麼樣的服裝呢？

雖然現在很難確實重現當時以色列人的服裝，但仍可從聖經中看出些許端倪，因為聖經時代的以色列人，大部分都穿著自古以來的標準服飾，就是用山羊毛、綿羊毛或者亞麻布所作成的連身衣。在長方形的布料正中間開一個讓頭穿進的洞，兩側則除了手臂穿過的部分之外都縫合起來，最後在腰部束上腰帶。男性穿著的長度大約在膝蓋上下，女性則長到腳踝。富有的人擁有很多不同種類的服裝，按照不同的季節、場所選擇各種服飾，質料也包括亞麻布和絲綢等。有錢人會在連身衣外面再套上及膝的輕巧外套。友弟德是個相當富有的女子，她所穿著的講究服飾可能也是用高級絲綢製作的。聖經中時常出現的顏色包括青、紅、紫等色，大概當時人們的衣服也大多染成這些顏色。不過，上等的紫色非常昂貴，象徵著王權和富貴。

友弟德所穿戴的飾品有：腳飾、手鐲、戒指、耳環，大概都是金銀珠寶製成的。在沒有銀行的時代，有錢人大多是用這些形式來保有財產。

安提約古四世—厄丕法乃 Antiochus II Epiphanes

希臘語「反對者」

史上最大的鎮壓事件

西流古王朝時代的敘利亞，安提約古四世厄丕法乃（西元前一七五～一六四年）登基為王，對猶太人而言是個最糟糕的暴君，迫使猶太人奮起抵抗宗教迫害，引發了「瑪加伯之亂」。

父王安提約古三世在西元前一八八年敗於羅馬軍下，他也被押到羅馬去做人質，重獲自由後在雅典城居留，造成他醉心於希臘羅馬文化的性格。後來他登基做敘利亞王，也把這些文化帶進自己的國家和猶太人的土地，強迫推行希臘化政策，不僅將都市改造成希臘風格，更引進宙斯、戴奧尼索斯等希臘文明的神祇，強迫人民膜拜。西元前一六七年，又用高壓強制的手段徹底鎮壓猶太人的宗教，他在猶太地方建立希臘神像、禁止猶太人舉行傳統宗教祭典，處死不肯服從的人民。以色列猶太民族遭遇了有史以來最嚴重的宗教迫害。其中屬於哈西典人的瑪塔提雅，帶著家族逃到曠野中開始徹底抗戰，就是所謂的「瑪加伯之亂」。這場抗戰最後導致猶太民族的獨立。

敖尼雅三世 Onias Ⅲ

抗拒希臘化的大祭司

敖尼雅是西元前二世紀左右耶路撒冷的大祭司。他在敘利亞暴君安提約古四世繼位之前就已經是大祭司，學識豐富，很受人們敬仰。

當時在耶路撒冷就已有些人結合敘利亞的勢力推動希臘化，但在敖尼雅三世的時代這股勢力無法張揚，只好遵守戒律過著和平的生活，敖尼雅也因此受到神的庇佑。某次，聖殿總管息孟背叛敖尼雅，和腓尼基總督阿波羅尼聯手設計搶奪聖殿的財寶，阿波羅尼就派宰相赫略多洛到耶路撒冷去。但赫略多洛才一腳踏入聖殿的寶庫，神蹟就發生了，他陷入了半死不活的狀態，幸好敖尼雅為他向神祈求，才救回一條命。死裡逃生的赫略多洛將事情經過報告給敘利亞王安提約古，之後就平靜了一段時間，不再有殘害猶太人的事件發生。但是當安提約古四世繼位後情形又加速惡化，敖尼雅被放逐，不久之後更被後任大祭司默乃勞暗殺。

息孟 Simon

聖殿的錢財淹腳目

　　息孟是西元前二世紀前後耶路撒冷聖殿的總務，性情奸詐而頑劣。

　　他站在容許猶太人接受希臘文化的立場，與大祭司敖尼雅三世對立，當情況不利於己時，就向腓尼基總督阿波羅尼密告：「耶路撒冷寶庫的財寶，富可敵國，其中一大筆錢與宗教祭祀毫無關聯，因此可輕易收歸王有。」阿波羅尼將這件事轉告敍利亞王安提約古四世，國王聽了就派宰相赫略多洛去耶路撒冷將這筆錢財取回來。赫略多洛奉命進入聖殿寶庫的時候卻發生神蹟，他被降臨的天兵襲擊而未能完成任務。但息孟並不因此氣餒，又開始誹謗敖尼雅，聲稱敖尼雅設計陷害赫略多洛，應當為所有災禍負責。而且還派一位心腹去暗殺敖尼雅，使得耶路撒冷城內兩股勢力明爭暗鬥、局勢一觸即發。不過因為敖尼雅厭惡爭戰，就去觀見敍利亞王，尋求和平解決之道。

赫略多洛 Heliodorus

神的使者身穿黃金鎧甲

　　赫略多洛是西元前二世紀左右敍利亞王安提約古四世的宰相。原本是如同公務員般奉公守法的人，對國王的命令絕對服從，但親眼見到神蹟後就完全改觀。安提約古四世聽說：「耶路撒冷的寶庫中藏有數不盡的財富。」之後，就派宰相赫略多洛去沒收這些財富。赫略多洛不顧大祭司敖尼雅等人的反對，執行調查的日期一到，就堂堂踏入聖殿的寶庫，而神蹟就在這時候發生了：一匹配備華美的駿馬出現在赫略多洛眼前，上面乘坐一位威嚴可怕的騎士。駿馬猛烈地衝向赫略多洛，用前蹄襲擊他，馬上的騎士身穿黃金鎧甲。同時有兩位身穿盔甲的健壯少年，下鞭如雨地不斷地鞭打赫略多洛。他很快就不支倒地，不省人事。幸虧大祭司敖尼雅三世為他向神祈求，他才回過神來，但再也沒有餘力執行國王的命令了。他就回去觀見國王，說：「那裡確實有神的軍隊在保衛。」並積極為神所行的奇蹟作見證。

雅松 *Jason*

希臘語「治癒」

狡計又被狡計剷除

　　大祭司敖尼雅三世的弟弟雅松，後來奪取了耶路撒冷大祭司的職位，是個徹底的大惡人。安提約古四世繼承了敍利亞的王位之後，他用高額的賄賂收買了大祭司的職位，將哥哥敖尼雅三世放逐。

　　雅松獲得大祭司職位後，就摒除猶太人的傳統，致力於推進猶太希臘化，在耶路撒冷建造青年培育中心，讓青年戴希臘式的帽子，並舉行格鬥競技運動會等活動。但是好景不常，三年後，另一個名為默乃勞的惡徒也用賄賂取得大祭司職位，而將他放逐國外。雅松逃亡到約旦河東岸，率領軍隊準備乘機進攻耶路撒冷，但終究無法從默乃勞手上奪回權力。之後雅松從耶路撒冷逃到阿孟、再流亡到阿拉伯，他的惡行也隨他散佈各地，到處都有人想要取他的性命，所以他只好不斷流竄。最後雅松連阿拉伯都待不下去，死於希臘的城邦斯巴達。

默乃勞 *Menelaus*
聖職也能用錢買

在敖尼雅三世、雅松之後成為耶路撒冷大祭司的默乃勞，是激進派的希臘文化推動者，他的大祭司身分跟前任的雅松一樣是用賄賂的手段買來的。

雅松當大祭司第三年時，派遣默乃勞作使者去覲見敘利亞王安提約古四世，默乃勞卻背叛他私下諂媚國王，獻上比雅松更高額的賄賂，奪取了大祭司的職位。而且他更輕視猶太人的傳統，比雅松更加大膽地將耶路撒冷推向希臘化，還利用自己的兄弟里息瑪苛共謀盜賣聖殿的財寶。前任大祭司敖尼雅三世知道了就責備他，但他不僅不悔改，反而設計殺害敖尼雅。這樣的胡作非為引起耶路撒冷人民的大規模騷動，被敘利亞王安提約古四世派兵鎮壓。這時候國王趁機下手掠奪耶路撒冷聖殿的寶物，默乃勞不但沒出聲阻止，反而積極地幫助國王掠奪寶藏。他就如此我行我素的佔據大祭司的位置持續支配耶路撒冷，直到「瑪加伯之亂」的首領——猶大·瑪加伯來趕走他為止。

里息瑪苛 *Lysimachus*
兩個兄弟一樣壞

里息瑪苛是耶路撒冷大祭司默乃勞的兄弟，協助墮落的默乃勞，是個無惡不作的無賴。默乃勞不在的時候，讓兄弟里息瑪苛代理他的大祭司地位，里息瑪苛就利用這個職務之便盜賣聖殿的聖物。這事傳開來，民眾群起向里息瑪苛抗議，但他毫無反省之意。憤怒的人民群起暴動，里息瑪苛就裝備了三千名部隊鎮壓暴亂，人民看到軍隊前來攻打，便以石塊、棍棒、甚至就地抓起灰土，向他們亂投過去。因為人民的數目遠超過鎮壓部隊，里息瑪苛的部下也寡不敵眾，死的死、傷的傷、其餘的也都逃跑了，里息瑪苛自己就躲到聖殿的一角，最後仍逃不過被群眾殺死的命運。但這時耶路撒冷發生的暴動傳到國王安提約古四世的耳中，他就派敘利亞軍隊來鎮壓，暴動暫時被鎮壓了下來，卻沒有打倒大祭司默乃勞的政權。亂事雖然暫時平定，但這件事的後續影響，成為引發「瑪加伯之亂」的導火線。

厄肋阿匝爾 *Eleazar*
❧ 希伯來語「神幫助」

高潔的人

厄肋阿匝爾是西元前二世紀時耶路撒冷最傑出的律法學者，雖然年事已高，卻不屈服於當時的墮落風習，寧死也要抵抗到底。

當時在耶路撒冷，大祭司默乃勞強力推動希臘化政策，但安提約古四世要求耶路撒冷更徹底接受希臘文化，就開始強迫人民捨棄猶太的神而來崇拜希臘的神明。這種強制政策也貫徹到飲食習慣方面，人們被迫進食猶太律法所禁止的動物內臟等食物，講究律法的厄肋阿匝爾當然嚴正抗拒這項命令，但國王派來的官員把他拉到群眾面前，要強迫他當眾吃下內臟，負責執行的人早就知道他的為人正直，便私下為他準備了潔淨的肉，力勸他佯裝吃祭肉，暫且保住性命。但厄肋阿匝爾卻拒絕了，他說：「如果在我這個年歲還做出欺人之事，豈不讓自己的年歲蒙羞。」說完，便自動走上刑台，被鞭打而死。

瑪塔提雅 *Mattathias*
❧ 希伯來語「主的禮物」

瑪加伯之亂的開端

耶路撒冷西北方有個小村落摩丁，住著一位祭司瑪塔提雅，是「瑪加伯之亂」的首領猶大·瑪加伯的父親，是個信仰堅定而且勇敢的人。

瑪塔提雅看見敘利亞王安提約古四世迫害猶太教徒的行為，總是大聲哀嘆不平。因為他是村中最有影響力的長老，國王的爪牙就到村落來找他，命令他率先響應國王的政策，瑪塔提雅大聲回答說：「即使所有的民族都放棄他們祖先的信仰而臣服於安提約古王，我、我的兒子和我的家人還是會繼續忠於我們祖先的盟約。」這時候，一個猶太人走到群眾面前，在異教的祭壇上按照國王的法令獻香。瑪塔提雅看到，義憤填膺地將對這人的怒火完全發洩出來。他撲向這猶太人，在祭壇上殺了他，又殺死了那些命人獻祭的國王代表，還拆毀了祭壇。接著，瑪塔提雅就高聲宣告說：「凡是熱心擁護律法和盟約的人，站出來跟隨我。」他和他兒子把所有的家產留在城中，立即逃到山區去。西元前一六七年這件事發生在，也是「瑪加伯之亂」的開端。

猶大・瑪加伯 Judas Maccabeus

希伯來語「執鐵鎚者」

猶太的鐵鎚

猶大是瑪塔提雅的第三個兒子，帶頭領導「瑪加伯之亂」的英雄人物，從年輕時就英勇非凡，獲得了「瑪加伯」（鐵鎚之意）的渾號，他的同黨也都被稱為瑪加伯。在父親瑪塔提雅舉起旗幟開始反抗敘利亞時，猶大也跟兄弟和其他同志追隨父親。後來父親去世，他就遵從遺言領導反抗軍，之後一直率領瑪加伯黨英勇作戰。

戰情順遂的瑪加伯軍接二連三擊破敵軍，無論局勢多麼不利，他也從不喪失對勝利的信念。當敘利亞軍總司令色龍率領大軍來攻擊瑪加伯軍時，猶大對因敵眾我寡而恐懼的同志説：「勝利不是看戰鬥人數的多寡，而是靠著上天賜給我們的力量。上天一定會在我們面前粉碎敵人，所以不要害怕。」之後，他的軍隊勢如破竹的解放了全猶太人的土地，在西元前一六四年進入耶路撒冷城，猶大就成為實際支配著全猶太的統治者。但是到了德默特琉王的時代，敘利亞軍再度展開反擊，猶大戰死於激烈戰局中，瑪加伯軍再度陷入前途多舛的危機狀態。

阿波羅尼 Apollonius

拉丁語「阿波羅（太陽神）的」

阿波羅尼的劍

阿波羅尼是個殘暴的將軍，效忠於敘利亞王安提約古四世。

他的作戰中最殘忍的一次，是在瑪加伯黨逃亡到曠野開始進行抵抗運動的時候，當時國王命令阿波羅尼將猶太人所有的成年男子都殺死。他就率領兩萬兩千士兵到耶路撒冷，趁猶太人安息日休息時，讓部下列隊遊行，然後將出來觀看的人統統殺死。猶大帶領瑪加伯黨開始抵抗活動的時候，阿波羅尼率領大批部隊從撒瑪利亞前去鎮壓，但是猶大得知鎮壓部隊的消息，就在撒瑪利亞通往耶路撒冷的途中埋伏，襲擊了阿波羅尼的部隊，造成敵人大量傷亡，殘餘的士兵紛紛逃亡，阿波羅尼也在亂中陣亡。這是瑪加伯軍最初的光輝勝利，士兵們也非常歡喜。這時候他們奪得敵人的武器做戰利品，猶大得到了阿波羅尼的寶劍，此後一直在戰爭中使用這把寶劍，直到他去世為止。

色龍 *Seron*

全國至高的榮譽屬於我

　　安提約古四世麾下的敘利亞將軍色龍，是個虛榮又好大喜功的人，試圖打倒瑪加伯黨讓自己一舉成名，不過這個計畫並沒有成功。

　　敘利亞將軍阿波羅尼的軍隊敗在瑪加伯軍手下之後，色龍召集部下對他們說：「這正是成名的好機會，能使我成為國內最顯要而位尊的人，去攻打猶大和他的黨徒吧！」許多人被他的言語打動而跟隨他，於是色龍就率領大軍攻向耶路撒冷。埋伏在耶路撒冷西北方道路旁準備攔截色龍大軍的瑪加伯軍，人數相形見絀，看見敵軍聲勢浩大就心生恐懼：「我們區區幾人，怎能和這一大批敵軍對抗呢？。」但是領袖猶大對他們說：「多數人也能輕易落入少數人之手，因為不論多數或少數，上天都能同樣讓人獲勝。勝利不是靠戰鬥人數的多寡，而是靠著上天賜給我們的力量。」瑪加伯的士兵們聽了之後勇氣倍增，趁敵人在爬坡的途中一鼓作氣衝下去迎頭攻擊，將色龍和他的大軍都打敗了。

里息雅 *Lysias*

連戰連敗的將軍

　　安提約古四世麾下的敘利亞將軍里息雅，是個無能的指揮官，率領的兵力明明佔有壓倒性的優勢，卻無法阻止猶太人的抵抗，最後甚至為了保命而背叛國王。

　　對於當時的敘利亞而言，真正的威脅來自東方新興的國家——安息國，在猶太人叛亂情況越演越烈的時候，國王卻不得不親自率軍向東方遠征。在遠征東方的期間，國王將敘利亞的國政交給里息雅，於是里息雅選了數位將軍，給他們四萬名步兵和七千名騎兵去攻打猶太人，但是被瑪加伯反叛軍打敗，里息雅就親自率領了六萬名步兵和五千名騎兵出征，但是他自己也同樣慘敗而回。遠征中的安提約古四世看出他的無能，便改將國政託付給自己的親友斐理伯。但是不久後國王去世，里息雅就擁立年幼的王子為安提約古五世來對抗斐理伯。之後，他打敗瑪加伯的軍隊，支配了耶路撒冷一段時間。但德默特琉稱王之後，立即殺害了里息雅這個眼中釘。

聖經人物誌

哥爾基雅 *Gorgias*
空前絕後的大失算

　　安提約古四世麾下的敘利亞將軍哥爾基雅，在跟猶太人瑪加伯的軍隊作戰時，犯下了空前絕後的大失策。

　　當安提約古四世率軍遠征的時候，負責處理國政的里息雅，選出幾位敘利亞將軍，讓他們帶著將近五萬的大軍去攻擊猶太人。將軍們的陣營駐紮在耶路撒冷西北西方平原上的厄瑪烏。這時候哥爾基雅也是其中一名將軍，他想出一個計策：趁夜色去偷襲敵人的陣地。於是便率領了五千名步兵和一千名精選的騎兵在深夜展開行動。但是瑪加伯的領袖猶大知道了這事，就率領他的手下攻打分散在營地外面的其他敵軍，哥爾基雅來到瑪加伯營地時發現營地空無一人，嚇得呆若木雞，心想：「讓他們逃掉了。」另一方面，瑪加伯的軍隊在天亮時，攻擊駐紮在厄瑪烏的敵人，打得他們落花流水。而白跑了一趟的哥爾基雅回到厄瑪烏時，同志們已經四散逃亡，只見瑪加伯的軍隊擺好作戰陣勢，他便連忙逃跑了。

提摩太 *Timothy*
迫害在異邦的猶太人

希臘語「敬拜神者」

　　提摩太是西元前二世紀在約旦河東岸地區的基肋阿得軍隊的指揮官。

　　猶大‧瑪加伯擊敗了敘利亞將軍里息雅所率領的大軍之後，將耶路撒冷納入統治，開始重建祭壇、恢復猶太人的傳統。這個行動激怒了耶路撒冷周圍推行希臘化政策的異邦人，就轉而迫害住在異邦之地的猶太人。基肋阿得地方便是由提摩太打頭陣開始進行虐殺，計畫將住在基肋阿得的猶太人都一掃而空。瑪加伯軍領袖猶大立即率領八千人越過約旦河到基肋阿得去。當時住在基肋阿得的猶太人都被囚禁在幾個大城中，面臨著被滅絕的危機。瑪加伯軍首先攻佔了波索辣，殺盡城裡的異邦人、放火焚城，隨即轉向其他城寨。然而，提摩太的軍隊已經在那裡擺開陣勢了，瑪加伯軍就兵分三路，從敵後進攻，順利趕走敵軍，解放了被囚的猶太人。之後提摩太再次召集軍隊向瑪加伯挑戰，但是仍然敵不過瑪加伯的軍隊，只好放棄跟猶大作對的打算。

若瑟 *Joseph*

希伯來語「神增加」

我們也去贏得名聲

　　若瑟是猶大·瑪加伯麾下的猶太人指揮官之一，為了求取功名而不聽從命令，自做主張而鑄下了大錯。

　　住在猶太人土地周圍的異邦人，開始迫害他們土地上的猶太人時，瑪加伯的領袖猶大領軍進攻基肋阿得。猶大的兄弟息孟則前往加里利，都分別順利地救出了同胞。這時候若瑟和他的兄弟阿匝黎雅則和其餘的部隊負責留守耶路撒冷，但當他聽到猶大兄弟活躍沙場的事蹟，再也無法忍耐下去，就說：「我們也去贏得名聲吧！」於是若瑟和阿匝黎雅便率領軍隊向西側的海岸地方進攻。但是這地方是由英勇的敘利亞將軍哥爾基雅鎮守的，他得知若瑟進攻的消息後就率領屬下出城迎戰。若瑟和阿匝黎雅徒具虛榮的功名心，卻沒有相當的實力，所以猶太人在此吃了敗戰，約有兩千人喪亡，其餘的士兵也都逃亡了。結果，猶太人還是只有仰賴猶大兄弟的領導才能獲勝。

猶太人的希臘化

　　瑪加伯之亂，起因於對敘利亞的安提約古王朝的強制性希臘化政策的不滿。希臘化本身雖無可厚非，但是敘利亞王安提約古四世在猶太地方強行推動希臘化的政策卻太過極端。

　　這個時代的猶太人當中，也有不少如大祭司雅松、默乃勞一般熱心推動希臘化的人物。他們和安提約古聯手，讓年輕人戴希臘式的寬邊帽、穿希臘式的服裝，並在耶路撒冷建設競技場，讓他們跟希臘人同樣裸體進行丟擲鐵餅等競技活動。因此，使得傳統律法、聖殿祭祀等儀式都被忽視，大家都一窩蜂的湧進競技場去。有些人甚至為了參加裸體競技活動，特地使用縫合手術，消除行過割禮的痕跡。到了西元前一六七年，安提約古認為猶太人是推動希臘化的絆腳石，於是開始迫害猶太教，強制猶太人改信希臘的宗教。

　　不但律法的書籍被焚毀，安息日、割禮等宗教性的傳統也都被禁止，耶路撒冷聖殿上豎立了宙斯的神像，猶太人被迫進行希臘的祭典儀式，不聽從的人都被處以死刑。

　　一連串的抵抗運動就在這樣一觸即發的緊迫情勢中爆發了。

厄肋阿匝爾 *Eleazar*

猛攻巨象自己也被壓死

　　厄肋阿匝爾又名奧郎，是引起「瑪加伯之亂」的祭司瑪塔提雅的第四個兒子，也是猶大的弟弟，是個勇猛果敢的戰士。

　　瑪加伯軍跟猶太土地周圍的異邦人作戰，連戰皆捷。但在耶路撒冷城內仍有許多反瑪加伯勢力的希臘主義人士存在，他們死守要塞，和宗主國敘利亞互通聲息持續為非作歹。忍無可忍的瑪加伯領袖猶大決心剷除他們。敘利亞將軍里息雅得知這個消息，就率領十萬步兵、兩萬騎兵、和三十二隻受過軍事訓練的大象來攻打猶太人，救出被困在耶路撒冷的希臘主義者。瑪加伯軍在耶路撒冷南方的地方迎擊。這時候厄肋阿匝爾看到一隻象披著王室用的鎧甲，而且比其他的象都高，他認為國王一定坐在這象身上，就單槍匹馬英勇地向象進攻，殺死左右兩邊的敵人，衝到大象身下刺殺牠，大象不支倒下，正好壓在厄肋阿匝爾身上把他給壓死了。不過這個英勇的事蹟為他贏得不朽的聲名。

斐理伯 *Philip*
兩位攝政不睦

安提約古四世指定斐理伯代理敘利亞的國政。遠征東方的時候，安提約古四世本來是派將軍里息雅負責代理國政和教養王子的任務，但在臨死之前改變想法，改派斐理伯做王子的攝政官。里息雅聽到國王逝世的消息，就立即擁立王子為安提約古王五世，自己就任為攝政，因此里息雅和斐理伯兩人就各自為政。當時敘利亞爆發了內亂，不過這內亂對於反抗軍瑪加伯的局勢卻相當有利。因為當時里息雅正指揮大軍作戰，要救出耶路撒冷城內的希臘主義人士，眼看就要擊破瑪加伯軍的時候，卻聽說斐理伯率領先王的部隊正要返回首都安提約基雅去。里息雅急於趕回而無心戀戰，只好和瑪加伯軍和談，答應猶太人的要求允許他們維持傳統的生活習慣，匆忙訂下條約後便趕回安提約基雅。斐理伯雖然暫時統治了首都一段時間，最後仍然敗給里息雅，只好逃到埃及去。

德默特琉 *Demetrius I Soter*   希臘語「救主」
蟄伏十年後覺醒的王

德默特琉是西元前二世紀左右的敘利亞王（西元前一六二～一五〇年在位）。是西流古王朝統治敘利亞的歷史轉折點上出現的人物，敘利亞從德默特琉王之後，皇族間為了爭奪王位，鬥爭越演越烈。

德默特琉是安提約古四世的兄長西流古的兒子，被送到羅馬做了十年以上的人質。西元前一六二年，德默特琉帶著十六名手下逃出羅馬，在敘利亞的港口特黎頗里登陸，並在那裡稱王。當時尚年幼的國王安提約古王五世和攝政里息雅都立即被他逮捕處死。獲得王位的德默特琉，馬上向猶太人挑起了另一波戰爭。他先任命希臘主義者阿耳基慕為猶太的大祭司，然後派尼加諾爾將軍遠征猶太去攻打瑪加伯軍。尼加諾爾戰敗後，德默特琉王再派身經百戰的巴基德將軍去討伐，巴基德讓瑪加伯軍吃盡了苦頭，最後將瑪加伯的領袖猶大殺死在沙場上。但不過才數年，一個自稱為亞歷山大·巴勒斯的怪人忽然自立為敘利亞王，打敗了德默特琉並且把他殺死。

阿耳基慕 *Alcimus* ◦ 希臘語「勇者、強者」
殺死信徒的大祭司

　　阿耳基慕被德默特琉任命為耶路撒冷的大祭司，是個遵從希臘主義的猶太人。為了自己的權力而毫不猶豫的虐殺自己同胞，是個毫無節操可言的人。

　　阿耳基慕出身於司祭亞郎之家族，一直覬覦著大祭司的寶座，德默特琉才剛即位，阿耳基慕就去向他控訴說：「猶大和他的兄弟謀殺了你的朋友，並把我們逐出本國。現在請你派一名親信，去看看他們帶給我們和王國的損害、懲罰那些支持他們的人吧！」於是國王立即任命阿耳基慕為大祭司，並選派巴基德將軍跟他同去耶路撒冷。雖然瑪加伯軍的人都不理會他，但也有不少猶太人因為阿耳基慕出身於亞郎家族而信賴他。可惜阿耳基慕只是利用他們的信任來欺騙他們，他趁機逮捕了六十名對律法特別忠誠的人，並且在一天之內全部殺光。全耶路撒冷的人都因此對他燃起一股熊熊的恨意，一發不可收拾。

尼加諾爾 *Nicanor* ◦ 希臘語「征服者」
我是地上的支配者

　　尼加諾爾是德默特琉王麾下一名傲慢的敘利亞將軍，因為大祭司阿耳基慕的惡行，引起了猶太地方的瑪加伯黨更激烈的抵抗運動，德默特琉王就命令尼加諾爾前去殲滅猶太人。

　　雖然受命於德默特琉王，但他一開始卻說要跟瑪加伯的首領猶大締結和平協定，後來因受到國王斥責，尼加諾爾轉眼就改變態度，現出惡形惡狀，在耶路撒冷口出豪語：「如果你們不及時把惡徒猶大交到我的手裡，我定會將這聖殿夷平、拆毀祭壇，並在原址給彫尼索建一座雄偉的廟宇。」尼加諾爾得知猶大和部下在撒瑪利亞附近，便決定在安息日襲擊他們。但是那些被迫跟隨他的猶太人都反對他的計畫，尼加諾爾便說：「天上的主宰命令你們遵守安息日嗎？那麼，我就是地上的主宰，命令你們遵從我。」然而西元前一六一年，尼加諾爾在耶路撒冷北方跟瑪加伯軍作戰時，開戰不久就戰死了。

辣齊斯 *Razis*

淒慘的自殺

　　西元前二世紀，耶路撒冷的一位虔誠的猶太長老名為辣齊斯，為了抵抗不斷折磨猶太人的敘利亞將軍尼加諾爾，壯烈犧牲了自己的生命。

　　辣齊斯原是熱心的猶太教徒，因為為人慈祥而被尊稱為「猶太人之父」。尼加諾爾相信若能將他處死，一定會對猶太人造成很大的打擊，就派出五百名士兵去逮捕他。辣齊斯逃入塔樓中，士兵團團圍住塔樓並放火燒門。他知道已經逃不出去，寧願壯烈犧牲，就自己往劍上伏倒自殺。但匆忙中沒刺中要害，那時士兵已蜂擁衝進，辣齊斯便跑到塔頂往下跳到人群中，落在地上傷勢甚重，但還活著，雖然血流如注，還勉力跑到一塊岩石上，屹立在那裡，將自己五臟扯出來，用雙手捧著，向追兵們拋去，在祈求將來能再復活的禱告中死去了。

巴基德 *Bacchides*

身經百戰的強者

　　德默特琉王麾下身經百戰的將軍巴基德，在尼加諾爾將軍戰死於瑪加伯軍之役後，率領最精銳的部隊進攻猶太人。軍隊南下沿途殺害住在各地的猶太人民，最後在耶路撒冷對面紮營，大軍總共有兩萬名步兵和兩千名騎兵。而此時猶大的瑪加伯部隊只有三千名精兵。他們看到敵軍人數眾多，都害怕得紛紛離營潛逃，最後只剩下八百人。猶大仍然鼓舞那些留下的人說：「讓我們上前和敵人作戰。或許能有機會擊敗他們！」士兵們都反映說兵力不足而反對出戰，但是猶大又說：「我決不從他們面前逃走。如果時候到了，我寧可光榮地為同胞犧牲。」一旦開戰，猶大軍竟然比原先預料的更加驍勇善戰。然而，最終他們還是寡不敵眾，領袖猶大戰死沙場。猶大一死，猶太人當中的不良份子也增多了起來，於是巴基德將軍為了向猶大復仇、嘲笑猶太人，就專選不虔敬的人來做猶太人的統治者。

約納堂 Jonathan

希伯來語「獻給神」

兩手外交的策士

摩丁村的祭司瑪塔提雅是掀起「瑪加伯之亂」的首領，瑪塔提雅的么子約納堂，在猶大死後成為瑪加伯一黨的領袖。他跟勇猛而橫衝直撞的猶大不同，約納堂是個非常擅用權術、精於謀略的人，為猶太人的獨立運動打下了良好的基礎。

猶大在與巴基德將軍之戰陣亡後，瑪加伯黨就陷入困境，約納堂等人也曾逃亡於曠野，後來逐漸恢復了一些勢力。到了西元前一五七年，巴基德將軍再度來侵襲猶太人，跟約納堂纏鬥許久仍不分勝負，於是雙方開始和談。當時敘利亞國內因為亞歷山大・巴勒斯和德默特琉爭奪王位的內部糾紛不斷，約納堂就用機智從中取利，他分別跟雙方接觸，謀取漁翁之利，結果雙方都承認他做為猶太人領袖的身分。德默特琉死後，巴勒斯就給予他大祭司和將軍的地位。巴勒斯死後，由德默特琉二世繼位時，約納堂也立即呈送大量財寶，巧妙地維持了自己的地位。因為有了這些成果，在約納堂死後，猶太人民才有機會朝向獨立之路邁進。

亞歷山大・巴勒斯 Alexder Balas

希臘語「守護人民」

皇室後裔？還是偽裝者？

德默特琉一世在位的時代，西元前一五三年突然冒出來一位名為亞歷山大・巴勒斯的人物，自稱是安提約古四世的遺孤並聲稱自己擁有王位。他佔領了巴勒斯坦的港口仆托肋買，自立為王（西元前一五〇～一四五年在位）。雖然也有風聲說他只是容貌酷似安提約古四世，但他打倒了德默特琉一世，實質掌握了王權。

德默特琉一世和亞歷山大・巴勒斯的王位紛爭，為瑪加伯的領袖約納堂帶來了莫大的利益。因為雙方都要爭取瑪加伯軍的支持，就極力討好約納堂，承認他做為猶太人領袖的地位、減免稅金、給予他支配土地的權力。後來登上王位的巴勒斯，邀請約納堂來到仆托肋買，對官員說：「你們跟他一起到城中央去宣布：不論何種藉口，任何人都不能控告約納堂；不論何種理由，誰都不能侵擾他。」於是，約納堂就和敘利亞王權締結了良好的關係，成為有權統理猶太人的正當統治者。但是，後來巴勒斯本身卻敗於德默特琉二世之戰而死。

仆托肭米六世 *Ptolemy Ⅵ Philometor*
覬覦敍利亞的陰謀者

西元前二世紀埃及的仆托肭米王（西元前一八〇～一四五年在位），對猶太人態度友善，但陰謀奪取敍利亞的支配權，跟敍利亞王亞歷山大・巴勒斯的盛衰有密切的關聯。

仆托肭米王與巴勒斯是表兄弟，當巴勒斯坐上王位後，他就把女兒嫁給巴勒斯，用婚姻關係結成同盟。但是前任國王德默特琉一世的兒子德默特琉二世開始主張自己擁有王位時，他又私下送信給德默特琉説：「讓我們結為盟友，我會把我的女兒，就是亞歷山大的妻子嫁給你，那麼你就可以統治你父親的國家了。」便把已經是巴勒斯妻子的女兒召回，重新嫁給德默特琉二世，因此而與巴勒斯敵對。其實他早就在覬覦敍利亞的國土，當巴勒斯出征不在國內的時候，仆托肭米趁虛而入佔據了他的王位，在外地鎮壓叛亂的巴勒斯便匆忙趕回來與他作戰，卻被打敗而逃亡到阿拉伯去，後來死在當地。但是不久之後，仆托肭米王也因意外身亡，結果德默特琉二世便繼位成了敍利亞王。

德默特琉二世 *Demetrius II Nicator*
被權力鬥爭翻弄的命運

西元前二世紀的敍利亞王德默特琉二世（西元前一四五～一三八年、西元前一二九～一二五年在位），父王德默特琉一世跟亞歷山大・巴勒斯進行權力鬥爭時，他逃亡到克里特島避難。在父王死後，燃起復仇的雄心而舉兵叛亂，獲得埃及王仆托肭米六世的援助而成功奪回王位。猶太人的領袖約納堂當初曾幫助過亞歷山大・巴勒斯擊退德默特琉二世的軍隊，但巴勒斯一失敗，約納堂就見風轉舵，贈送許多貴重的禮物給德默特琉二世，巧妙地修復彼此關係。國王對約納堂產生好感，不但減免了猶太人的稅金，還承認約納堂的大祭司職位。但是德默特琉二世錯估局勢，以為自己的王權已經穩定，解散了傭兵部隊之外的所有軍隊而犯下致命大錯。這個解散軍隊的決定，惹惱了祖先世代都在為國王賣命的士兵，使得全軍發動叛變。這時候，約納堂送出猶太人的士兵來幫忙他鎮壓了叛亂，但是敍利亞的野心家特黎豐將軍擁立亞歷山大・巴勒斯的兒子安提約古六世為王的時候，約納堂又立即向他靠攏，而把德默特琉二世趕下了王位。

特黎豐 *Trypho*

背叛的因果循環

奪取敍利亞王位的野心家特黎豐將軍,最初在亞歷山大‧巴勒斯王麾下,接著又為德默特琉二世效力。德默特琉二世解散軍隊引起士兵們不滿的時候,他又在背後搧動叛變。到了西元前一四五年,他擁立當時才兩歲的巴勒斯之子安提約古六世為王,自己則就任攝政官在背後掌權,打敗了德默特琉二世。

特黎豐也跟猶太人瑪加伯的領袖約納堂締結同盟關係,但在覺得約納堂尾大不掉的時候,又將他騙到仆托肋買的港口去,在那裡殺了他。之後甚至殺死幼主而自立為王。然而特黎豐這樣一意孤行而枉顧道義的做法,招致眾叛親離的惡果。猶太人在約納堂死後,由他的兄長息孟作領袖,和逃亡中的德默特琉二世締結同盟而與特黎豐敵對。西元前一三八年,當德默特琉二世的弟弟安提約古七世繼位為王時,特黎豐手下的軍隊全部背叛了他,完全孤立無援的特黎豐在逃亡之後不久便自殺身亡。

息孟 *Simon*

希伯來語「神聽見」

猶太‧哈斯蒙王國興起

摩丁村的祭司瑪塔提雅掀起了「瑪加伯之亂」,息孟是瑪塔提雅的第二個兒子,也是猶太‧哈斯蒙王國的開創者。從「瑪加伯之亂」開始後,一直忠心耿耿的在做為領袖的兄弟猶大以及約納堂之下盡力,也曾帶軍作戰,後來約納堂被敍利亞的將軍特黎豐殺害,他就接任瑪加伯領袖的地位。

息孟跟約納堂同樣都是優秀的政治家,利用敍利亞國內紛爭擾攘的機會攫取了豐碩的成果。息孟首先和具有繼承敍利亞王正統地位卻在逃亡中的德默特琉二世取得聯絡,要求他同意猶太國家的獨立地位,這個獨立王國稱為「哈斯蒙王國」,存在於西元前一四二年到前六三年之間。此外,息孟也強化本國和羅馬以及斯巴達等國之間的同盟關係,使得猶太做為獨立國家的地位更加穩固。繼承德默特琉二世王位的安提約古七世打破原先和猶太人之間的約定,派遣使者來要求他歸還土地和稅金,息孟卻回答說:「我們不過是取回我們祖先的產業罷了。」而仍繼續維持著國家的獨立。

安提約古七世 *Antiochus VII Sidetes* 希臘語「從腋下出來」

從洛多島伺機奪取王位

安提約古七世是西元前二世紀左右的敍利亞王（西元前一三八～一二九年在位）。西元前一三八年，他的兄長德默特琉二世不幸被阿爾撒革王活捉監禁。安提約古七世在洛多島得知這件事，迅速寫信送到敍利亞各地，要求大家支持他做正統王位繼承者。

當時猶太人的領袖息孟也收到他的信：「安提約古王祝大司祭和民族領袖息孟、以及猶太國民平安！昔日有歹徒佔據了我們的祖國，現在我打算收復失土，重建往日的國家。我已召集了大軍，配備好戰船，將在這國家登陸，報復那些蹂躪我國土、摧毀我國民的人。」然後，他就登陸敍利亞本土，原先被迫追隨將軍特黎豐的軍隊全部都倒戈投靠安提約古王麾下，他就順利獲得了王位。但是安提約古七世登基後立即背棄他和息孟的約定，向猶太人宣戰，要求他們歸還土地、納稅，不過很快就被息孟的兒子若望率領的猶太軍隊擊退了。

阿特諾彼 *Athenobius*

這塊土地到底是誰的？

阿特諾彼是安提約古七世手下的高官，天生的官僚個性。安提約古七世在還沒登基之前曾承認猶太的獨立地位，但是登上王位後立即態度不變，派遣阿特諾彼為使者去見息孟。

阿特諾彼對猶太人領袖息孟傳遞國王的話語說：「你侵佔約培、革則爾和耶路撒冷的城堡，這些本是我國的領土，你卻使它們成為焦土。你們嚴重破壞這土地，並且佔領了許多我們的城市。現在，歸還你所佔據的城市，把你在猶太境外的佔領區所征收的賦稅交出來。否則，我就會向你宣戰。」但是息孟從容而且條理分明地回答他：「我們既沒有佔領國外的土地，也沒有侵佔外國人的財產。這些本是我們祖先的產業，卻被敵人奪去了一段時間。」阿特諾彼聽了極為氣憤，卻無言以對。如此一來便挑起了敍利亞和猶太人之間的戰爭。

耕德巴 *Cendebeus*
新世代開始活躍

耕德巴是安提約古七世麾下的將軍，國王為了要將原本協定承認為獨立國家的猶太，再度收為敍利亞的屬國，就任命耕德巴擔任海防司令，命令他再度攻擊猶太。

耕德巴做了海防司令後，先向地中海沿岸的雅木尼雅進軍，在附近的克德龍城修築要塞，準備以這裡做為攻擊猶太人的據點。息孟得知這個消息就召喚他兩個兒子若望和猶大來，對他們說：「我、我兄弟和我父親的家族們，從年輕時開始直到今天，就一直與以色列的敵人作戰。但是現在我年事已高，你們替我和我的兄弟出征，去為國民而戰吧！」於是他從全國挑選了兩萬勇士和騎兵，向耕德巴進軍。耕德巴的軍隊在克德龍溪畔迎擊他們，他的軍隊雖然在人數上勝過猶太軍，但是缺乏勇氣，結果竟被猶太軍打敗了。

仆托肋米 *Ptolemy*
瑪加伯眾之死

仆托肋米被猶太人的領袖息孟任命為耶里哥平原的總督。他是息孟的女婿，但因其稱霸耶里的野心而暗殺掉息孟和他的兒子。

猶太軍隊趕走了耕德巴率領的敍利亞軍之後，息孟將軍隊交給若望，去視察國內的城鎮。西元前一三四年，帶著另外兩個兒子瑪塔提雅和猶大到耶里哥。這時候仆托肋米已做好暗殺計畫，先暗中埋伏了殺手，再以盛筵款待他們。當息孟和兒子們酒醉時，仆托肋米和他的部下就拿出武器，殺死了息孟和他的兒子以及一些侍從。事後，仆托肋米寫信給敍利亞王安提約古七世說明事情的經過，並且要求他承認自己做猶太人統領的地位。他的計畫雖然因為息孟的另一個兒子若望逃過暗殺而失敗，不過息孟的死亡代表一個時代的結束，因為他是掀起「瑪加伯之亂」的瑪塔提雅家五個兒子中的最後一人。

第八章

新約聖經
的時代

開創基督教的新時代：耶穌所行的奇蹟、背叛者猶大、
十二門徒活躍、傳道者保羅

新約聖經的時代

本章介紹的是：新約聖經《福音書》（馬太、馬可、路加、約翰）、《使徒行傳》中出場的一部分人物。

西元前二世紀左右掀起的「瑪加伯之亂」，帶領猶太民族成立了獨立國家，對於猶太民族而言，也終於實現了一個最大的夢想。

但是，實現夢想的喜悅並未持續多久，在獨立國家內部，統治階層和被統治階層之間的利害關係起了激烈衝突，造成了國民之間的巨大分裂。而且，到了西元前六十三年，猶太被編入羅馬帝國的屬省敘利亞之下，再度喪失了國家的獨立性。於是，這時候的猶太人，對外為羅馬的龐大壓力所苦；對內則為統治階層和被統治階層、保守派和革新派、貴族階級和貧民階級之間的對立所害。

大部分貧困的人民面對這個狀況都束手無策，本來應該守護人民心靈的祭司們，現在卻都站在統治者的立場上壓榨人民。民眾除了羅馬政府之外，還得向聖殿繳納重稅，使得原本就已困難重重的生活更是雪上加霜。

這裡所介紹的就是在這個時代出場的，特別受貧困人民敬仰的基督教創始人耶穌、以及聚集於他周圍的人們的故事。

故事的主要內容和登場人物如下：

●耶穌的故事

基督教創始者耶穌的故事。

耶穌誕生……耶穌、瑪利亞、約瑟、蓋斯柏、西緬、希律王

耶穌的先驅者約翰……約翰、撒迦利亞、伊利莎白、莎樂美

耶穌所行的種種奇蹟……睚魯、巴底買、撒該、拉撒路、馬大

耶穌之死與復活……猶大、該亞法、彼拉多、馬利亞、革流巴

●使徒的故事

耶穌門下的使徒們的故事、活躍於耶穌死後的基督教徒的故事。

十二門徒……彼得、安得烈、雅各、約翰、馬太、腓力、多馬

弟子們的活動……巴拿巴、亞拿尼亞、司提反、腓利、保羅

使徒保羅傳道之旅……巴‧耶穌、提摩太、西拉、士基瓦、非斯都

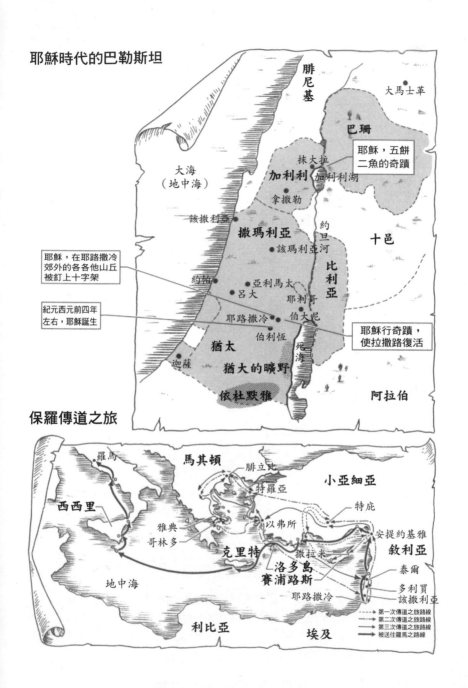

耶穌時代的巴勒斯坦

腓尼基

大馬士革

巴珊

耶穌，五餅二魚的奇蹟

抹大拉

加利利　加利利湖

大海（地中海）

拿撒勒

該撒利亞

撒瑪利亞

該瑪利亞

約旦河

十邑

比利亞

耶穌，在耶路撒冷郊外的各各他山丘被釘上十字架

約帕

亞利馬太

呂大

耶利哥

紀元西元前四年左右，耶穌誕生

耶路撒冷

伯大尼

伯利恆

耶穌行奇蹟，使拉撒路復活

死海

猶太

猶大的曠野

迦薩

依杜默雅

阿拉伯

保羅傳道之旅

羅馬

馬其頓

腓立比

小亞細亞

特羅亞

特庇

西西里

以弗所

雅典

哥林多

安提約基雅

克里特

撒拉米

敘利亞

洛多島
賽浦路斯

泰爾

地中海

耶路撒冷

多利買
該撒利亞

利比亞

埃及

→··→ 第一次傳道之旅路線
→··→ 第二次傳道之旅路線
→·→ 第三次傳道之旅路線
➡ 被送往羅馬之路線

耶穌 *Jesus*
🌿 希伯來語「耶和華是救贖」

悔改吧！天國近了

　　耶穌誕生於西元前四年，三十歲左右開始傳教活動，許多弟子都相信他是救世主，他被視為是基督教的創始者。

　　他的傳教活動僅持續了三年左右，但是這段期間他和十二個主要弟子巡迴各地傳佈教理，顯神蹟治療了許多病人。教誨的中心主要是：神所統治的永恆國度即將到來，人們應該誠心悔改。這樣的教義震撼了許多人，但是做為猶太教的思想家，耶穌自由奔放的講道方式，讓當時耶路撒冷的祭司和領袖們都無法接受，因而與他為敵。某次，耶穌的弟子因為飢餓而在安息日進入麥田摘取麥穗來吃，其他支派的猶太教徒就批判他。於是耶穌說：「安息日是為人而設的；人不是為安息日而生的。所以，人子也是安息日的主。」而且，耶穌還曾經明確的指摘過那些統治耶路撒冷神殿的祭司貴族們。因此而被傳統教義派的人控告，最後被釘上十字架處刑而死。

馬利亞 *Mary*
🌿 希伯來語「神的禮物」

永遠的處女馬利亞

　　馬利亞是耶穌的母親，是個信仰深厚性情柔順的處女，因聖靈而懷孕生下了耶穌，故在基督教傳說中將她視為最崇高的聖人。

　　處女馬利亞原本已經跟大衛的後裔約瑟訂婚，還沒有實質夫婦關係的時候，天使加百列到加利利一個叫拿撒勒的城去，對馬利亞說：「願妳平安！妳是蒙大恩的女子，主與妳同在！」馬利亞聽了十分困惑，天使繼續說：「馬利亞，不要害怕，因為上帝施恩給妳。妳要懷孕生一個兒子，要給他取名叫『耶穌』。他將成為偉大的人物，他要被稱為至高上帝的兒子。他會繼承祖先大衛的王位。他要永遠作雅各家的王，他的王權無窮無盡！」馬利亞對天使說：「我是主的婢女；願你的話成就在我身上。」於是正如同天使告知，馬利亞以處女之身懷了耶穌，之後，和他的丈夫約瑟一同回到約瑟的故鄉伯利恆，耶穌就在那裡誕生了。

約瑟 *Joseph*

       希伯來語「願神增添」

神之子的木匠父親

　　生下耶穌的女子馬利亞的丈夫約瑟，是個個性溫和行為端正的木匠。

　　馬利亞懷了耶穌的時候她還沒結婚，約瑟便懷疑馬利亞犯了姦淫罪，有意要祕密解除婚約，但天使顯現在他夢中，說：「大衛的後代約瑟，不要怕，儘管娶馬利亞作妻子，因為她懷的孕是由聖靈來的。她將要生一個兒子，你要給他取名叫『耶穌』，因為他將拯救他的子民脫離他們的罪。」於是虔誠的約瑟就照著天使所吩咐的去跟馬利亞成婚，一直到她生孩子以前都沒有跟她同房。後來給孩子取名叫耶穌。但是就在這個時候，統治猶太的希律王聽東方來的占星學者說，伯利恆誕生了一個將來要作猶太人之王的嬰兒，就打算殺死全村當時出生的所有男嬰，幸好天使事先通告約瑟，他就急忙帶著馬利亞和耶穌逃到埃及去。一直等到希律王死後才回到猶太，住在加利利地方一個名為拿撒勒的城裡。

蓋斯柏 *Caspar*

東方三賢士

　　蓋斯柏是東方三名占星學博士之一，知道了耶穌誕生之事，三人就從東方前來參拜。雖然聖經中並未記載三人的姓名，但後來的人稱他們為：巴薩札（Balthasar），墨齊奧（Melchior）和蓋斯柏（Caspar）。三人抵達耶路撒冷時就向人們打聽：「那生下來做猶太人之王的在哪裡？我們在東方看見他的星，特來拜他。」希律王和耶路撒冷城的人聽了心裡都不安。希律王召集祭司長和民間的學者，問他們彌賽亞（救世主）會出生在何處？學者們引用《彌迦書》說，應該是在猶太的伯利恆。希律王就想殺掉那個孩子，他召了東方三博士來，細問那星是甚麼時候出現的，就派他們往伯利恆去，命令他們尋訪到那個孩子就回來報信。他們出門去的時候，東方浮現的那星引領他們前行，直行到小孩子的地方，就在上頭停住了。他們進了房子，看見耶穌和他母親馬利亞，就俯伏敬拜幼子並獻上禮物。但因為他們在夢中被指示不要回去見希律，便從別的路回故國去了。

西緬 *Simeon*

                                                                   希伯來語「神聽見」

有生之日必能親眼見到彌賽亞

　　耶穌誕生時住在耶路撒冷的西緬，是個信仰虔誠的人，因為得了聖靈的啟示，知道自己有生之年必能親眼看見彌賽亞（救世主），所以他一直活到很老都還沒死。

　　那天他受了聖靈的感動，進入耶路撒冷聖殿，正遇見耶穌的父母抱著孩子進來。依照當時猶太人的律法規定，長子在出生後第四十天，要帶到聖殿進行潔淨儀式，耶穌也為此而被雙親帶到聖殿來。西緬一看見耶穌就將他抱在懷中，讚美神說：「主啊！如今可以照你的話，釋放僕人安然去世；因為我的眼睛已經看見你的救恩，就是你在萬民面前所預備的：是照亮外邦人的光，又是你民以色列的榮耀。」然後西緬又說：「看這孩子！是要叫以色列中許多人震驚；又要作毀謗的話柄；你自己的心也要被刀刺透。」在此便預言了耶穌日後受刑之事。

亞拿 *Anna* 希伯來語「慈惠」

傳頌彌賽亞到來的音訊

耶穌誕生時，在耶路撒冷神殿工作的女先知亞拿，跟信仰虔誠的老西緬同樣在幼年耶穌的身上見到了以色列未來的希望，就誠心感謝神。當時亞拿已是八十四歲高齡，年輕時曾結過一次婚，但婚後才七年就守寡，之後一直獨自生活，並且從不離開聖殿，禁食祈求，即使生活貧窮也不忘晝夜事奉神。

這天，出生後第四十天的幼年耶穌由雙親帶到耶路撒冷聖殿來，進行潔淨儀式，因為得了聖靈的啟示而前來聖殿的西緬，首先靠近來祝福耶穌。這時，在一旁的亞拿也看出這個嬰兒是以色列的救主，立即上前來讚美神。女先知亞拿發覺面前的耶穌，正是舊約聖經所預言將會到來的彌賽亞（救世主），便為自己在有生之年能見到耶穌而無限感恩，並向所有盼望耶路撒冷得救贖的人們宣揚耶穌到來的佳音。

大希律王 *Herod the Great* 希伯來語「出自英雄世家」

殺死所有男嬰

猶太的希律王（西元前三七～四年在位），出身於猶太南部的依杜默雅地方，是個能充分運用政治手腕的天才，將勢力範圍從加利利地方擴張到全猶大，由羅馬皇帝任命為猶太王。然而大希律殘酷無情，甚至被羅馬皇帝奧古斯形容為：「做大希律的兒子還不如做他的豬還比較安全」。

希律王的殘酷也充分顯示在耶穌的故事中。當耶穌誕生的時候，東方來的三位占星博士，在耶路撒冷打聽：「那生下來作猶太人之王的在哪裡？我們在東方看見他的星。」希律王心裡非常不安，就命令御前學者調查，結果發現地點是在猶太的伯利恆。希律王想殺了那個孩子，就召來了那三名東方占星師，命令他們找到孩子出生的地方就要馬上向他通報。所幸他們並沒有遵守承諾告訴希律王孩子在哪裡，憤怒的希律王就下令將伯利恆和周圍一帶所有兩歲以下的男嬰全都殺光。

約翰 *John*

偉大的施洗者

　　率先施行洗禮的偉大先驅約翰，也因此被稱為「施洗約翰」，耶穌還沒開始傳道之前，約翰就已經在猶太的曠野傳道說：「天國近了，你們應當悔改！」人們聽了就認為約翰是真正的彌賽亞（救世主），但是約翰知道即將出現比自己更偉大的人，他說：「我是用水給你們施洗，叫你們悔改。但那在我以後來的，能力比我更大，我就是給他提鞋也不配。」因此約翰一直在約旦河畔為人們施洗，後來，成長為青年的耶穌也來要受他的洗。約翰知道耶穌比自己更偉大，原先有些退卻，但耶穌請他不要推辭。於是約翰為耶穌施洗，才施洗完的時候，有聲音從天上說：「這是我的愛子，我所喜悅的。」而耶穌也承認約翰的偉業，後來也曾說過：「在人間凡是婦女所生的，再沒有比施洗約翰更偉大的人了。」

撒迦利亞 *Zechariah*

天使加百列出現

　　撒迦利亞是施洗約翰的父親，希律王時代在耶路撒冷做祭司，是個正直嚴謹的人，他和妻子以利沙伯一直沒有孩子，兩人都已經年老了。

　　有一天，撒迦利亞在聖殿上香的時候，忽然，天使站在香壇右邊向他顯現：「撒迦利亞，不要怕！上帝垂聽了你的禱告；你的妻子以利沙伯要給你生一個兒子，你要替他取名叫約翰。」但是年老的撒迦利亞不相信他的話，於是天使又說：「我是侍立在上帝面前的加百列；我奉派向你傳話，報給你這喜訊。但是，因為你不相信我所說、在時機成熟時會實現的那些話，所以你將變成啞巴，直到我的應許實現的那一天才能說話。」果然如天使所說的，撒迦利亞忽然不能說話，而他的妻子也果真懷孕了。等懷孕期滿生下一名男嬰，就取名為約翰。之後，撒迦利亞也終於能再開口說話並且由衷地讚美神了。

以利沙伯 *Elizabeth*　　　希伯來語「神是我的誓約」

另一個受胎告知

以利沙伯是施洗約翰的母親，也是耶穌的母親馬利亞的表親。馬利亞因聖靈而懷孕，以利沙伯也因神的神祕力量而懷了耶穌的先驅——約翰。

他是耶路撒冷祭司撒迦利亞的妻子，兩人都已經年老卻還沒有孩子。有一天，丈夫撒迦利亞在聖殿上香的時候，天使忽然出現，告訴他妻子以利沙伯將會生下一個男孩，而以利沙伯也果真懷孕了。六個月以後，馬利亞也因聖靈而懷孕時，天使告訴她以利沙伯的事情，馬利亞就專程去看以利沙伯，那時候以利沙伯腹中的胎兒聽見馬利亞問安的聲音就跳動起來，以利沙伯對馬利亞說：「你是女子中最蒙福的；你所懷的胎兒也是蒙福的！我主的母親前來探望我，我怎麼敢當呢？」後來施洗約翰誕生了，誕生前的這段故事就表示施洗約翰正是耶穌的先驅。

希律王安提帕 *Herod Antipas*　　希伯來語「出自英雄世家」

不論你要什麼都給你

希律王安提帕（西元前四～主後三九年在位）是大希律王的三個兒子之一，統治加利利、比利亞地區，父親死後成為一部份猶太地區的統治者。個性懶惰好色、而且暴虐無道，是將施洗約翰處死的人。

安提帕愛上他兄弟腓力的妻子希羅底，甚至不惜跟自己的妻子離婚再奪取希羅底來做自己的妻子。施洗約翰直率的批評他說這是違反律法的行為，他因此大發雷霆，將約翰鎖在監牢裡想要殺他，只是顧慮到百姓以約翰為先知而不敢輕舉妄動。後來希律的生日到了，宴會上希羅底的女兒在眾人面前跳舞，希律一時高興，答應無論她求什麼都給她。不料她想要的竟是施洗約翰的頭顱，讓希律王非常為難，但在眾人面前答應過的事又不能公然食言，只好將約翰處死了。這件事讓他心裡很不安，後來聽見耶穌的名聲，認為是施洗約翰從死裡復活而恐慌不已。

莎樂美 Salome

殺死施洗約翰之舞

統治加利利、比利亞地區的希律王安提帕奪來的妻子希羅底，帶來了她跟前夫所生的女兒，聖經並未記載她的名字，但莎樂美卻因為設計讓繼父希律王安提帕殺死了施洗約翰而出名。

繼父希律王安提帕生日那天，擺設筵席請了許多賓客，希羅底的女兒莎樂美進來跳舞，繼父看了非常歡喜，就對她說：「隨妳向我求甚麼，就是我國土的一半，我也必給妳。」莎樂美去跟她母親希羅底商量，希羅底因為約翰曾批評她跟希律王的婚姻而憎恨約翰，就趁機唆使女兒要求說「要施洗約翰的頭」。於是莎樂美回去對希律王說：「我願王立即把施洗約翰的頭放在盤子裡給我。」希律王聽了之後，因為知道約翰是偉大的先知而感到痛心疾首，但在眾人面前所起的誓又不能不遵守，隨即差遣一個護衛兵在監牢裡斬了約翰，把頭放在盤子裡，拿來給莎樂美。

睚魯 Jairus

死而復甦的少女

加利利湖西岸地方有一個管會堂的，名叫睚魯，他的女兒因耶穌所行的奇蹟而復活。當時耶穌所行的奇蹟治療了所多病人，所以周圍都聚集了許多人，睚魯也是其中之一。

耶穌來的時候，睚魯來匍伏在耶穌腳前，說：「我年幼的女兒快要死了，求您去將手放在她身上，她就能得救。」耶穌跟著睚魯一同走出來的時候，有一個患了十二年血漏的女人，來到耶穌背後，摸他衣裳的繸子，血漏立刻就止住了。耶穌覺得有力量從身上出去，就說：「摸我的是誰？」那婦女當著眾人的面將事情從頭到尾都說了出來，耶穌就對她說：「妳的信救了妳；平平安安地去吧！」然後他們來到睚魯家的時候，有人從裡面出來，對睚魯說：「妳的女兒死了。」但耶穌走進去拉著女兒的手說：「起來吧！」那少女就立刻起來走動了。

巴底買 *Bartimaeus*

希伯來語「底買的兒子」

叫盲人睜開眼睛

　　巴底買原本是盲人，眼疾因耶穌而治癒。

　　結束了加利利地方的活動之後，接著耶穌在朝耶路撒冷去的路上經過了耶利哥城。當時巴底買坐在路旁討飯，聽見群眾通過的騷動，就問旁人：「到底發生了什麼事情？」有人告訴他：「是拿撒勒的耶穌經過。」他聽了就喊著說：「大衛的子孫耶穌啊！可憐我吧！」有許多人責備他，不許他作聲。他卻愈發大聲喊著說：「大衛的子孫哪，可憐我吧！」耶穌就站住，說：「叫過他來。」他就丟下衣服跳起來，走到耶穌那裡。耶穌問：「你要甚麼？」巴底買說：「夫子，我要能看見。」於是耶穌說：「去吧！你的信救了你了。」這時候，巴底買立刻能看見了，他就此跟隨耶穌而行。

撒該 *Zacchaeus*

希伯來語「純粹」

職業不分貴賤

　　撒該是住在耶利哥城的財主，作稅吏長。稅吏在當時是個令人厭惡的職業，幾乎被當作犯罪者看待，撒該也受到這樣不平等的待遇，但他其實是個善良的好人。

　　耶穌從加利利要到耶路撒冷去的時候，途中經過耶利哥城。撒該聽說了耶穌的事蹟，想要看看耶穌是怎樣的人；只因人多，他的身量又矮，怕會看不見，所以就跑到前頭，爬上桑樹等著。等耶穌到了那裡抬頭看見他，就對他說：「撒該，快下來！今天我必住在你家裡。」他急忙下來，歡歡喜喜地接待耶穌。眾人看見，私下議論說：「他竟到罪人家裡去住宿。」撒該站著對主說：「主啊，我把所有的一半給窮人；我若訛詐了誰，就還他四倍。」

拉撒路 Lazarus

貧困者受拯救

耶穌說過一個關於「財主和拉撒路」的比喻，其中拉撒路是個貧窮的人。

貧困的拉撒路，並沒有特別的信仰。因為貧病交加，在財主門口等著施捨。財主則穿著奢華的衣服，天天遊玩宴樂。但是後來拉撒路死後被天使帶去天國，在筵席上與亞伯拉罕並坐著；財主死後卻下了地獄，在陰間受痛苦。財主舉目遠遠地望見拉撒路，就喊著說：「我祖亞伯拉罕哪，可憐我吧！打發拉撒路來，用指頭尖蘸點水，涼涼我的舌頭。」亞伯拉罕回答說：「兒啊，你該回想你生前享過福，拉撒路卻受了苦。如今他在這裡得安慰，你倒受痛苦。不但如此，並且在你我之間，有深淵界限，以致人要從這邊過到你們那邊是不可能的；要從那邊過到我們這邊也是不可能的。」於是亞伯拉罕就對他們述說貧困的人會在死後的世界得到安慰的道理。

馬大 Martha

希伯來語「女主人」

「心靈」重於「物質」

住在伯大尼的拉撒路是耶穌的朋友，他有兩個姊妹。姊姊馬大是個勤奮工作的人，但是眼睛總是專注在現實的問題，而忽略了心靈的問題。耶穌在逾越節的時期常去耶路撒冷，每次都一定會去拉撒路家住宿，馬大就忙進忙出招呼伺候，妹妹馬利亞卻不像她那樣工作，只在耶穌腳前坐著聽他的道。

一次，馬大來對耶穌說：「主啊，我的妹妹讓我一個人奔波勞碌，你都不在意嗎？請吩咐她來幫助我。」但耶穌回答說：「馬大！馬大！妳為許多的事思慮煩擾，但是不可少的思慮只有一件。馬利亞已經選擇那上好的福分，是不能從她奪去的。」依照常理來看，馬大算是個認真勤奮的好女人，但是耶穌卻指出：為了物質而忙亂到連聽神的道理的時間都沒有，是本末倒置的做法。

馬利亞 Mary

希伯來語「神的禮物」

用昂貴的香膏塗在腳上

住在伯大尼的拉撒路有兩個姊妹。馬利亞是馬大的妹妹，是追求精神、心靈的滿足的理想女性，在姊姊馬大忙進忙出招呼侍候耶穌的時候，妹妹馬利亞卻只在耶穌腳前坐著聆聽他的道。後來在耶穌受難的故事中，馬利亞也發揮了重要的作用。

當時耶穌雖然已經察覺危險逼近身邊了，但還是照常拜訪拉撒路的家，姊姊馬大就如同往常忙碌不堪地準備飯菜，妹妹馬利亞忽然拿著一只玉瓶，裡面裝著至貴的真哪噠香膏來塗抹在耶穌腳上，又用頭髮擦他的腳。耶穌的弟子之一，加略人猶大責怪她：「為何不將這香膏賣三十多兩銀子去賙濟窮人？」耶穌說：「由她吧！為甚麼為難她呢？她是為我安葬的事把香膏預先澆在我身上。因為常有窮人和你們同在，只是你們不常有我。」原來馬利亞已經預感到耶穌將遭難而為他塗抹香膏。

拉撒路 *Lazarus*

希伯來語「神所救助」

從墳墓裡走出來的人

　　住在耶路撒冷近郊伯大尼城的馬大和馬利亞兩姊妹的兄弟拉撒路，曾經死過一次，耶穌使他死而復生，成為耶穌所行奇蹟的活生生見證人。

　　拉撒路本來就是耶穌的好朋友，某次他病得很重，耶穌剛好離開伯大尼到其他地方去。拉撒路的姊妹馬大和馬利亞去見耶穌，說：「主啊，你所愛的朋友病了。」耶穌聽了這消息就說：「拉撒路的病不至於死，而是要榮耀上帝，並且使上帝的兒子因此得榮耀。」這是暗示拉撒路死後耶穌會使他復活的意思。然而耶穌又等了兩天才出發，這時拉撒路已經死了。耶穌到了伯大尼時，拉撒路已經死了四天了。有人說：「他既然能開盲人的眼睛，豈不能叫拉撒路不死嗎？」耶穌憤而挪開擋住墳墓的石頭，大聲呼叫說：「拉撒路出來！」明明已死的拉撒路就這麼走了出來，手腳還裹著布巾。

尼哥底母 *Nicodemus*

希伯來語「勝過人民」

不名所以的感銘

　　猶太人（法利賽人）尼哥底母是監督宗教生活的最高法院裡的一名議員，屬於法利賽教派的高級聖職人員，是個非常優秀的人，雖然身在體制內，卻對耶穌表示極大的關切和理解，當他得知耶穌來到耶路撒冷時，就趁夜色來見耶穌。

　　然而，他卻無法理解耶穌所說的關於人死後會復活的思想，耶穌說：「人若不重生，就不能見神的國。」尼哥底母問說：「人已經老了，如何能重生呢？豈能再進母腹生出來嗎？」雖然對耶穌的話語感到莫名其妙，但這次遇見耶穌的經歷還是給他帶來了很大的衝擊。後來在猶太人首領中逮捕耶穌的聲浪增高時，尼哥底母勸阻他的同僚說：「依照我們的律法，應該要先聽本人的說法，等確定他所做的事，才能定他的罪啊！」然而，最後耶穌還是被釘十字架處死了。這時尼哥底母加入其他人的陣容，一同前來把耶穌的遺體領回去。

猶大 *Judas*

希伯來語「受褒獎」

最後的晚餐和背叛者

猶大是耶穌的十二門徒之一，被稱呼為加略人猶大，後來出賣了耶穌，並將他交給猶太教的首領們。

因為耶穌傳道吸引了許多信徒，讓猶太教的首領們產生危機意識而企圖將他殺害。他們知道耶穌在耶路撒冷過逾越節就打算趁機逮捕他，但又怕造成百姓的反彈而躊躇。剛好這時猶大來出賣耶穌，猶太領袖們就給他銀子叫他策畫逮捕耶穌之事。但是，耶穌已經預感到猶大會出賣他，逾越節當天傍晚，當他和十二個門徒用餐的時候，便說：「我實在告訴你們，在這裡同席吃飯的人當中有一個人要出賣我。」但是不知道為什麼，耶穌也沒阻止他的背叛行為。晚上耶穌和門徒們到外面禱告的時候，背叛他的猶大帶了一批人來，走到耶穌跟前，說：「老師，你好！」並且親吻他，那些人看到這個暗號就出手逮捕了耶穌。

該亞法 *Caiaphas*

你是彌賽亞嗎？

大祭司該亞法（西元十八～三六年在職），是計畫殺害耶穌的主謀者。他以猶太教最高法院的議長的身份，主控了耶穌的審判。

這個審判是為了判處耶穌死刑而設。逾越節晚上，被捕的耶穌被帶到大祭司該亞法的府邸去，猶太教最高法院的所有議員都在那裡等著審判耶穌。開庭之後，證人被帶到庭上，雖然他們設法找了許多假見證控告耶穌，但是證人的證言並不一致，也找不出具有決定性的確切證據。該亞法就要耶穌對這些證言作答辯。耶穌默不作聲，大祭司問他說：「你是不是彌賽亞（救世主）？」耶穌回答：「是！」群眾為之譁然，於是大祭司說：「我們再也不需要證人了。你們都聽見他侮辱了上帝；你們認為怎樣？」議員們就決定判他死刑。他們吐口水在耶穌臉上，又用拳頭打他。審判結束後，他們就把耶穌交給羅馬帝國的猶太總督彼拉多。

彼拉多 *Pilate*
批准耶穌的死刑

龐修・彼拉多是羅馬帝國的猶太總督（西元二六～三六年在職），最後批准執行將耶穌釘十字架的死刑。猶太地方從西元六年開始成為羅馬帝國的一個屬省，由羅馬派遣的總督管轄，彼拉多是第五代總督。

猶太的最高法院擁有審理國內裁判的權限，但唯有死刑需要經過羅馬帝國的許可。因此，最高法院的議員們宣判耶穌死刑之後，就以企圖背叛羅馬帝國的罪名將耶穌交給彼拉多。但是，無論彼拉多如何審問耶穌，都無法判定他是否曾企圖背叛羅馬帝國，所以對於執行死刑顯得躊躇不前。正當那個節期，巡撫必須隨眾人的要求釋放一名囚犯，彼拉多便想要釋放耶穌做為逾越節的特赦，就在聚集的猶太人面前，推出了因強盜殺人被捕的囚犯巴拉巴和耶穌兩個人，問眾人要釋放哪一個人。但是眾人卻選擇了巴拉巴，於是耶穌就依眾人的要求被釘上十字架。

西門 *Simon*
    希伯來語「聽見」
耶穌的十字架

西門之所以會幫忙背負耶穌的十字架，完全是出於偶然。

當時的規定是：被處十字架刑的人必須自己背負十字架的橫木到刑場去。而豎立十字架的柱子則原本就立在刑場上了。但是在背負十字架之前，耶穌就被鞭打得遍體鱗傷，還受到官邸的羅馬士兵戲弄凌辱，已經非常衰弱而無力背負沉重的橫木，跟隨士兵們前進的腳步。這時候有一位偶然經過的人，他就是從北非地中海沿岸的古利奈來到耶路撒冷的猶太人西門。西門被迫幫忙背負耶穌的十字架到名叫各各他（意思就是「髑髏地」）的地方去，耶穌就在那裡被釘上十字架。看熱鬧的人譏誚他說：「你這拆毀聖殿、三日又建造起來的，你如果是神的兒子，可以救自己吧！」耶穌在十字架上大聲喊著說：「我的神！我的神！為甚麼離棄我？」不久後又大聲喊叫，就斷氣了。

約瑟 *Joseph*

希伯來語「神增加」

耶穌的安葬

出身於亞利馬太的財主約瑟，是最高法院的議員，他為被釘上十字架而死的耶穌接收了遺體，將他安葬。約瑟是個善良正直的人，也是耶穌的弟子，雖然身為議員，但他卻相信耶穌所説的神的國度即將來臨的應許，反對同僚們將耶穌處死。也因為如此，他無法忍受一直看見耶穌的遺體掛在十字架上沒有人管。所以到了晚上，約瑟就去求見總督彼拉多，請他將耶穌的遺體交給自己。

彼拉多就吩咐百人隊長確認耶穌已死後，就將遺體交給約瑟。約瑟買了乾淨的細麻布裹好耶穌的遺體，安置於他自己在磐石裡新鑿的墳墓裡，又滾來一塊大石頭擋住墳墓門口，然後就離去了。這時候，抹大拉的馬利亞和小雅各的母親馬利亞也在那裡看著他埋葬耶穌。他們從前就跟隨耶穌，時常為耶穌以及弟子們提供資金援助並照顧他們，也都很敬愛耶穌。因為耶穌最重要的弟子們都逃走了，沒看到耶穌被處刑以及安葬的情形。

馬利亞 Mary

希伯來語「神的禮物」

耶穌復活

　　馬利亞是頭一個看見耶穌復活的證人。她出身於加利利湖畔的抹大拉，因此被稱為「抹大拉的馬利亞」。福音書中有許多信耶穌的女性登場，但很少出現姓名。她們大多醉心於耶穌的教誨，時常為耶穌以及弟子們提供資金援助，並義務照顧他們的生活起居。抹大拉的馬利亞也是其中之一，耶穌處刑、安葬的時候，她都在場。

　　耶穌處刑後第三天，禮拜天的清晨，抹大拉的馬利亞和另外兩人去耶穌的墳墓，要為遺體塗抹油膏。但馬利亞卻在路上看見用來擋住墳墓入口的石頭已經被移開，擔心地趕緊進墳墓裡去看。結果不但石頭被移開，連耶穌的遺體也不見了，只有一個穿白色衣服的青年在那裡。那個白衣青年對她們說：「不要害怕！我知道妳們是在找那釘十字架的拿撒勒人耶穌。他已經復活不在這裡了，妳們快去告訴他的門徒們和彼拉多。」抹大拉的馬利亞就這樣成了耶穌復活的第一個見證人。

革流巴 Cleopas

反應遲鈍的弟子

　　革流巴是在耶穌復活當日遇見耶穌的兩名弟子之一。

　　因為抹大拉的馬利亞做了耶穌復活的見證，當天，耶穌復活這個話題就已經在弟子們之間傳開了。革流巴和另外一個人在往一個村子去的路上，也邊走邊討論這個話題。這時候一位男性靠近他們，問說：「你們走路彼此談論的是甚麼事呢？」其實他正是耶穌本人，但是兩個弟子都沒注意到，還對他說明耶穌復活的事情。耶穌聽了就對他們說：「無知的人哪，先知所說的一切話，你們的心信得太遲鈍了。先知不是已經說過彌賽亞將這樣受害、進入他的榮耀嗎？」但是，革流巴等人仍未悟出他就是耶穌。到了村莊之後，他們兩人又邀請這人跟他們一起住宿。晚上吃飯的時候，這個男子唱起讚美的詩歌，又拿起餅來擘開，遞給他們，使他們的眼睛明亮了，這才認出他來，但此時耶穌卻忽然消失了。

耶穌下冥府

新約聖經的正典中所收錄的馬太、馬可、路加、約翰四福音書中，都記載耶穌在死於十字架後的第三天復活。若是如此，耶穌在墳墓中就待了整整兩天，關於耶穌在這段時間內的事情，福音書中卻完全沒有記載。照理來說，這也不是什麼奇怪的事，因為這時候耶穌已經死了，死人不會做什麼，所以當然也沒什麼可寫的。

但是，西元四世紀左右所寫的新約聖經外典《尼哥底母福音》（The Gospel of Nicodemus）裡面記載的故事，卻說明了耶穌從死亡到復活之間在那裡做了什麼事情。內容大致是描述耶穌死在十字架上之後，到復活之前的兩天，是到冥府（死者的國度）遊歷去了。

他到達冥府的時候正是深夜，卻忽然出現了如同太陽般的光輝，照亮了整個冥府，祖先亞伯拉罕、先知以賽亞、施洗約翰等人都在那裡，當他們知道是耶穌來了就都非常歡喜。撒旦（惡魔之王）則跟冥王聯手對抗耶穌，但卻完全不是他的對手，結果耶穌輕易就破壞了冥府的門，將冥府中的死者全都帶到天國去。然後耶穌就復活了。這時候還有另外幾個人跟他同時復活，將耶穌下冥府的事蹟傳揚給後世。

彼得 *Peter*

    希伯來語「磐石」

捕人的漁人

彼得是耶穌的弟子之一，十二門徒之首。本是在加利利湖畔捕魚的漁人，耶穌對他說：「我要教你得人如得魚一樣。」彼得就追隨他成為耶穌的第一個弟子。原本名為「西門」，個性熱情誠懇，卻常因為自己的性格而導致失敗。

耶穌在最後的晚餐席上曾對他說：「今夜雞叫以前，你會三次不認我。」彼得極力否認說：「我就是必須跟你同死，也不能不認你。」結果當天晚上，耶穌被逮捕帶到大祭司的宅裡，彼得遠遠地跟著。有一個使女看見彼得就指認他也是跟耶穌同一夥的，彼得卻慌張的回答說：「妳這個人！我不曉得妳說的是甚麼！」再度指認他，他還是否認。後來其他人也開始懷疑他是耶穌的同黨而騷動起來，這時候彼得說：「我不認得他。」但是不久後，彼得就為自己的言行後悔。耶穌死後，彼得開始積極傳道，後來成為原始基督教會的領袖之一。

安得烈 *Andrew*

❧ 希臘語「男性化」

五餅二魚的奇蹟

　　安得烈是耶穌的弟子，十二門徒之一，跟他的兄弟彼得原本都是加利利湖畔的漁夫，兩人一同成為耶穌的弟子。安得烈個性文靜而敏感，在《約翰福音》中，本來是施洗約翰的弟子，在遇見耶穌後深為感動，就帶著彼得投入耶穌門下。

　　安得烈跟隨耶穌一同旅行的時候，因為大群的民眾跟隨著他們，所以最頭痛的就是糧食調度的問題。當耶穌渡過加利利海來到東岸活動的時候，跟隨的人多達五千名之眾，負責糧食的弟子腓力也為了找尋足夠這些人吃的餅而頭疼。這時候安得烈找到一個少年帶來一些糧食，但是數量很少，他對耶穌說：「在這裡有一個孩童，帶著五個大麥餅、兩條魚，只是分給這許多人還算甚麼呢？」但是耶穌叫眾人坐下，開始把餅和魚分給大家。他們盡情地吃到大家都吃飽了，剩下的收拾起來，還裝滿了十二個籃子。

雅各 *James*

❧ 希伯來語「抓住腳跟」

愛打架的弟子

　　雅各是耶穌的弟子，十二門徒之一，原來也跟彼得、安得烈兄弟一樣是加利利湖畔的漁夫，在跟兄弟約翰一起在父親船上整理魚網的時候，被耶穌呼喚，兩人就立刻捨了船、辭別父親，跟從耶穌。但兄弟兩人都是血氣方剛的莽撞性格。

　　某次，耶穌向耶路撒冷去的途中，走進一個撒馬利亞人的一個村莊，但那裡的人不歡迎他。他的門徒雅各、約翰氣憤填膺，就說：「主啊，你要吩咐我們從天上降下火來燒滅他們？」但耶穌告誡他們不可意氣用事。即使個性如此火爆，但因為雅各和彼得、約翰等人都是耶穌最早的弟子，所以跟耶穌之間的關係也最親近，因此在耶穌死後，他們成為原始基督教教會的中心，後來受希律王的迫害而被用劍刺殺。由於十二門徒中還有另一位雅各，為了區別這兩個人，習慣上就稱這個雅各為「大雅各」。

約翰 *John*

希伯來語「神有慈悲」

雷電之子

約翰是耶穌的弟子，十二門徒之一，西庇太的兒子、大雅各的兄弟，原來也是加利利湖畔的漁人，受耶穌召喚而和大雅各一起投入門下。兄弟倆人都年輕氣盛，而且好勝心強，自認為自己才是耶穌門下的第一弟子，大家給他們取了「雷電之子」的綽號。

他們的母親撒羅米也是同樣的性格。有一次，她和兩個兒子前來拜訪耶穌，說：「願你叫我這兩個兒子在你國裡，一個坐在你右邊，一個坐在你左邊。」其他十個門徒聽見，就惱怒他們弟兄兩人。耶穌把他們叫來，說：「你們知道外邦人有君王為主治理他們，有大臣操權管束他們。只是在你們中間，不可這樣；你們中間誰願為大，就必作你們的用人；誰願為首，就必作你們的僕人。」但不可否認，約翰兄弟確實是耶穌身邊最親近的弟子，耶穌死後，他們倆兄弟在原始基督教教會中的地位僅次於彼得。

馬太 *Mathew*

希伯來語「神所賜予」

討人厭的稅吏

馬太是耶穌的弟子，十二門徒之一，別名「利未」。從前認為他就是《馬太福音》的作者，但最近人們也開始懷疑這個說法。

馬太原來是負責徵稅的人，坐在加利利湖畔的稅關上。徵稅人因為時常用蠻橫的手法為宗主國羅馬帝國向人民收稅，所以被當時的人們所憎恨與輕蔑。某次，路過稅關的耶穌對他說：「來跟從我！」馬太就放下一切來跟從了他。後來耶穌在馬太家裡吃飯的時候，許多稅棍和壞人也都來跟耶穌和他的門徒一起吃飯，耶穌對他們也都很和善。有些法利賽人看見了，就對耶穌的門徒說：「為甚麼你們的老師跟稅棍和壞人一起吃飯呢？」耶穌聽見這話就說：「健康的人用不著醫生，有病的人才用得著。『我要的是仁慈，不是牲祭。』你們去研究這句話的意思吧！因為我來的目的不是要召好人，而是要召壞人。」

腓力 *Philip*

懦弱的管糧人

　　腓力是耶穌的弟子,十二門徒之一。施洗約翰在約旦河附近活動的時候,腓力也在那裡,所以一般認定他可能曾經是施洗約翰的弟子。腓力在十二門徒當中也是最容易親近的人,跟著耶穌旅行的時候,腓力負責為大家調度食糧,較少直接做傳道活動,而是將人們帶來親近耶穌。十二門徒中的另外一位弟子,巴多羅買(拿但業)當初也是腓力帶進耶穌門下的。

　　已經預感到自己將被釘十字架的耶穌,在最後的晚餐席上說了這個預言以後,腓力怯懦的個性就顯露無遺。他非常擔心地對耶穌說:「主啊,把父親顯示給我們,我們就滿足了。」耶穌回答:「腓力,我和你們在一起這麼久了,你還不認識我嗎?誰看見我就是看見父親。為甚麼你還說『把父親顯示給我們』呢?我在父親的生命裡,父親在我的生命裡,你還不信嗎?」

巴多羅買 *Bartholomew*

遠赴印度傳道

　　巴多羅買是耶穌的弟子,十二門徒之一,別名「拿但業」。耶穌在加利利湖畔活動的時候,他也受腓力的引薦加入耶穌門下。

　　當時的狀況是這樣的:自己也才剛成為耶穌弟子的腓力,對巴多羅買說:「我們已經遇見了摩西在律法書上所寫的那一位,就是先知們也曾記載的那一位。他就是約瑟的兒子,拿撒勒人耶穌。」因為那時候加利利地方在猶太之中相當被輕視,巴多羅買不太相信他,就問:「拿撒勒會出甚麼好的嗎?」腓力說:「你來看吧!」他就跟著腓力去看,當耶穌看見巴多羅買向他走過來,就看出他是個熱心學習律法的人,耶穌說:「看,他是個地道的以色列人;他心裡毫無詭詐!」巴多羅買驚訝於耶穌的洞察能力,就成了他忠實的弟子。但腓力在十二門徒中是比較不顯眼的一位,據傳說在耶穌死後,巴多羅買曾和多馬、腓力一同遠赴印度傳道。

多馬 *Thomas*

亞蘭語「雙子」

多疑的人

多馬是耶穌的弟子，十二門徒之一，是個心裡想什麼都無所遁藏的老實人，耿直得只相信自己親眼看見的事，因為無法相信耶穌復活而被稱為「多疑的多馬」。

在最後的晚餐席上，耶穌對弟子們預言自己將去父親的家，其他門徒都裝做一副理解的樣子，只有老實的多馬說出他的疑問：「主啊，我們不知道你要到哪裡去，怎麼會知道哪條路呢？」後來被處刑、埋葬在墳墓中的耶穌，第三天復活、並出現在弟子們面前。因為多馬那時剛好不在場，當聽了其他人敘述之後仍不相信地說：「除非我看見他手上的釘痕，用指頭探入那釘痕，又用手探入他的肋旁，不然我不信。」於是耶穌一週後再度出現，就對多馬說：「伸過你的指頭來，摸我的手；伸出你的手來，探入我的肋旁。不要疑惑，總要信！」這時候多馬才消除了疑惑。

西門 *Simon*

希伯來語「神聽見」

熱心的奮銳黨員

西門是耶穌的弟子，十二門徒之一，也是熱心的奮銳黨黨員，奮銳黨是狂熱的愛國組織，因敵視羅馬政府而私下進行游擊戰反抗。西門在福音書中被稱為「奮銳黨的西門」，但是只有出現名字，雖然確實曾跟十二門徒一同行動，卻沒有記錄顯示他個人做過什麼事，從加入奮銳黨一事看來，可以想像他應該是個性很強烈的人。

奮銳黨是西元前六世紀因為反對羅馬派來的猶太總督實施人口普查，加利利的猶太人所組織的國粹主義團體，他們不承認外國勢力統治以色列的權威，以血腥的暴力手段做抵抗。奮銳黨的活動，一直持續到西元七十年，羅馬軍攻陷耶路撒冷城後才劃下句點。在十二門徒當中，西門最常跟雅各之子猶大一同行動，所以兩人的名字常放在一起。聖經外典當中的故事記載：耶穌死後，西門跟猶大曾一同到波斯去傳道，後來在當地殉教。

猶大 *Judas*
希伯來語「受稱讚」

這世界的統治者就要來了

　　猶大是耶穌的弟子，十二門徒之一，別名「達太」，是雅各的兒子，跟加略人猶大是不同的人。在十二門徒中是個不太重要的邊緣人物，雖然也跟十二門徒一同行動，但聖經中他的名字僅出現一次。在《約翰福音》中記載他在最後的晚餐席上，對耶穌提出這樣的疑問：「主啊，為甚麼只向我們顯明，而不向世人顯明呢？」

　　耶穌回答他：「愛我的人都會遵守我的話，我父親必定愛他。而且我父親和我要到他那裡去，與他同在。不愛我的人就不遵守我的話。你們所聽到的話不是出於我，而是出於那差遣我來的父親。……我現在不能再和你們多講，因為這世界的統治者就要來了。他對我是無能為力的；但為了要世人知道我愛我的父親，所以我遵行他所命令的一切。」

雅各 *James*
希伯來語「抓住腳跟」

十二支派和十二使徒

　　雅各是耶穌的弟子，十二門徒之一，是亞勒腓的兒子，為了跟西庇太的兒子雅各做區別而被稱為「小雅各」。在十二門徒當中是最不受重視的邊緣人物，除了名字，其他資料都不詳，但他確實曾在十二門徒當中行動。

　　耶穌死後，出賣耶穌的加略人猶大因懊悔而自殺，所以十二門徒就剩下十一人，得再選一人來遞補。這時候亞勒腓的兒子雅各也跟其他門徒一同聚集在耶路撒冷住宿處的二樓大廳。這次會議選出了馬提亞，就是後來的十二使徒。稱為使徒乃是表示他們是由耶穌選派來傳遞福音的使者。數目為十二個人，則是因為自古以來以色列是由十二支派所組成的，據說耶穌也是因為考慮到這個理由而選了十二個人作門徒。也同樣基於這個因素，才會在加略人猶大死後，再選出馬提亞來補足人數。

馬提亞 *Matthias*　　　　　🎵 希伯來語「耶和華所賜」

新的使徒

　　馬提亞是耶穌的弟子，十二使徒之一。因為當初十二門徒之一的加略人猶大，在耶穌死後因後悔而自殺，所以就再選一人來補足十二這個數目。

　　選擇新使徒的會議在耶路撒冷城他們住宿的樓房二樓舉行，包含十二使徒在內，約有一百二十人參加。首先由彼得代表使徒們向大家說明加略人猶大出賣耶穌、自殺的經過，並提議在從前一直跟隨耶穌活動的弟子當中選擇一名新的使徒加入，一起作為主耶穌復活的見證人。人們議論了之後，便推選出猶士都·巴撒巴和馬提亞兩名候選人。他們禱告說：「主啊，你知道每一個人的心，求你指示我們，這兩位當中哪一位是你所揀選來取代這使徒職份的。這職份猶大已經捨棄，到他該去的地方去了。」說完這話，他們抽籤來看主的意思如何，結果在兩個名字中抽出馬提亞來，從此馬提亞便加入十二個使徒的行列。

法利賽派和撒都該派

　　在閱讀《福音書》、《使徒行傳》的時候，經常可見猶太教的支派當中，法利賽派和撒都該派的人們以反對勢力的立場出現。

　　法利賽派是以學者為中心的支派，嚴格奉行學者所解釋的律法。因為這些學者也都生活在民間百姓之中，所以常有機會看見耶穌的行動，看了就會對他加以批判。耶穌的弟子在安息日摘採麥穗來吃的時候；以及耶穌和稅吏罪人們一同用餐的時候，都受到他們激烈的批判。但是在法利賽派的學者當中，也有一些如尼哥底母、迦瑪列一般思想穩健的人，對耶穌和弟子們的行動則比較寬厚。基督教偉大的傳道者保羅，原先也是法利賽派的人。

　　相反的，撒都該派的人則完全屬於統治階級，佔據了猶太教會和國家最高的職位，審判耶穌的最高宗教法院也全都由撒都該派的人主導。當然，大祭司該亞法也是屬於撒都該派的，就像所有的統治階級一樣，他們是很現實的、世俗化的人，在宗教上的看法也非常保守。

　　如此看來，法利賽派的人確實曾批判活躍於民間的耶穌，想把他釘上十字架，但是最後決定性的行動，還是由撒都該派的人進行的。

亞那 *Annas*

希伯來語「恩惠」

以耶穌基督之名

　　耶穌的時代，亞那在暗中操控最高法院，掌握實權。他從西元六年到十五年之間擔任大祭司，卸任之後，他的族人當中也是大祭司輩出，是有名的大祭司家族，權力之大無人能及。耶穌被處刑時的大祭司該亞法也是亞那的女婿，這群保守的貴族家族，在耶穌死後仍不斷跟他的弟子們對立。

　　某次，亞那一派的人逮捕了彼得、約翰，就召集最高法院開會，由亞那等大祭司為中心來詢問他們，因為這時候彼得也跟耶穌同樣行奇蹟治療了病人，亞那等人就問說：「你們用甚麼能力，奉誰的名做這事呢？」彼得就光明正大的舉出耶穌之名來回答。亞那聽了非常憤怒，但看見腳足被治療好的人確實就站在那裡，亞那也找不出反駁的話，只好恐嚇他們，禁止他們奉耶穌的名講道，然後就把他們釋放了。因為當時彼得、約翰的人氣太旺，實在不知道該用什麼刑處罰他們。

巴拿巴 *Barnabas*

希伯來語「勸慰子」

相信迫害者也會悔改

　　巴拿巴是一生為使徒們盡心盡力的基督教徒，是個充滿聖靈和信仰的偉大人物，心胸寬大。早期的基督教信徒組織中，財產都是大家公用的，擁有田產房屋的人都變賣掉財產交給教會。巴拿巴也將自己的田地賣了，奉獻給使徒們，使徒們對他非常信賴。後來將保羅引薦給使徒們的人就是巴拿巴。

　　使徒保羅對於早期的基督教會來說，其地位可說是舉足輕重。之前卻是站在迫害基督教徒的立場，後來回心轉意想要加入基督教會，但使徒們不敢相信他的真心，甚至產生恐懼，只有巴拿巴相信他是真心悔改，便拚命為他辯護。因此使得巴拿巴和保羅的關係也更加密切。西元四六～四八年，教會派遣兩人遠赴外地進行第一次傳道之旅，這次旅行巡迴了小亞細亞的部分地方和塞浦路斯島，最後獲得偉大的成就而返。

亞拿尼亞 *Ananias* ✤ 希伯來語「神的慈悲」

隱瞞錢財的報應

亞拿尼亞雖然是基督教徒，卻因蓄意欺騙聖靈而猝死。因為身為信徒，他也遵守教會的習慣賣了一些田產，要將錢財奉獻給教會。但這時亞拿尼亞和妻子撒非喇商量，私下留了一部分的錢，只把剩餘的錢交給使徒。但彼得看穿了，就對他說：「亞拿尼亞，為甚麼讓撒旦控制了你的心，使你欺騙聖靈，把賣田產所得來的錢留下一部分呢？田產沒有賣出的時候是你的，賣了以後，錢也是你的；你為甚麼存心這樣做呢？你不是欺騙人，是欺騙上帝！」一聽見這話，亞拿尼亞就倒下去，死了。過了不久，他的妻子進來，還不知道已經發生了的事，仍配合丈夫說謊。彼得對她說了這件事之後，她也立刻死了。這個事件不久傳遍全教會，人們聽了都非常害怕。

迦瑪列 *Gamaliel* ✤ 希伯來語「神的報償」

萬一真是出於神的話

迦瑪列是一名優秀的法利賽派律法學者，心胸寬大而受人尊敬，對早期基督教會的活動，態度也很穩健謹慎。

當十二使徒跟耶穌一樣行奇蹟治療病人而獲得大眾的支持時，猶太教中最嚴格的法利賽派對他們非常不滿，數度警告使徒們不得再以耶穌之名傳道，但使徒們並不遵從，仍持續活動。他們就逮捕使徒們，在最高法院發動決議要殺害這些使徒。這時候，迦瑪列提出中肯的意見，盡力說服眾人釋放使徒，他先從歷史上許多革命最後都以失敗收場的例子開始說明：「不要跟他們作對，由他們去吧！如果他們所計畫、所做的是出於人，一定失敗；但萬一真是出於上帝，你們就不能夠擊敗他們。你們所做的，恐怕是在敵對上帝了！」議會因此接納了迦瑪列的意見，僅鞭打了使徒們，然後就釋放他們。

司提反 *Stephen*

最初的殉教者

　　基督教徒的人數增加得很快，需要一位總務人員管理雜務，並輔佐十二位使徒，於是選出了七名執事。司提反便是其中一名，他在執事當中是最優秀的一位，能跟十二使徒一樣行奇蹟治療病人。但是太過出眾反而成為他的致命傷，因而成為基督教最早的殉教者。

　　當時有一些人來和司提反辯論，但都辯不過他。於是就造謠生事說聽見他說了謗讟摩西和神的話。司提反因此被逮捕，帶到最高法院去。這時候司提反心中有耶穌，就批判猶太人，說：「哪一個先知不是被你們祖宗逼迫呢？他們也把預先傳說那義者要來的人殺了；如今你們又把那義者出賣了、殺害了。」眾人聽了非常氣憤，就將司提反推到城外，開始丟石頭打他。司提反大聲喊著說：「主啊，不要將這罪歸於他們！」然後就死了。

腓利 *Philip*

為衣索匹亞人施洗

　　腓利也是被選來輔佐十二使徒的七名執事之一，能行奇蹟治療病人，在撒瑪利亞和該撒利亞一帶傳教。

　　一次，他曾讓一個衣索匹亞的宦官改信耶穌。那是在他結束撒瑪利亞的活動到耶路撒冷去的途中，有主的一個使者對腓利說：「起來！向南走，往那從耶路撒冷下迦薩的路上去。」腓利就起身去了，遇見一個在衣索匹亞女王甘大基的手下總管銀庫的宦官，從耶路撒冷禮拜完正要回去。聖靈就對腓利說：「你去！貼近那車走。」腓利就跑到宦官那裡，聽見他讀著先知以賽亞的書，便問他是否明白所讀的內容。他說：「沒有人指教我，怎能明白呢？」於是請腓利上車，與他同坐，從先知以賽亞的記載，一直講到耶穌所傳的福音。最後馬車來到有水的地方，宦官說希望能夠受洗，腓利就為他施洗。

西門 *Simon*

希伯來語「神聽見」

想行奇蹟的魔術師

西門是撒馬利亞城裡的魔術師，愚昧地想要用金錢買通使徒，換取行奇蹟的能力。

執事司提反殉教後不久，執事腓利在撒馬利亞傳揚福音，人們都聽從他而改宗受洗，既受了洗，耶路撒冷的使徒彼得、約翰就去他們那裡，將手按在他們頭上，他們就受了聖靈。一旁的西門看了非常驚奇，他原本曾用魔術眩惑撒馬利亞城裡的人們，一旦看見腓利用神蹟治療病人，就想要擁有這種能力，因此也改宗受洗。又看見彼得、約翰嶄新的能力，就拿錢給使徒說：「把這權柄也給我，叫我手按著誰，誰就可以受聖靈。」彼得忿怒地說：「你的銀子和你一同滅亡吧！因你竟以為神的恩賜是可以用錢買的。你在這道路上既無理解，也無權利。」西門聽了心生恐懼，就真心悔改了。

基督教會的起源

根據《使徒行傳》的記述，耶穌死後，他的弟子和信徒們開始共用財產，賣掉土地和財物，分配資源給大家來生活。換句話說，就是開始了信徒們的奉獻，這個時候就可以說原始基督教會已經誕生。那麼，正式的基督教會又是何時誕生的呢？

關於這一點，《使徒行傳》第二章的五旬節（紀念摩西獲頒十誡的節日）記述，最為一般人所接受。在選出馬提亞來代替加略人猶大做為第十二個使徒後不久，如同選出馬提亞當天一樣，弟子們聚集在二樓的大廳中，忽然一陣大風吹過，又有舌頭如火焰顯現出來，分開落在他們各人頭上。他們就都被聖靈充滿，按著聖靈所賜的口才說起各個外邦的語言來。因為耶路撒冷居住著許多從外邦回來的猶太人，他們聽見門徒用各國的語言說話就甚為納悶。彼得和其他十一個使徒站起來，高聲對人們說明彌賽亞、耶穌的重要性，以及耶穌復活的事蹟。說完這番話之後，感動了三千人當下受洗成為基督教徒。於是，最早的基督教會就這樣建立起來了。

大比大 *Tabitha*

希伯來語「羚羊」

使徒所行的奇蹟

　　住在約帕的女信徒大比大，是個廣行善事、多施賙濟的善心人士。曾一度死亡，後因使徒彼得所行的奇蹟而生還。

　　彼得在距離約帕不遠的呂大城進行傳教活動的時候，大比大生病死了，遺體被安置在二樓的房間。約帕的基督教徒知道彼得剛好在附近，便立即派兩個人去請彼得來。彼得到了以後，眾寡婦都站在彼得旁邊哭，拿出大比大生前所做的裡衣外衣給他看。彼得叫她們都出去，就跪下禱告，轉身對著遺體說：「大比大，起來！」大比大就睜開眼睛，見了彼得便坐起來。彼得伸手扶他起來，叫眾聖徒和寡婦進去，讓他們看活生生的大比大，大家都非常吃驚。這事隨即傳遍了約帕，就有許多人信了主。

哥尼流 *Cornelius*

拉丁語「角」

不歧視任何人

　　耶穌死後，駐紮在該撒利亞的羅馬步兵部隊有一個百夫隊長，名叫哥尼流。雖然是羅馬人，但他受了洗，為外邦人開啟一條成為基督教徒的途徑。

　　哥尼流雖然是羅馬人，卻對羅馬的神祇喪失信心，一家人都信仰猶太人的神。有一天，天使出現了，說：「你的禱告和你的施捨達到神面前，已被神記得了。現在你當打發人往約帕去，請那稱呼彼得的西門來。」於是，哥尼流立即派兩個人去見彼得。彼得也正好在這個時候見到異象：看見律法所禁止食用的走獸動物出現在他眼前，聽見神的聲音對他說：「彼得，起來，宰了吃！」但彼得認為不潔淨而不肯吃。於是神又說：「上帝認為潔淨的，你不可當作污穢。」意思就是說：無論什麼人，都不可視為不潔淨、污穢而加以歧視。於是，彼得就跟著哥尼流派來的人一同出發，去為哥尼流一家人施洗了。

希律亞基帕一世 *Herod Agrippa I* 希伯來語「出自英雄」

救助彼得逃獄的天使

　　殘酷的猶太王（西元三七～四四年在位）希律亞基帕一世是大希律的孫子，為了討猶太人的歡心而迫害當時受猶太人排擠的耶路撒冷基督教會。他先用刀劍刺殺了使徒大雅各，然後又去捉拿彼得，關在監裡，打算要在百姓面前將他處刑。但這個計畫卻因神的奇蹟而無法實現。

　　彼得被捕後關在監牢裡，晚上受到嚴密的看守，還用兩條鐵鍊鎖著，睡在兩個士兵當中。半夜，天使忽然出現了，對他說：「快快起來！」那鐵鍊瞬間就從他手上脫落下來。彼得就跟著天使出來，像作夢一樣輕而易舉逃了出來。過了衛兵哨來到臨街的鐵門，那門自己開了。他們走出來，天使便離開他消失了。彼得這才醒悟過來，說：「我現在真知道主差遣他的使者，救我脫離希律的手和猶太百姓一切所盼望的。」到了天亮，士兵慌亂得很，希律找不著人，就把看守的人拉去殺了。

保羅 *Paul*

ዽ 拉丁語「小」

耶穌所選的傳道者

　　保羅又名「掃羅」，是將基督教遠播到羅馬去的偉大使徒。他個子很矮小，身體卻很強健，是個很有魅力的人。最初屬於嚴格的法利賽派，敵視基督教，在殺害司提反的時候也站在贊成的立場。

　　有一次，他又為了要迫害基督教徒而出發前往大馬士革，在途中忽然有一道光從天上下來，四面照射著他。他仆倒在地上，聽見有聲音對他說：「掃羅，掃羅！你為甚麼迫害我？我就是你所迫害的耶穌。站起來進城裡去，有人會把你所該做的事告訴你。」發生了這件事以後，保羅的眼睛就甚麼都看不見，必須靠身邊的人牽著他進入大馬士革。三天之後，基督教徒亞拿尼亞聽了耶穌的話就來看保羅。他把手按在保羅身上，保羅就恢復視覺。保羅因此回心轉意成為基督教徒，前後三次周遊小亞細亞和希臘列國去傳道之後，又遠渡羅馬傳教，成功地將基督教發揚為世界性的宗教。

亞拿尼亞 *Ananias*

ዽ 希伯來語「神的慈悲」

治癒神所揀選的人

　　亞拿尼亞是住在大馬士革的基督教徒，性格溫和。保羅在前往大馬士革的路上被強烈的光照射而失去視覺，後來是亞拿尼亞治癒了他。

　　保羅失去視覺三天後，主的異象出現在亞拿尼亞面前：「亞拿尼亞！你立刻往直街去，在猶大家裡找一個出身於大數的人，名叫保羅。他正在禱告，在異象中看見了一個人，名叫亞拿尼亞，進來給他按手，使他恢復視覺。」亞拿尼亞知道保羅曾迫害基督教的信徒，因此感到躊躇。主又對他說：「你只管去吧！因為我揀選他來事奉我，要他在外邦人、君王，以及以色列人當中宣揚我的名。我要指示他，他必須為我的緣故遭受種種的苦難。」於是亞拿尼亞便去見保羅，並將手按在他身上，讓保羅恢復視覺。保羅也因此改宗成為基督教徒。

巴・耶穌 *Bar Jesus*

☙ 希伯來語「耶穌之子」

假冒耶穌之名的偽先知

西元四六年，保羅第一次傳道之旅時，在塞浦路斯島遇到一個假冒為先知的術士，名叫巴・耶穌。總督對基督教的教養很心動，而巴・耶穌卻想阻止總督接受這信仰，不過最後被保羅的力量打倒了。

保羅和巴拿巴一同來到塞浦路斯島的時候，在各猶太人的會堂傳講上帝的道，賢明的總督邀請他們來，要聽神的道理。可是術士巴・耶穌從中做梗，這時候，保羅被聖靈充滿，就瞪著眼看那術士，對他說：「你這個魔鬼的兒子！你是一切正義的仇敵，充滿著各樣的邪惡詭詐，故意歪曲主的真理！現在主的懲罰要臨到你；你要瞎了，你會暫時看不見日光。」術士立刻覺得一片黑霧遮住他的眼睛，果真看不見了，他只好到處摸索，求人牽他的手，替他領路。總督看了覺得非常驚奇，立即就成為基督徒。

提摩太 *Timothy*

☙ 希臘語「崇敬神」

傳福音的工作

提摩太是使徒保羅的弟子，跟著保羅加入了第二次、第三次傳道之旅，身體孱弱、性格內向，但仍獻身侍奉保羅。提摩太的母親是從猶太教改信基督教的猶太人，父親則是希臘人，所以提摩太雖是基督教徒卻沒行割禮。後來受到保羅的鼓勵才接受割禮，加入保羅的傳道之旅。

雖然提摩太並非特別出色的行動派人物，但卻深受保羅信賴。保羅晚年遠行到羅馬，在那裡被捕，最後殉教而死。他被關在監獄裡時曾寫信給馬其頓的腓立比教會，信中就曾經提到提摩太：「提摩太是惟一跟我同心，並且真心關懷你們的人。別人只為自己圖謀，不關心耶穌基督的事。但是提摩太的為人，你們都很清楚，他跟我的關係就像兒子和父親，為著福音的工作跟我一起勞苦。」

呂底亞 *Lydia*
歐洲最早的基督教徒

呂底亞是居住在腓立比的虔誠女性，以販賣紫色布疋為業的富裕商人。她和她的家人是歐洲最早改信基督教的人。

保羅一行人在第二次傳道之旅的時候來到特羅亞，保羅看到一個異象，在異象中他看見一個馬其頓人，站著懇求他說：「請到馬其頓來幫助我們！」他們就立即坐船來到馬其頓，在腓立比附近傳道。當時到了河邊，向聚集在那裡的婦女們講道，呂底亞也在聽眾中留心聆聽保羅所講的話，受到感銘之下，全家就立即受了洗禮。隨後，她請求保羅一行人：「如果你們認為我是真心信主，請到我家裡來住。」如此堅決地把保羅他們留下。於是保羅一行人就以呂底亞的家為據點，在腓立比進行傳道活動。當他們要離開腓立比時，改信的人們都聚集到呂底亞家來給他們送行。

西拉 *Silas*
大地震毀壞了監牢

亞蘭語「神所召喚」

西拉是加入保羅第二次傳道之旅遠赴哥林多的基督教徒，在馬其頓的腓立比傳道的時候，他和保羅一同入獄，後來被神所行的奇蹟救出。

某日，保羅一行人遇到一個被邪靈附身的女奴，就替她將身上的邪靈趕走。但因為她的主人是靠她身上的邪靈占卜賺錢，知道財源被斷絕了非常生氣，就帶保羅他們去見官，指控說：「這些猶太人竟來擾亂我們的城。他們提倡違法的規矩，是我們羅馬人所不能接受、不能實行的！」官員們就將保羅、西拉關進牢裡。但是到了半夜，保羅和西拉在唱讚美詩禱告的時候，忽然有劇烈的地震，連監獄的地基也搖動、監門敞開，囚犯的鎖鏈也都鬆開了。看守的人醒過來，以為所有的囚犯都逃掉了，就拔出刀來想要自殺，被保羅阻止後受了感動而成為基督教徒。官員們知道之後也很驚奇，第二天就將保羅和西拉都釋放了。

亞居拉 *Aquila*

拉丁語「鷲」

帳棚工匠受洗

亞居拉是保羅第二次傳道之旅時，在希臘的哥林多遇到的人，他和妻子百基拉都是基督教徒。保羅因與他們同樣是製造帳棚為業，就很親近亞居拉，跟他們住在一起邊做工、邊傳道。

隨後保羅要回到安提約基雅去的時候，百基拉、亞居拉隨著他同到途中的以弗所去。在這裡跟保羅分別後，亞居拉夫婦就在當地傳基督教的道。當時剛好有一個名叫亞波羅的猶太人，是個有學問的知識份子，也在這裡熱心地講解聖經，雖然他也對耶穌的事知道得很詳細，卻只受過施洗約翰的洗禮。亞居拉夫婦聽説此事，就為他更加詳細講解神的道。亞波羅因此而成為優秀的基督教徒，後來和保羅一同到哥林多傳教，獲得的人氣也不亞於保羅。

士基瓦 *Sceva*

愚昧的江湖術士

保羅第三次傳道之旅時停留在以弗所，當地的猶太祭司長士基瓦，七個兒子都是念咒趕鬼的江湖術士，因為愚昧的行為而受到惡鬼捉弄。

當時保羅行的奇蹟非常引人矚目，甚至有人只從保羅身上拿手巾或圍裙放在病人身上，病就退了，惡鬼也趕得出去。士基瓦的七個兒子見了就開始模仿他的言行舉止，向那被惡鬼附身的人説：「我奉保羅所傳的耶穌勒令你們出來！」不料惡鬼回答説：「耶穌我認識，保羅我也知道。卻不知你們是誰呢？」然後惡鬼所附的人就跳在他們身上，制服了其中兩人，叫他們赤著身子受了傷，從那房子裡逃了出來。這個事件立即傳遍以弗所，耶穌的名受到大家的尊崇，於是許多人都改信了基督教。

底米丟 Demetrius

❧ 希臘語「屬於底米的」

呼叫女神之名

底米丟是住在以弗所的一個銀匠。保羅第三次傳道之旅停留在以弗所時，底米丟曾企圖破壞基督教的傳道活動。

底米丟製造了希臘女神亞底米神的銀龕模型，靠著這生意發了大財。他素來排斥基督教，某天聚集了同行的工匠，對他們說：「諸位，你們知道我們是靠這行賺錢，而保羅不但在以弗所，也幾乎在亞細亞全地迷惑許多人，說：『人手所做的，不是神。』這是你們所看見所聽見的。這樣，不獨我們這事業被人藐視，就是大女神亞底米的廟也要被人輕忽，連亞細亞全地和普天下所敬拜的大女神之威榮也要消滅了。」眾人聽見，就怒氣填胸，喊著說：「大哉，以弗所人的亞底米啊！」連續喧嚷了幾個小時，城中一片混亂。還好城裡的書記安撫了眾人，保羅等人並未因此直接受到暴亂波及。

猶推古 Eutychus

❧ 希臘語「幸福的」

在聽講時打瞌睡

猶推古住在小亞細亞的特羅亞城，是個年少而天真無邪的基督教徒。曾一度死亡，保羅又使他復活。

第三次傳道之旅時遠赴希臘的保羅，回程在特羅亞城停留的時候，在星期日的聖餐會上聚集了許多基督教徒。保羅就在那座房子的三樓大廳點起燈燭，對人家講道，一直講到半夜。少年猶推古也坐在窗台上聽講。

但是因為保羅講得太長，猶推古睏倦得打瞌睡，睡熟了就從三層樓高的地方滾了下去。當人們慌忙地跑下去扶他起來時，他已經死了。不過保羅下樓去抱著他，說：「你們不要發慌，他的靈魂還在身上。」於是大家又跟保羅上樓去，繼續跟剛才一樣擘餅來吃，談論到天亮。少年就在這段時間內恢復了元氣，人們才因此鬆了一口氣。

呂西亞 *Lysias*

阻止聖地爆發的私刑

保羅最後一次訪問耶路撒冷的時候，呂西亞是羅馬帝國警備隊的千人隊長。正當保羅差點被耶路撒冷的猶太人圍毆要處以私刑的時候，呂西亞出動保護他，並且給了保羅到羅馬去的契機。

第三次傳道之旅結束後，保羅來到耶路撒冷，目的是為了要將他在異邦人教會收到的奉獻金交給耶路撒冷教會。但因為保羅傳道的思想時常違反律法，耶路撒冷的猶太主義論者都很討厭他，當他來到耶路撒冷神殿的時候，差點就被猶太人私刑圍毆。呂西亞是個一板一眼的公務員，反應卻很迅速，一聽說城裡起了騷動，就立即出動士兵保護保羅。這時候猶太人之間已經計畫好暗殺保羅的陰謀，但呂西亞知道保羅擁有羅馬的公民權，就設法保護他的生命安全，將保羅護送到該撒利亞去交給猶太總督腓力斯處置。於是保羅就在腓力斯那裡接受審判。

腓力斯 *Felix*

拉丁語「幸福」

不願淌內鬥的渾水

腓力斯是羅馬帝國派駐猶太的總督（任期為西元五三～六〇年），是個無能又怕事的人，當時因為猶太主義論者控告保羅，就不明不白地將保羅關了兩年。

羅馬帝國警備隊的千人隊長呂西亞將保羅護送到該撒利亞後不久，大祭司亞拿尼亞以及猶太長老們也從耶路撒冷趕來，在腓力斯面前進行審判。大祭司等人控告說：「我們看這個人，如同瘟疫一般，是鼓動普天下眾猶太人生亂的，又是拿撒勒教黨裡的一個頭目，連聖殿他也想要污穢，所以我們就逮捕了他。」但是保羅反駁他們說，耶路撒冷的騷動是因為幾個從亞細亞來的猶太人所引起的誤會，若真認為保羅不對，他們應當到總督面前來告。腓力斯聽了，知道這是猶太教內部的宗教糾紛，便不立即下判決，如此將審判擱置了兩年。因而使得保羅被關在監牢裡，直到下一任總督來上任為止。

非斯都 *Festus*

拉丁語「喜悦」

基督教從羅馬傳到全世界

接任腓力斯的猶太總督非斯都（任期為西元六〇～六二年），能力很強而且聰明過人。他很快就下定裁決，將被腓力斯關了兩年的保羅送到羅馬去。

非斯都到任後立即前往耶路撒冷，去接見祭司長和猶太人的首領。他們為了要在路上埋伏殺害保羅，就要求在耶路撒冷審判保羅。非斯都卻不答應，告訴他們如果要告保羅，就得親自到該撒利亞去，於是這場審判就這樣在該撒利亞開庭了。猶太長老們控告保羅許多重大罪狀，但都不能證實。而非斯都又為了取悅猶太人，便詢問保羅是否願意在耶路撒冷接受審判。保羅回答說：「我要上告於羅馬皇帝。」結果保羅真的被送到羅馬去，後來又留在羅馬傳道。

關於約翰的《啟示錄》

保羅遠赴羅馬帶來了新的契機，使基督教有機會成為世界性的宗教。然而，基督徒此後仍是多災多難，不僅保羅在惡名昭彰的羅馬皇帝尼祿（在位期間西元五四～六八年在位）時代在羅馬被處死，後來圖密善皇帝（Domitian，在位期間西元八一～九六年在位）時代，更積極迫害基督教徒，使得基督教徒之間彌漫著一股末世氣氛，期盼新神時代到來的情緒也不斷高漲。新約聖經的最後一個篇章《啟示錄》，就清楚的闡明這種期待的心理。書寫這篇《啟示錄》的約翰，跟使徒約翰並無關聯，而是圖密善皇帝時代，小亞細亞某地方的一個教會長老。這位約翰看見了許多異象，用象徵性的抽象筆觸書寫了這部《啟示錄》。

因此，《啟示錄》相當奇幻而難以理解，其內容大致上是說：不久後彌賽亞耶穌將從天上出現，揭開了被封印的書卷，放出了被封在裡面的七項災禍襲擊世界。於是，冰雹、火焰、彗星等災難降臨地上，消滅了這個世界。之後，基督所統治的和平國度來到，持續一千年之後，地面上的世界會整個消滅，要在別的世界上實現神的國度。

■從亞當到以色列十二支派（第一章）

```
         亞當 ══════ 夏娃
          │
    ┌─────┼─────┐
   該隱   亞伯   賽特
               │
              以諾
               │
              挪亞
        ┌──────┼──────┐
        閔      含     雅弗
        │       │
        │      寧錄
夏甲 ─ 亞伯拉罕 ─ 撒拉    ┌──────┴──────┐
 │                      │             │
以實瑪利    以撒 ═ 利百加          拉班
        ┌──────┴──────┐
       以掃         雅各 ═ 利亞   拉結
                       ═══
   ┌──┬──┬──┬──┐  ┌──┬──┬──┬──┐
   呂 西 利 以 西 迦 亞 但 拿 約 便
   便 緬 未 薩 布 得 設    弗 瑟 雅
            迦 倫           他    憫
            │    │
           猶    底
           大    拿
        ┌──┼──┐
       她  珥  示
       瑪  │  拉
          俄
          南
```

■建立王國（第三、四章）

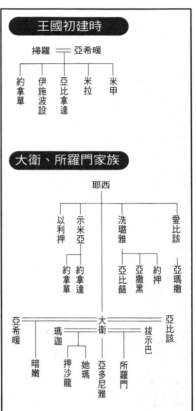

王國初建時

```
        掃羅 ═══ 亞希暖
  ┌───┬────┼────┬───┐
 約  伊   亞   米  米
 拿  施   比   拉  甲
 單  波   拿
     設   達
```

大衛、所羅門家族

```
                        耶西
        ┌────┬──────────┬──────────┐
       以    示         洗         愛
       利    米         璐         比
       押    亞         雅         該
        │     │      ┌──┴──┐      │
       約    約     亞    約     亞
       拿    拿     比    瑪     撒
       單    達     篩    撒  押
┌─────────────────┼────────────────┐
亞希暖 ─── 大衛 ═══ ═══════ 拔示巴   亞比該
  │        │   瑪迦   │       │
 暗       押沙龍 她   亞    所羅門
 嫩             瑪   多
                    尼
                    雅
```

■「瑪加伯之亂」的時代（第七章）

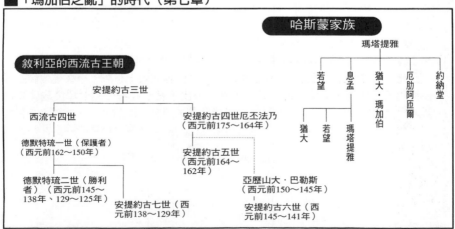

哈斯蒙家族

```
                          瑪塔提雅
        ┌────┬────┬────┬────┬────┐
       若    息    猶    厄    約
       望    孟    大    肋    納
                  ·    阿    堂
             │    瑪    匝
        ┌──┬──┐ 加    爾
       猶  若  瑪  伯
       大  望  塔
              提
              雅
```

敘利亞的西流古王朝

```
                安提約古三世
        ┌────────────────┴──────────────┐
     西流古四世            安提約古四世厄丕法乃
        │                （西元前175～164年）
  德默特琉一世（保護者）            │
  （西元前162～150年）      安提約古五世
        │                （西元前164～
  德默特琉二世（勝利            162年）
  者）（西元前145～
  138年、129～125年）      亞歷山大·巴勒斯
        │                （西元前150～145年）
  安提約古七世（西              │
  元前138～129年）        安提約古六世（西
                        元前145～141年）
```

■南北王朝時期年表（第五章）

	以色列王國（前926年～721年）		猶大王國（前926年～587年）		周邊國家
	歷代國王	先知	歷代國王	先知	主要的國王和國家
BC900	1耶羅波安（前926年～907年）	●亞希雅	1羅波安（前926年～910年）	●示瑪雅	
	2拿答		2亞比雅（前910～908年）		
	3巴沙（前906～883年）		3亞撒（前908～868年）	●亞撒利雅	
	4以拉			●哈拿尼	
	5心利（前八882年）				
	6暗利（前878～871年）				
	7亞哈（前871～852年）	●以利亞	4約沙法（前868～847年）		
		●米該雅			
	8亞哈謝（前852～851年）				
	9約蘭（前851～845年）	●以利沙	5約蘭（前847～845年）		A便・哈達二世〈亞蘭〉
	10耶戶（前845～818年）				
	11約哈斯（前818～802年）		6亞哈謝（前845年）		
	12約阿施（前802～787年）		7亞他利雅（前845～840年）		
BC800	13耶羅波安二世（前787～747年）		8約阿施（前840～801年）		
		●阿摩司	9亞瑪謝（前801～787年）		
		●何西阿	10烏西雅（前787～736年）		
		●約拿			
	14撒迦利雅		11約坦（前759～744年）		
	15沙龍		12亞哈斯（前744～729年）	●俄德	
	16米拿現（前747～738年）			●以賽亞	B提革拉・毘列色王（亞述）
	17比加轄				
	18比加（前735～732年）				
	19何細亞（前731～723年）				
	前721年，以色列王國滅亡		13希西家（前728～700年）		C撒縵以色五世（亞述）
			14瑪拿西（前696～642年）		D撒珥根二世（亞述）
			15亞們（前642～639年）		E比羅達・巴拉但（巴比倫）
BC700			16約西亞（前639～609年）	●戶勒大	
			17約哈斯（前609年）		
BC600			18約雅敬（前608～598年）	●耶利米	F尼布甲尼撒（巴比倫）
				●烏利亞	
			19約雅斤（前598～57年）		G伯沙撒（巴比倫）
			20西底家（前597～587年）	●以西結	
			前587年，猶大王國滅亡		H塞魯士（波斯）
					I大流士（波斯）
BC500					

人名索引——天主教譯名

（依首字的中文筆畫順序排列）

人名索引 —— 基督教譯名

（依首字的中文筆畫順序排列）

人名索引——中英對照版

（依英文字母序排列）

國家圖書館出版品預行編目資料

聖經人物誌：400位聖經名人故事集/草野 巧著；李道道譯. -- 初版. --
　臺北市：啟示出版：家庭傳媒城邦分公司發行, 2007[民96]
　面；　公分. -- (Knowledge系列；8)

譯自：聖書人名錄—旧約·新約の物語別人物ガイド

ISBN 978-986-7470-29-4(平裝)

1.聖經－專題研究

241.099　　　　　　　　　　　　　　　96002903

Knowledge系列08

聖經人物誌：400位聖經名人故事集

作　　　者／草野 巧
譯　　　者／李道道
企畫選書人／彭之琬
責 任 編 輯／黃靖卉、李詠璇
編 輯 協 力／莊遠芬

版　　　權／吳亭儀
行 銷 業 務／何學文、莊晏青
總 經 理／彭之琬
發 行 人／何飛鵬
法 律 顧 問／台英國際商務法律事務所羅明通律師
出　　　版／啟示出版
　　　　　　台北市 104 民生東路二段 141 號 9 樓
　　　　　　電話：(02) 25007008　傳真：(02)25007759
　　　　　　E-mail:bwp.service@cite.com.tw
發　　　行／英屬蓋曼群島商家庭傳媒股份有限公司 城邦分公司
　　　　　　台北市中山區民生東路二段 141 號 2 樓
　　　　　　書虫客服務專線：02-25007718；25007719
　　　　　　服務時間：週一至週五上午 09:30-12:00；下午 13:30-17:00
　　　　　　24 小時傳真專線：02-25001990；25001991
　　　　　　劃撥帳號：19863813；戶名：書虫股份有限公司
　　　　　　戶名：英屬蓋曼群島商家庭傳媒股份有限公司城邦分公司
訂 購 服 務／書虫股份有限公司客服專線：(02) 2500-7718；2500-7719
　　　　　　服務時間：週一至週五上午 09:30-12:00；下午 13:30-17:00
　　　　　　24 時傳真專線：(02) 2500-1990；2500-1991
　　　　　　劃撥帳號：19863813 戶名：書虫股份有限公司
　　　　　　讀者服務信箱：service@readingclub.com.tw
　　　　　　城邦讀書花園：www.cite.com.tw
香港發行所／城邦（香港）出版集團有限公司
　　　　　　香港灣仔駱克道 193 號東超商業中心 1 樓；E-mail：hkcite@biznetvigator.com
　　　　　　電話：(852) 25086231　傳真：(852) 25789337
馬新發行所／城邦（馬新）出版集團 Cite (M) Sdn. Bhd.
　　　　　　41, Jalan Radin Anum, Bandar Baru Sri Petaling, 57000 Kuala Lumpur, Malaysia.
　　　　　　Tel: (603) 90578822 Fax: (603) 90576622 Email: cite@cite.com.my

封 面 設 計／李東記
排　　　版／極翔企業有限公司
印　　　刷／韋懋實業有限公司

■ 2007 年 3 月初版
■ 2023 年 3 月 30 日二版 3 刷　　　　　　　　　Printed in Taiwan
定價 330 元

城邦讀書花園
www.cite.com.tw